1億円貯める方法をお金持ち1371人に聞きました

トマス・J・スタンリー 著
橘玲 序文寄稿

文響社

序文

億万長者になるのは簡単だった

橘玲

私が自分の人生設計について真剣に考えるようになったのは三十代半ばで、それまでは目の前の仕事をこなしていれば銀行口座に自然と生活費が振り込まれてくるのだと思っていた。そんな甘い話はないと気づいたのは独立・転職を考えるようになってからで、子どもが私立中学に入ることもあって（当時は公立中学の学級崩壊が社会問題になっていた）、新しい仕事がうまくいかなかったらどうなるのか不安になったのだ。

その頃、外資系保険会社が「ライフプランニング」を大きく宣伝していた。営業マンが顧客のライフステージに合わせて必要な保険金を計算し、それに合わせて最適な保険に乗り換えればムダな保険料を節約できるというのだ。

私はさっそく保険会社に連絡して、自分のこれからの人生を「設計」してもらった。

2社の営業マンと話をしたのだが、牧歌的な時代だったのか、彼らはライフプランニングのソフトがどのような仕組みになっているのかを懇切丁寧に説明してくれた。それは、エクセルを使えば自分でつくれる単純な計算式だった。

そこでさっそく、ライフプランニングのプログラムを自作し、さまざまな条件を入れてシミュレーションしてみた。

その結果を見て、私は愕然とした。これからもかなりの収入を維持しないと、教育費や生活費の負担でいずれ家計は破綻してしまうのだ。

そんな不安な頃に手に取ったのが、トマス・スタンリーの本だ。最初はウィリアム・ダンコとの共著『となりの億万長者』（原題：The Millionaire Next Door）（早川書房）で、次が本書（原題：The Millionaire Mind）だが、どちらも私に大きな勇気を与えてくれた。なぜなら、**アメリカやヨーロッパ、日本などゆたかな先進国に生まれた幸運を活かすならば、誰でも億万長者になれる**のだから。

そんなわけない、いかがわしいと思うかもしれない。だがこれは、とても単純な話だ。本書を理解する手助けにもなるので、すこし詳しく説明してみたい。

1970年代にアメリカの億万長者を対象とした大規模調査を実施したスタンリーは、「期待資産額」という指標を考案した。自分がお金持ちかどうかを知るための魔法の方程式で、「年齢×年収÷10」で計算できる。

あなたの純資産（金融資産や不動産資産の時価総額から住宅ローンなどの負債を引いたもの）が期待資産額を上回っていれば、あなたは金持ち（蓄財優等生）だ。逆に期待資産額を下回っていれば、どれほど収入が多くても貧乏人（蓄財劣等生）だ。

たとえば、あなたが40歳で年収６００万円とすると、期待資産額は２４００万円になる（40歳×６００万円／10）。55歳で年収１０００万円なら５５００万円だ（55歳×１０００万円／10）。計算してみるとわかるだろうが、蓄財優等生のハードルはかなり高い。私がサラリーマンだった時も明らかに劣等生だった。

スタンリーの方程式は、アメリカの典型的な億万長者が、ニューヨークのペントハウスではなく、労働者階級の暮らす下町のありふれた家に住んでいるという発見にもとづいている。億万長者は六本木ヒルズではなく、あなたの隣にいる。なぜなら、お金を使えばお金は貯まらないから。

『となりの億万長者』には、３０００万円を超える年収を得ながら、本人と家族の浪費癖のためにほとんど貯蓄がなく、将来の不安にさいなまれている医師が登場する。その一方で、公立学校の教師として共働きしながら50代でミリオネアの仲間入りを果たし、退職後の優雅な生活が約束されている夫婦もいる。**資産とは収入の多寡によっ**

て決まるのではなく、収入と支出の差額から生み出されるものなのだ。

スタンリーは、収入の10〜15％を貯蓄に回す倹約をつづけていれば、誰でも億万長者になれるという（正確には「平均年収の倍の収入」が必要だが、これは夫婦2人で働けば達成できる）。

日本では、平均的なサラリーマンが生涯に得る収入は3億〜4億円と言われている。共働き夫婦の生涯収入を総額6億円として、そのうち15％を貯蓄すれば、それだけで9000万円だ。仮に貯蓄率を10％（6000万円）としても、年率3％程度で運用すればやはり退職時の資産は1億円を超えているはずだ。

こんな説明をしたところで、「そんなのただの理屈じゃないか」と思うひともいるだろう。それでは次のようなデータはどうだろう。

アメリカの人口は3億2500万人で、世帯数は1億5000万だ。そのうち上位10％超5％以下の（富豪ではない）富裕層の平均世帯所得は1600万円（2014年）、上位10％超1％以下の平均純資産額は1億4000万円だ（2012年）。上位10％超に入るボーダーラインは所得で1300万円、資産で7200万円だから、アメリカでは10世帯に1世帯が所得でも資産でもこれよりゆたかだということになる（小林由美『超一極集中社会アメリカの暴走』〈新潮社〉金額は1ドル＝110円で換算）。

一方、日本ではどうだろうか。

総務省統計局の家計調査報告（２０１７年）は２人以上の勤労世帯の家計を集計しているが、それによれば上位20％超の平均年収は１２１２万円だ。スイスの大手金融機関クレディ・スイスが発表した「グローバル・ウェルス・レポート２０１６」では、資産額１００万ドル（約１億１０００万円）を超える富裕層の人数は、日本はアメリカに次いで世界2位で２８２万６０００人となっている。日本の世帯数は約５３００万だから、（ミリオネアが世帯主だとして概算すると）全世帯の５・３％、20世帯に1世帯が「ミリオネア世帯」ということになる。**ゆたかな先進国では、スタンリーのいうように、億万長者はあなたの隣にいる**のだ。

本書は『隣の億万長者』につづいて、１０００万ドル（約11億円）以上の資産をもつ富豪をも調査対象に加えたさらなる研究をもとに、「ミリオネア・マインド」が詳細に説明されている。ここで述べられた「お金持ちになる法則」はもちろんいまでもじゅうぶん通用するが、原書の刊行（２０００年）から20年ちかくたって、アメリカでは富裕層（ニューリッチ）の新しいトレンドが生まれた。それがＢＯＢＯＳ（ボボズ）で、ブルジョア（Bourgeois）とボヘミアン（Bohemians）を組み合わせた造語だ。

典型的なＢＯＢＯＳは夫婦とも高学歴の専門職で、東部や西海岸のリベラルな都市かその郊外に住み、経済的に恵まれている「ブルジョア」だが（ドナルド・トランプのような）脂ぎった「大富豪」を軽蔑し、最先端のハイテク技術に囲まれ、１９６０年代のヒッピーのようなライフスタイルを好む「ボヘミアン」でもある。彼ら／彼女たちのキーワードはＣＯＯＬであることで、キャデラックよりプリウスが、ラスベガスでの豪遊よりロッキー山脈での家族キャンプが、ミシュランの三ツ星レストランより友人たちと楽しむ近所のおしゃれなビストロが「カッコいい」という価値観だ（『アメリカ新上流階級ボボズ』光文社）。

さまざまな幸福研究によって、富の限界効用が逓減することがわかっている。１００万円の貯金が２００万円に増えればものすごくうれしいが、１億円が１億１００万円になっても気づくことすらないだろう。日本の場合、**年収800万円（世帯収入1500万円）、金融資産1億円で幸福度は変わらなくなるらしい**（大竹文雄他『日本の幸福度』日本評論社）。

これは世帯年収１５００万円あれば、子どもにじゅうぶんな教育を与え、夏休みや春休みに家族旅行に出かけ、月に一度は夫婦で外食をするというような、世間一般の「幸福な生活」を実現するのにじゅうぶんだからだろう。そのハードルを越えてしまえば、子どもの習い事を増やしたり、軽井沢への家族旅行をハワイにしたり、外食をミシュラン星付きの高級レストランにしても、幸福感=生活の満足度はそれほど変わらない。

金融資産1億円で幸福度が変わらなくなるのは、それが「安心」の基準になっているからだろう。一生のうちに使いきれるお金には物理的な限界があるから、それ以上の富は金融機関のサーバーに記録されたデータにすぎない。その一方で、なんの資産もない一文無しでは、年をとってホームレスになり、真冬の公園に放り出されてしまうかもしれない。その不安がなくなって「なにが起きても大丈夫」と思えるのが1億円で、豪邸に住みプライベートジェットやクルーザーのある富豪の暮らしに憧れるひとを除けば、それ以上資産が増えても幸福度はあまり上がらないというのは理解できる。

ＢＯＢＯＳの登場は、先進国がゆたかになって「となりの億万長者」が現実のものになってきたからでもある。需要と供給の法則ではたくさんあるものは価値がないのだから、どこにでも億万長者がいるのなら、お金の多寡を競っても意味はない。プライベートジェットよりボーイング747のファーストクラスの方がずっと快適だし、みんなが月旅行に行きたいわけでもないだろう。

こうしてお金を見せびらかすこと（顕示的消費）が「ダサい（ＣＯＯＬじゃない）」とバカにされ、たくさんの評判を獲得することがＣＯＯＬだとされるようになった。いったん富の効用が平衡状態になれば、資産を増やすよりもFacebookの「いいね」とか、Twitterのフォロワー数とか、インスタ映えの方がずっと重要なのだ。なぜなら、私たちがほんとうに欲しているのは評判（みんなから尊敬され、憧れられること）で、お金は評判を獲得するための道具にすぎないのだから。インターネットは人類に、富を介さずに直接評判を獲得するという前代未聞のイノベーションをもたらした。

しかしこれは、本書でスタンリーが述べる「ミリオネア・マインド」がますます重要になっているということでもある。

ＣＯＯＬなライフスタイルで大切なのは「自由」であることだ。そのなかでもっとも重要なのは、お金から自由になることだ。

どうすれば、お金のしがらみから逃れることができるだろうか。もちろんいろいろな方法があるだろうが、そのなかでいちばん確実なのはお金のことを気にしなくてもよくなることだろう。

それはすなわち、「お金持ち」になることなのだ。

目次

2 億万長者への30の質問 55

3 天才・秀才は金持ちになれない 106

1　本当の金持ちってどんな人？

アメリカでとびきりの金持ちたちは、高級住宅地の立派な屋敷に住んでいる。「バランス」が彼らの人生のキーワードである。彼らは資産を築くために懸命に働いてきたが、その一方で、人生を楽しんでいる——決して遊びを知らない働きバチタイプではない。しかも、大半の億万長者は一代で財を成している。では、彼らはいったいどうやって大金持ちになったのだろうか？　金持ちになりたいという欲求と、人生を楽しみたいという欲求のあいだで、どうバランスをとったのか？　その秘密は、彼らが身につけている共通の考え方・生き方、すなわち「ミリオネア・マインド（億万長者の心）」にある。

富裕層の研究を始めて間もない一九八三年、私はオクラホマ州出身の億万長者を調査してほしいという依頼を受けた。そのとき彼らから学んだ教訓は、いつまでも私の頭から離れなかった。それは「ローンに頼った消費三昧《ざんまい》の生活にはまってしまうと、人生は楽しめない」

というものだった。

私が取材した億万長者たちは、それとは正反対の生き方をしていた。調査のために選んだ一〇人のフォーカス・グループを見れば、そのことは一目瞭然だった。この一〇人は自営業者や医師、弁護士といった人たちで、全員が一代で財産を築いていた。何人かは若い頃こそローンに頼っていたが、その人たちも最終的にはローンに頼る生活をきっぱりやめて、金を借りては使い、使うために稼いではさらに借金を重ねるという悪循環を断ち切っていた。残りの大富豪たちはローンに頼ったことなど一度もない人たちだった。

一〇人とも、正真正銘の大金持ちだった。彼らは昔ながらの高級住宅地に住み、国産車に乗っていた。人生を楽しんでいたし、仕事一点張りではなかった。彼らは多くの時間を家族や友人たちと共に過ごしていた。しかもたいていの場合、四五歳までに億万長者の仲間入りをしていた。

彼らに対するインタビューは二時間程度の予定だったが、実際には四時間近くかかってしまった。こちらが長々と質問をしたせいではない。参加してくれた億万長者たちが自分から進んで、資産を築くまでの話を楽しそうに語ってくれたからだ。

どうすれば経済的に成功できるかという質問については、多くの貴重な話を拝聴したが、面白い発言が一つあった。それはジーンの口から出た言葉で、ローン依存症の人は、じつは金融機関に支配されているのだ、と彼は言った。

当時、ジーンは四〇代後半で、職業は「サルベージ会社のオーナー」だと語った。借金の担保に差し押さえられた不動産を金融機関から買い取り、処分する商売である。
この取材の数週間前、ジーンはある金融機関から、一戸建て住宅六八戸とショッピングセンター一カ所、マンション五棟を「サルベージ」した。取引が成立すると、取引相手の金融機関の幹部はジーンに手招きして、高層ビルの最上階にある自分のオフィスの窓辺に彼を案内した。大きな窓からは、何マイルも彼方まで見渡すことができた。ビルの周囲には無数の商業ビルがひしめいていて、その外側には住宅地が点在していた。
窓の外を眺めているジーンに向かって、その金融機関の幹部は眼下のビルや家並み、オフィス、駐車場、店舗などを残らず指さして言った。そのとき聞いた言葉はきっと死ぬまで忘れない、とジーンは言う。

全部、私たち［金融機関］のものだ……一つ残らずね。あそこで商売をやっている人たちはどうなのかって？　みんなただひたすら、私たちのために商売をしているんだよ。誰もが、私たちのために会社を運営しているということさ。

今日のアメリカで、どれだけ多くの人たちが自分の会社や自分の医院を経営しているつもりで、実際には金融機関に操られ、彼らを儲けさせるために働いていることだろう？　どれだけ多くの人々が、豪華な家に住みながら、住宅ローンを返済するためにあくせく働いていることだろう？　あまりにも多い。だが、ジーンはその一人ではないし、そのとき私が取材したフォーカス・グループの他のメンバーたちもそうではない。みんな「ミリオネア・マインド」を持っていたのである。誰一人、専属のローン担当者を置いて銀行を儲けさせたりしてはいなかった。一〇人とも立派な家に住んでいたが、住宅ローンとは無縁だった。ジーンから学んだ教訓は、それから約二〇年後、本書のために調査した億万長者たちのデータで何度も確認された。彼らはみな、億万長者に共通の心構えを身につけているのである。みな、人生を楽しみながら金持ちになることは可能だと信じている。スパルタ人のように質素な生活をしなくても、借金に頼らないで経済的に成功することは可能だと考えている。とはいっても、何らかの制約はあるにちがいないので、それについてはあとの章で触れてみたい。

ともあれ、この世には金融機関に操られない人たちがいるのである。彼らは、金融機関こそ守銭奴であり、お金を神のように崇める、欲望に支配された存在だと考えている。ある億万長者はこう言った

私は息子や娘たちに、お金は神様じゃないということを教えてやった。お金は人間がコントロールするもので……コントロールされるものではない、とね。

本書で紹介する億万長者たちのほとんどが一代で資産を築いている。みな、経済的にゼロから出発した人たちだ。遺産を相続した人はほとんどいない。親から受け継いだ不動産や信

託財産のおかげで金持ちになったわけではないのだ。では、どうして彼らは億万長者になれたのだろうか？　やはり、「ミリオネア・マインド」を持っていたからなのである。

読者のみなさんには、ここで紹介する億万長者が得ているような所得を稼ぎ出すことは到底できないかもしれない。あと数年のうちに、みなさんが億万長者になることはないかもしれない。それでも、いかにして億万長者たちが生活を楽しみながら資産を形成しているかを知っておくのは、誰にとっても有益なはずである。高額所得者にしても、どうしてそんなことが可能なのか、きちんと理解している人は少ない。「ミリオネア・マインド」を持っている人たちには、それがわかっている。そうした人々を本書でご紹介しよう。

調査方法

前作『となりの億万長者』では、純資産一〇〇万ドル以上一〇〇〇万ドル未満の金持ちを調査対象としたが、本書では研究の規模と範囲をさらに広げ、一〇〇〇万ドル以上の資産を持つすべての金持ちを調査対象とした。その調査の結果を、このあとの章で順次ご紹介していきたい。

とはいえ、億万長者を実際に見つけ出すのは、そう簡単ではない。純資産が一〇〇万ドルを超える世帯は、アメリカ全体の約四・九％しかいないのである。また、大きな屋敷に住んでいる人たちを片っ端から調査するわけにもいかない。こうした豪邸の所有者は往々にして私が「蓄財劣等生」と呼ぶ人たち——すなわち高い収入を稼いではいるものの、借金も相当あるため、純資産はほとんどない人たちなのだ。この高所得・低資産タイプの人たちは、ローンの申込書を書くのが得意である——たいていのローン申込書には純資産額の記入欄がない。

それと好対照をなすのが「蓄財優等生」と私が呼ぶ人たちで、彼らこそ「ミリオネア・マインド」を持ち、資産を増やそうと努力する、本当の意味での金持ちなのである。クレジットの残高がほとんどないか、ゼロの場合が多い。

立派な屋敷に住む人たちを調査したら、何がわかるだろうか？　まず、借金まみれの蓄財劣等生があまりにも多いことがわかるはずだ。とはいえ、ある特定の住宅地には蓄財優等生の金持ちが集団で住んでいる。そして、そうした住宅地は蓄財劣等生には魅力がないようだ。

ミリオネア・マインドを持った人たちの代表的サンプルを抽出するため、私は友人であり仕事仲間でもあるジョン・ロビンに助言を求めた。彼は地理人口統計学——画定した範囲に住む人たちの特徴を研究する学問——の第一人者である。

ジョンは全米二二万六三九九地区の情報が収められている彼のデータベースから、蓄財優等生が住むと思われる二四八七地区を選び出した。その方法については巻末に詳細を述べてある。私たちはそこから五〇六三世帯を無作為に抽出し、郵送によるアンケートを行った。アンケートにすべて答えた有効な回答は一〇〇一件で、そのうち七三三件は億万長者からだった。みな一〇〇万ドル以上の純資産を持つ金持ちで、この七三三人の億万長者へのアンケート調査が、本書のベースとなっている。また、この他にも六三八人の億万長者に対して個人面接やフォーカス・グループ調査を行い、重要なデータを蓄積することができた。これら合計一三七一人の事例は、本書の随所で詳しく紹介してある。

数字で見る億万長者の特徴

さて、ここで、人口統計学的に見た蓄財優等生たちの調査結果を紹介しよう。アメリカで経済的に最も成功している男女の生の声で綴ると、こうなる。

家族構成

- 私は五四歳の男性です。妻と結婚して二八年になります。私たちの四人に一人は同一配偶者と三八年以上連れ添っています。
- 子供の数は平均すると三人です。
- 私たちの九二%は結婚しています。そして、そのうちの九五%に子供がいます。
- 一度も結婚していない人は、わずか二%。約三%がパートナーに先立たれています。

資産と収入

- 一世帯あたりの資産の平均は九二〇万ドル。分布上最も多いのは純資産四三〇万ドルの世帯ですが、私たちのなかにはずばぬけて裕福なスーパーリッチの回答者がいるために、平均値が押し上げられています。

- 一世帯あたりの年間所得の平均は七四万九〇〇〇ドル。分布上最も多いのは四三万六〇〇〇ドルですが、年間一〇〇万ドル以上の所得のある人たち（二〇％）がいるために、ここでも平均値が押し上げられています。
- これだけの資産や所得があっても、私たちのグループの標準的メンバーは、四万一〇〇〇ドル以上の車や四五〇〇ドル以上の婚約指輪を買ったことはありません。私たち自身も配偶者も、髪をカットしてもらうのに三八ドル（チップも含めて）以上かけたことはなく、少なくとも四人に一人は、髪のカットは二四ドル、家は三四万ドル、車なら三万九〇〇〇ドル、婚約指輪は一五〇〇ドル以下ですませています。

なお、結婚している人のなかには、七％ほど、婚約指輪を買わずにすませた人たちもいます。身内から受け継いだ指輪を贈ったのです。

相続財産

- 私たちは高級住宅街に住んでいますが、その家や土地を相続によって手に入れた人はわずか二％です。
- 財産の一部に遺産相続分が含まれている人もいます。相続した財産が純資産の半分以上を占める人が八％近くいます。しかし、私たちの六一％は相続財産とか、金銭の贈与、遺産や信託から発生する収入とは無縁です。

居住地域

- 私たちが住んでいるのは昔から定評のある高級住宅地で、そうした地域は全米で二〇〇〇カ所以上あるでしょう。具体的には、カンザス州のショーニー・ミッション、コネティカット州ニュー・カーナン、ヴァージニア州のリッチモンド、ペンシルヴェニア州のピッツバーグ、テキサス州のフォート・ワース、イリノイ州のケニルワース、オハイオ州のコロンバス、ジョージア州のアトランタ、ニュージャージー州のサミット、コロラド州のイングルウッド、オクラホマ州のタルサといった場所です。

住宅

- 私たちの九七％が持ち家に住んでいます。また、ほとんど住宅ローンは残っていません。
- 現在の家に住んでいる年数は、平均すると一二年。購入額の平均は五五万八七一八ドルです。幸いにも、自宅の評価額はまずまずの割合で上昇していて、評価額の平均は一三八万一七二九ドルです。このように、自宅の評価額が上昇していることも純資産が増えている一因です。
- 私たちの過半数（六一％）が、時価一〇〇万ドル以上の家に住んでいます。しかし、購入時に一〇〇万ドル以上を支払ったのは二五％だけです。
- 約一割の人は、一九八七年の株式市場の急落から三年後に自宅を購入しました。その多くは抵当流れの物件でした。
- 私たちが住んでいる家は、平均で築四〇年です。しかも四人に一人は、一九三六年以前に建てられた家に住んでいます。ここ一〇年以内に建てられた家に住んでいるのは一割にすぎません。
- 五三％の人は、過去一〇年のあいだ引っ越しをしていません。ここ一〇年間に二回以上の転居をしたのは二三％にすぎません。
- 注文住宅を建てたことがあるのは、私たちのグループの二七％にとどまっています。ミリオネア・マインドを持つ人間は、建築業にクビを突っ込むよりも、中古の家を購入するほうがいいと考えるのです。そのほうが時間もかからないし、安上がりだからです。
- 私たちのなかで、いちばん自宅を新築したがらないのは誰だと思いますか？　なんと弁護士なんです！　どうして弁護士は家を新築したがらないのか、よく考えてみる必要があります。

職業

- 私たちの三人に一人（三二％）は企業のオーナー、すなわち自営業者か企業家です。およそ六人に一人（一六％）は、自分がオーナーではない企業の経営幹部です。一〇人に一人は弁護士で、医者もほぼ同じ比率（九％）です。残り三分の一は、退職者と企業の中間管理職、会計士、技術者、建築家、教師、大学教授、主婦といった人たちが占めています。

- 自営業者は私たちのグループで最もリッチな人たちだと言えますが、企業の経営幹部にもスーパーリッチ級の人が少なくありません。経営幹部は純資産一〇〇〇万ドル以上の億万長者の一六％を占めていますが、純資産が一〇〇〇万ドル以上のスーパーリッチ級では二六％に達するのです。
- 私たちの妻の半数近くは外で働いていません。妻が外で仕事をしている人たちの内訳は、自営業者・企業家（七％）、販売の専門職（五％）、中間管理職（四％）、弁護士（四％）、教師（三％）、経営幹部（三％）、医師（二％）などです。そして、外で働いていた妻たちの一六％は現在引退しています。
- 純資産一〇〇〇万ドル以上の億万長者の三分の二は、妻は外で働いていないと回答しています。外で仕事をしている場合でも、その半数は非常勤です。

教育

- 私たちは高等教育を受けています。九〇％以上が大学卒で、半数以上（五二％）が修士号や博士号を取得しています。

億万長者の心をのぞいてみたら

こうした統計学的特徴に加えて、調査結果からはさらに、次のような億万長者たちの内面が見えてきた。このあとの各章では、彼らの心にさらに踏み込んで、その細部まで浮き彫りにしていくが、ここでその一部を紹介しておこう。

- 私たちはローンに頼らずに、快適なライフスタイルを維持しています。
- 私たちには、他の人たちが家を売りたがっているときに、家を購入する傾向があります。
- 私たちは、家族があってこそ資産形成のプロセスが完全なものになると思っていますし、家族がその妨げになるとは考えていません。
- 平均すると、海外で休暇を過ごすのは二年に一度ぐらいです。
- 私たちのほとんどは自分で選んだ職業を大変気に入っています。
- 資産を増やすために、早朝三時とか四時起きをして仕事をする必要があると考える者はほとんどいません。
- 多くの人はゴルフとテニス、またはそのどちらかを定期的にやっています。じつは、ゴルフをすることと純資産のレベルとのあいだには密接なつながりがあるのです。
- 投資の計画には時間をかけていますし、税金対策も専門家に頻繁に相談しています。それでも私たちの多くは教会の礼拝に出席しますし、慈善活動にも時間を割いています。
• プライベートな活動の場で出会った人が、依頼人や顧客、患者、納入業者、あるいは大の親友になることは珍しくありません。
• 私たちの活動の多くには、古い格言がよく当てはまります。つまり、「人生でいちばんよいものはみな金がかからないか、かかったとしても大したことはない」ということです。息子や娘たちのスポーツ大会を見に行ったり、博物館めぐりとか、親友とトランプをするのに大して金はかからないし、カジノで遊ぶことに比べたら格段に安上がりです。

この五つがなければ金持ちにはなれない！

2章の「億万長者への30の質問」では、億万長者たちに三〇項目の質問をし、彼らが経済的に成功した要因として〈非常に重要〉と回答した要素について説明する。なかには、意外と思われる要素も含まれているだろう——現実に成功しているミリオネアは、ハリウッド映画に出てくる紋切り型の大金持ちとは大ちがいなのだ。

経済的成功を導いた要因として、多くの億万長者が挙げた〈非常に重要〉なファクターとは何か？　その上位五つを左に記しておくので、ぜひカードか小さな紙片などに書きとめておいていただきたい。そして、それを財布やハンドバッグに入れて持ち歩き、テレビにも貼りつけておいて、次に宝くじやカジノの宣伝に心が惹かれそうになったら、ちらっと目をやっていただきたい。そうした宣伝は「一攫千金のチャンスは運しだい」と訴えているが、果たしてリストには何とあったか？　経済的成功を収めるための礎石とは――

誠実――誰に対しても正直であること。
自己鍛練――自分で自分をコントロールすること。
社会性――人とうまくやっていくこと。
配偶者の支えがあること。
勤勉――ふつうの人より一生懸命に働くこと。

運という要素は、億万長者が挙げる成功の要因のなかで、どのあたりにランクされるのだろうか？　三〇ある要因の最下位に近い二七番目である。私が面接調査したミリオネアのうち、一人としてギャンブルについてよく言う人はいなかった。ギャンブル癖の是非については9章「億万長者のライフスタイル――現実と幻想」でさらに詳しく検討することにする。

なかには、こう反論する向きもあろう。前述の五つの成功要素を持っているのに億万長者になれなかった人も多いのではないか？　これらの五つの要素はあくまで基本的なものである。この五つのうち一つ以上欠けていたらどうだろう？　私の調査結果では、ミリオネアになる見込みはほとんどない。逆に、五つの要素だけでなく他の要素もいくつか持っている人は、今はまだ金持ちではなくても、将来ミリオネアの仲間入りをする可能性が高い。ではもう一度、億万長者自身の口から語ってもらうことにしよう。

- 一代でどうやって億万長者になったかですって？　私たちの多くが、人が目を向けないようなところでビジネスチャンスを見つけているんですよ。
- 自分には強いリーダーとしての素質があると、たいていのミリオネアは言うでしょう。私たちには自分のアイデアを人に売り込む能力があるのです。
- 私たちは、根強い需要がある製品やサービスをほぼ独占的に提供しているから金持ちになれたのです。競争相手が目白押しの分野に参入したりしません。

金持ちとＩＱの関係は？

億万長者はずば抜けた頭脳を持っているのだろうか？　一流大学を優等で卒業するような人たちばかりだろうか？

一般的に、優秀な頭脳の持ち主は、高い分析的知能を持つと考えられている。分析的知能を数値化して測るために作られたのがＩＱ（知能指数）テストだ。私の調査では、ＩＱと明確な関連性があり、しかも結果が入手しやすいＳＡＴ（進学適性検査）の成績を利用した。また、億万長者自身にも自身の分析的能力を査定してもらったのだが、その結果とＳＡＴの成績、大学の成績には明らかに関連性が見られる。

億万長者は自分がずば抜けた知能を持っていると思っているのだろうか？　いや、もっと基本的なことだが、金持ちになるためには、知能的な要素はどれほど重要なのだろうか？　こうした疑問については、2章と3章で詳しく述べる。ここでは、その準備段階として、億万長者に関する次のような事実を考えていただきたい。

- 私たち全員が優等で大学を卒業しているわけではありません。表1－1からわかるように、大学時代の成績評価点平均（GPA）は二・九二でした（満点は四・〇〇）。
- 私たちのSATの平均は一一九〇点。全国平均をかなり上回っているものの、いわゆる難関の名門大学に入れるほど高くはないのです。私たちの大半はそうした大学には行っていないし、アンケートでも、一流大学を出ることが金持ちになるために重要だとは回答していません。
- 私たちの大半は教師などから、次のように言われたことがあります。

- とくに知能が優れているわけではない。
- ロースクールに進むだけの力はない。
- メディカルスクール向きの素材ではない。
- MBAをめざすのは無理だ。
- この程度の頭では社会に出ても成功できない。

表 1-1

億万長者の学業成績 大学時代の成績評価点平均（GPA）*1とSATの点数

〈職業別カテゴリー〉

学業の指標	自営業者／起業家	経営幹部	弁護士	医者	その他	億万長者全体
平均値	32%	16%	10%	9%	33%	100%
GPA（母数=715）	2.76	2.93	3.04	3.12	2.96	2.92
SAT点数（母数=444）	1235	1211	1262	1267	1090	1190

*1 4.00ポイントが満点評価で、A=4、B=3……。

億万長者の学生時代

億万長者が成人して金持ちになったことに、高校や大学時代の経験はどのように影響しているのだろうか？　この問いに対する答えは3章の「天才・秀才は金持ちになれない」で詳しく説明するが、ミリオネアたちが、教科書の内容よりはるかに多くの事柄を学校生活から学んでいることは明らかである。富裕層のほとんどが、粘り強い努力の大切さとか、人とどううまくやっていくか、自分を律すること、洞察力などについて何かしら学んだと言っている。

億万長者には、学校では懸命に勉強したが、成績はあまりよくなかったという人が多い。本書では、SATで一〇〇〇点を下回ったが億万長者になったグループを「九〇〇点クラブ」と名づけて、随時ご登場願うことにする。

・九〇〇点クラブの七二％は、「平均以下の能力」と他人に決めつけられたために、逆に目標に向かって挑戦することを学んだ、と答えています。
・億万長者のほとんどが、学校での経験は有益だったと思っています。時間を上手に割り振る能力を身につけ、人を見る目を養うことができたからです。
・億万長者全体の九三％が、学校時代の経験を通じて、生まれつきの頭のよい悪いよりも、骨身を惜しまず努力することのほうが大切だと悟ったと言っています。

学校で重要なのは、正規の課目だけではない。「自分を律する精神力」「粘り強い精進」といった無形の講座もまた、学生生活の重要な部分なのである。

成績がよくないからこそチャンスあり

学生時代はごく平凡な生徒だったと語るウォレン・ビェルケ氏は、自分のように成績では目立たない人間こそチャンスをつかまなくてはならないと強く思っていたという。それで彼は、平凡な成績の生徒たちにチャンスを与えようと、母校の高校に一〇〇万ドルの奨学基金を設けた。毎年、成績は中ぐらいだが出席率がよくて意欲的な生徒一〇人に、州立大学の学費の半分をまかなう奨学金が与えられるのだ。残りの学費は自分で働いて稼いでほしいというのがビェルケ氏の考えで、また、奨学生たちには寮生活をしてほしいと彼は望んでいる。

そうすれば、さまざまな人たちと親しくなれるからだ。

なぜビェルケ氏は、学校の成績があまりよくない生徒たちに、そこまで肩入れするのか？それは彼が、そうした学生こそチャンスを生かすことを知っている、と考えているからなのだ。「優秀な生徒はまわりを気にすることなく、あまり努力する必要もないから、みすみすチャンスを逃してしまうことがよくある。ところが平凡な生徒は必然的にまわりと競い合うので、チャンスに出くわすんですよ」。ビェルケ氏は「チャンス」という言葉を強調する。大学に進むことで、平均的学力の若者たちに、より多くのチャンスにめぐり会ってほしいと願っているのだ。

「成功するには、どんな場所に出入りして、どんな人たちに出会うかが大きく影響するんです」とビェルケ氏は言う。「自分の力だけで成功する人はいません。肝心なのは、周囲の人たちとの人間関係です。私はこれまでずっと、成功に導いてくれる人たちに恵まれてきました」

ビェルケ氏はベンチャー投資家である。彼が資金面で面倒をみているアドバンスト・バイオサーフェセズ社は目下、あるポリマーの臨床実験を行っている。このポリマーを変形性関節炎に侵されている患者の膝関節に注入すれば、関節をすべて人工関節に換えなくてもすむのである。ビェルケ氏にとっては同社が、起業時から支援してきた七番目の医療器具メーカーになる。いったいどうやって、平凡な学生だった男が、最先端医療器具メーカーを株式公開させたり、何百万ドルという高値で大手企業に売却できるようになったのだろうか？

ビェルケ氏が高校に通っていた頃、彼の家庭は経済的に逼迫していた。母親がドライクリーニング店で毎日一二時間も働きながら、彼を育て上げたのだ。彼もガソリンスタンドで夜間のアルバイトをした。そんな母親の姿が、ビェルケ氏に強い精神力と勤勉さを植えつけた。「成功したいと思うなら、学校に行かなくては」と、彼は言う。「私は優秀な生徒ではなかったし、あまり勉強もしなかったが、とにかく毎日学校には行きましたよ」

最初にビェルケ氏にチャンスへの道を教えてくれたのは高校のカウンセラーだった。カウンセラーは就職しようとしていた彼を、締切ぎりぎりの段階でSATを受けるよう説得したのだ。結果はどうだったか？　大した成績ではなかったが、それでも四年制の州立大学に進むことはできた。

「私は大学進学なんて毛頭考えていなかったんです」と、ビェルケ氏は言う。「うちの家系には大学出なんて一人もいませんでしたから」。だが、カウンセラーの説得がビェルケ家の歴史を一変させ、彼の人生の進路も変えたのだ。そのカウンセラーはまた、ビェルケ氏に大学でのアルバイトを紹介し、自分で学費を稼げるようにしてくれた。彼は寮生活を送り、大学のキャンパスで学生や教授たちと知り会うことで、さらに人生の選択肢を広げていった。

「私は優秀な生徒ではなかった」と、ビェルケ氏は振り返る。「成績は平均するとCプラスかBぐらい。だから、大学進学を勧めてくれたあのカウンセラーがいなかったら、今頃はガソリンスタンドで朝から晩まで働いていたでしょうね」。彼が設立した奨学金制度は、高校への返礼のつもりだったのである。

大学卒業後、ビェルケ氏は医療器具業界で販売の仕事を見つけた。彼は努力して出世し、医療分野のベンチャー企業を対象に投資する会社を自分で起こすまでになった。

平凡な学生諸君への彼からのアドバイスは、「お決まりの台詞を繰り返すようだけど、要するに努力すること、どれだけ一生懸命働くかということなんです」というものだ。「誠実であることも大切ですよ。あなたが誠実で勤勉な人だと思えたら、人はあなたに投資してくれる。私の場合もそうでした。

何かの本に、〝肝心なことは、どれくらい頭がよいかではなくて、どう頭を使うかだ〟と書いてありました。私の会社では博士号を取得した人たちが数えきれないほど働いています。みんな、きわめて優秀な頭脳の持ち主で、それぞれ専門分野を持っています。でもね、みんな私の部下なんですよ。

人生にはいろいろなチャンスが潜んでいます。チャンスにめぐり会ったら手を伸ばしてつかまえなくてはいけない」

勇気のない人に資産は築けない

一代で巨万の富を築き上げた人たちに共通するものは何か？　それは、勇気があるということだろう。妥当な収益が見込める場合、あなたには金銭的なリスクを冒す勇気があるだろうか？　もしイエスなら、あなたは大方の億万長者に共通する心構えを身につけているということになる。しかし、お金の面で賭けを打つ勇気があるからといって、億万長者がギャンブル好きというわけではない。ほとんどの億万長者はギャンブルをしない。事実、資産が多くなればなるほど、ギャンブルをする確率は低くなる。

もちろん、ギャンブルに手を染めることと金銭的リスクを冒すことは同等の行為ではない。金銭的リスクを冒す勇気はまず、仕事や職業の選択というビジネスの根本に関わってくる。純資産が一〇〇万ドルを超える億万長者の場合、自営の企業経営者や企業家、独立して開業している弁護士や医師といった専門職など、自営業の割合が並外れて高い。

では、自営業の場合はなぜリスクが高くなるのか？　それはもちろん、すべて己の力量しだいであり、後ろ楯となる雇い主もおらず、市場が要求するものを提供できなければ即廃業に追い込まれるかもしれないからだ。悪くすれば、資産をすっかり失って一文なしになる可能性もある。

ところが、ミリオネア・マインドを持つ自営業者たちは、そうした敗者のシナリオとはかなりちがった見方をしている。つまり、自営でないほうが、むしろリスクが高いと考えるのである。自営ということは、自分の運命は自分しだいということで、利益を出せばそれはすべて自分のものになる。しかも、努力しだいで利益はいくらでも伸ばせる。億万長者たちはこう言う。

- 私たちは常に成功を頭に描いていますね、失敗ではなくて。リスクは冒しますが、起こりうるさまざまな状況もきちんと検討しています。そのうえで、収益をより確実にあげられるように、あらゆる努力を払います。

- どうやって不安や心配を取り除いたり少なくして、勇気を奮い起こすかですって？　それはやはり常に自分を信じるようにして、懸命に働くことですよ。
- スポーツをすることで精神力を鍛えて、頭のなかから不安感や弱気を追い払っている人もいますね。私たちが「スポーツマンの心臓」と呼んでいるものを身につけて、自分の弱さを補っている人がかなりいます。
- 私たちのほぼ一〇人に四人（三七％）は、重大な決定をする際に伴う不安や心配を、信仰の力を借りることで軽減しています。実際、信仰心の篤《あつ》い人は、そうでない人よりもリスクを怖れない傾向が強いですね。

一に職業、二にも職業

辞書によれば、「エース」というのは、何かに秀でた人に対して使われる言葉である。また、空中戦で五機以上仕とめた戦闘機のパイロットも「撃墜王《エース》」と呼ばれる。第二次世界大戦では、じつに一二八五人ものエースが生まれた。

では、それらのエースたちはどうやって殊勲を立てたのだろうか？　大多数はいわゆる「ドッグファイト」——接近した空中戦で手柄を立てている。そして、多くのエースたちが最終的には自らも撃墜される運命をたどった。

しかし、ここで紹介する二人のエースは例外である。彼らが編み出した独特の戦法と、それを採用したそもそもの理由は、金持ちになりたいと思う人たちにとって、大いに参考になるだろう。なぜなら、私が調査した億万長者の大半は、この二人のパイロットと同様の戦法で成功しているからだ。

「独特の戦法をとった」二人のパイロットは、エーリッヒ・ハルトマン少佐とその師であるパウレ・ロスマン軍曹。ハルトマンは確認されているだけでも敵機三五二機を撃墜し、ロスマンも八〇機以上撃墜している。

独特の戦法を最初に考案したのはロスマンである。戦闘機パイロットになりたての頃、ロスマンは腕に完治不能の傷を負った。通常、接近した空中戦では体力的に勝っているほうに勝利の女神が微笑《ほほえ》む。ふつうの戦法では到底生き残れないことを悟ったロスマンは、いろいろと考えた末、自分の体力を補うテクニックを編み出した。彼は体力勝負の接近戦をやめて、もっと計算しつくした戦法に切り換えることにし、一つ一つの攻撃について慎重に計画を練り上げた。敵に実際に銃弾を浴びせることよりも、どういうチャンスをものにするか、さまざまな情況を分析することにより多くの時間を費やしたのである。彼が攻撃に出るのは確実に勝利できるポジションをとれたときだけだった。このときに、理想的な標的となった相手にありったけのエネルギーを使って集中攻撃をしかけるのだ。ハルトマンは、ロスマンの「相手をよく見極めてから集中砲火を浴びせる」戦法が優れていることを、自らの武勲で証明した。ハルトマンが通算一四二五回の戦闘任務から無事生還し、怪我一つ負わなかったのは、この戦法のおかげだった。

この話が、大金持ちになることにどんな関係があるのか？　たいていの億万長者は、学校を卒業する前からすでに自分の力量と限界に気づきはじめている。ロスマンのように、ある種の「傷を負った腕」があるのだ。だからこそ、億万長者は大金持ちになるための独特の戦略を練り上げるのである。

たとえば、億万長者の大半は学校の成績がさほど優れているわけではない。テストではロースクールや医学部、あるいは大学院に進学できるほど高い点数をとっていない。大手企業に入社できるほど成績がよくない人も多い。しかし、それでもやはり経済的には成功したい。だから、多くのミリオネアは自営業を選んだのだ。他人は雇ってくれないだろうから、自分で自分を雇ったのである。

「とくに知能的に優れているわけではない」と回答した億万長者の多くは、じつは別の才能に恵まれていたのだ。彼らには充分な常識と、創造力や独創性といわれる才能が備わっている。そうでなかったら、いわゆる天才たちの大半が見過ごしてしまったビジネスチャンスを、彼らが見逃さなかった事実をどう説明したらいいのか？

金持ちを二〇年以上にわたって研究してきた結果、私はこう結論づけている。ある重大な問題について正しい決断を下すことができれば、あなたは金持ちになれる。もしも独創性を発揮して理想的な職業に就くことができれば、あなたの勝ちである。トップに立つはずなのだ。

本当に聡明なミリオネアは、自分の好きな職業――それも競争相手のあまりいない、高い収益を生む職業を選んでいる。

職業の選択は家の建築に似ている。あなたが、とても理想的とは言えない土地に家を建てるとする。砂地とか湿地に家を建ててしまったなら、あとから何をしてもムダ。何百万ドルかけて補強工事をしようとも、家はいつまでも不安定なままだ。自然との勝ち目のない闘いを永遠に繰り返すだけである。しかし、しっかりした岩盤の上に家を建てたなら、そもそも格闘など不要なのだ。

もしあなたが、理想的な職業という堅固な基礎を選んだらどうだろう？ 当然、あなたは自分が生産する製品を愛し、顧客も供給業者も大切にすることになる。おまけに、あなたは誰よりも製品に適した市場の隙間《ニッチ》を把握している。顧客はあなたの大学の成績がCであろうと気にしたりはしない。顧客にとってあなたは、その分野の第一人者なのである。

そうなるとあなたには、高い知能を持った優等生たちが気の毒に思えてくるかもしれない。頭がよいと言われれば、たいてい誰でも、経済的にも成功するものと考えてしまう。高い知能を持つということは、高額所得者になって金持ちの仲間入りをすることを意味すると思いがちである。だが、そう思い込んでいた優等生たちは、ある日いきなり現実に直面して目を覚ます。彼らが選択した職業には、恐ろしい数の競争相手がいる。しかも、みな優秀な頭脳の持ち主ばかり――過去二〇年間に卒業した数十万にのぼるＭＢＡ取得者たちだ。一流のビジネススクールで優秀な成績を収め、大企業に雇われた優等生たちは、いきなり激しい競争のただなかに放り込まれるはめになる。そこで最後まで勝ち残れる人は、ほとんどいない。この二〇年間にどれだけ激しい「空中戦」を演じてきたか、中年のＭＢＡ取得者に聞いてみていただきたい。何人が撃墜されて、職を失ったことか？

もちろん、彼らはみな優秀な人たちだ。ただ一つ忘れていたのは、「職業は選ばねばならない」ということである。いったん空中戦が始まったら、「どう戦うか」よりも「どこで戦うか」が重要になる。私がかつて教えたＭＢＡ課程のトップクラスの学生たちでさえ、空中戦ではほとんど敗退している。

それなら、もっと簡単に勝者になれる分野に的を絞って職業を選ぶべきではないだろうか？　多くの億万長者が、私にこう語っている。

みんなとはちがう発想をするのが大事だということです。

本書の内容の多くはこの「人とちがうことは利益をもたらす」というテーマを軸にして展開していく。億万長者たちはこう言っている。

- 一代でどうやって資産を築いたかって？　それは、適切な職業を選んだことと大いに関係がありますね。選び方をまちがえると、潮の流れに逆らって泳ぐことになります。

・職業斡旋業者やヘッドハンターが理想の職業を提示してくれたという人たちは、わずか三％です。学校の就職説明会で見つけた人も多くありません。
・私たちの多くは独創的なだけでなく、直観にも優れているんです。そうでなかったら、とても現在の成功は手にできなかったでしょう。

配偶者の選び方

金持ちになりたかったら億万長者と結婚することだ、とたいていの人は考える。さもなければ、億万長者の息子か娘と結婚すればいい。そうすれば、配偶者がいつか莫大な財産を相続するから、相続財産を分けてもらえるだろう。

いや、それよりもずっと独身でいるほうが、配偶者や子供たちにお金をかける必要がないから、もっと簡単に資産を築けるのではないか、という意見もある。

しかし、現実のデータを見るかぎり、これらの説はどれも当たっていない。たしかに、配偶者の選択はさまざまな形で資産の形成に大きく影響するが、ほとんどの億万長者は、配偶者を選ぶとき、相手が金持ちかどうかを基準にはしていない。そもそも、億万長者は配偶者に財産があることが幸せな結婚生活を送るための大切な条件だとは考えていない。

しかしながら、結婚生活の年数が長くなるほど、夫婦が築いた資産額が大きくなるという明確な傾向が認められる。億万長者の九二％は既婚者で、離婚経験がない。一度も結婚したことのない人はわずか二%で、約二%は現在別居中か離婚している。残りは連れあいに先立たれた人たちである。独身の場合と比較すると、結婚には「規模の経済」が働くのだろうか？　データを見るかぎり、答えは明らかにイエスである。

それなら、夫婦共働きは億万長者の家庭ではよく見られる現象だろうか？　とんでもない。事実、純資産が多くなるほど、妻が外で働くケースは少なくなる。これと対照的なのが、高額所得者でありながらミリオネアの仲間入りをしていない「蓄財劣等生」カップルの家庭である。その七〇%は、妻が外で仕事を持っている。教師やセールス専門職、企業の中間管理職、法律家などだ。純資産一〇〇〇万ドル以上の大富豪の家庭では、妻の三人に一人しか外で働いていない。億万長者たちはこう言う。

- 私たちのグループでは、結婚生活二八年というカップルが標準的です。約八割の人が、支えになってくれる配偶者の存在は、経済的成功を収めるうえで重要だったと考えています。

こうした疑問や他の多くの問題については、6章の「金持ちになるための配偶者の選び方」で詳しく述べたい。

ある女性CEOの場合

二一歳のとき、よちよち歩きの子供を抱えて離婚したポーレット・レイクストローは、アパートでダイレクトメール関連の会社を始めた。現在の夫フォンに出会った頃、彼女のほうは結婚する気はさらさらなかった。だが、気配りができて、娘にも優しく対応してくれる彼の人柄にポーレットは惹かれた。「私たち、あっという間に意気投合したんです」と、彼女は言う。「彼って、本当にゆったりと構えて流れに逆らわないような人だから、願ってもないパートナーです」

ポーレットの事業を拡大するために二人で働いた時期でさえ、二人の息はぴったり合った。「毎日二四時間ずっと一緒でした。一緒に生活し、一緒に働いて……。でも一度も喧嘩したことなんてなかった」と、ポーレットは語る。

一九八八年、彼女は以前勤めていた通信販売会社での経験を生かして、ダイレクトメールの発送と商品の受注・発送を請け負う会社を起こした。「前の会社では、ロケットでも打ち上げられるくらいべらぼうな経費がかかっていて、収益はあがっていませんでした……。でも、この分野には需要があると判断したから、自分でやってみようと思ったんです」。ポーレットは友だちや家族を動員して、かつて勤めていた会社の通販の仕事を請け負うようになった。じきに、ほかの会社からも通信販売業務をコーディネートしてほしいという依頼が舞い込んできた。

ポーレットとフォンはまったく異なる性格の持ち主で、お互いにないものを補い合っている。ポーレットはあえてリスクを冒すタイプだが、フォンはそうではない。行動的な彼女に対して、夫のほうは物事をじっくり考える主義なのだ。

「ときには夫が私の手綱《たづな》を引き締めなくてはならないときもあるし、逆に私のほうが夫のお尻をたたいて進ませなくてはならないときもあります」と、ポーレットは言う。「すべての面で好ましいビジネス・パートナーの関係にあると言えます。二人だから、現実的になれるということもあります」

二人は別の面でも対照的である。フォンのほうは常に経済が頭にある倹約家だが、ポーレットは会社を大きくすることばかり考えている。「私の頭の中はいつも、これをやりたい、質の高いサービスをしたいということでいっぱいなの」と、彼女は言う。「ところが、そうやって私が新しいサービスのことを考えているあいだ、夫のほうは〝いやあ、こうするとすごい経費の節約になるぞ〟なんて計算してるんです」

会社を設立して間もない頃は、家賃が月額三二五ドルのアパートが二人の住居兼仕事場だった。それでもポーレットは、一カ月あたり八〇〇ドルかかる掲載料を払ってイエローページに広告を載せたいと思ったが、そんなの冗談じゃない、とフォンに言われた。

「でも、私は独断で広告を掲載しました」と、彼女は言う。「何カ月かして、広告が載ってから夫に打ち明けると、彼は喜んでくれました。なにしろ、本当に仕事の電話が入るようになったから」

現在、ポーレットの会社は、フォーチュン５００に名を連ねる優良企業を数多く顧客に抱えている。また「アパート内企業」からも脱皮して、大きなオフィス・ビルの一角に会社を構えるまでになっている。さて、具体的に、ポーレットはフォンと出会ったとき、彼のどんな資質に惹かれたのだろう？　フォンは誠実で、現実的で、礼儀正しく、優しい。いつも穏やかで、包容力があり、素直、それに頭がよくて、明るくて、思いやりもある、と彼女は見た。結婚して一〇年以上になるが、彼女の当初の判断が正しかったことは明らかだ。

買い物は計画的に

もし、まだ半信半疑だといわれるなら、私の調査対象グループ、つまり蓄財優等生の大金持ちたちと一週間ないし一カ月間、一緒に過ごしてみるといい。おそらく読者のみなさんは、彼らの購買行動は矛盾していると思うにちがいない。

先に、所得と純資産について、彼らはこう言っていた。

- 私たちの世帯の年間所得は平均で七四万九〇〇〇ドルです。
- 世帯あたりの平均純資産は九二〇万ドルです。

こうした世帯はアメリカの所得および資産分布のトップ一％に入る。そんなに大金持ちなら、家計を切り詰めてお金を節約する必要などまったく感じていないだろうと思うのがふつうである。しかし、実際には、億万長者たちはこう言っている。

- 私たちの大半（七〇％）は新しい靴は買わずに、定期的に自分の靴を底革の張り替えや修理に出しています。
- 私たちの約半数（四八％）は定期的に椅子やソファーを張り替えさせて、新しい家具を買わないようにしています。
- 私たちのおよそ一〇人に七人（七一％）は、買い物リストをつくってから食料品を買いに行きます。
- 私たちの半数近くが、家庭用品はサムズやコストコのような会員制ディスカウント店でまとめ買いをしています。

みなさんには矛盾しているように思える購買行動も、「ミリオネア・マインド」を持つ人たちにとっては少しも矛盾してはいないのである。彼らは買い物について、かなり独特の考え方をするのだ。

- 結局、靴底を張り替えるほうが、新しい靴を購入するよりはるかに安上がりなことを知っていますから。家具の修繕をするのも同じ発想です。
- 私たちは、「時は金なり」と確信しています。新しいものを買い求めるよりも、手持ちのものを手入れしたり修理するほうが、大幅に時間の節約になるのです。

• スーパーに買い物リストを持参するのは、衝動買いをしないのでお金の節約になるばかりか、リストがあれば最短時間で店内を回ることができ、ショッピングの時間を大幅に短縮できるからです。スーパーをむやみに歩き回っているよりは、その分の時間を仕事とか、家族や友だちと過ごすほうに振り向けたいのです。

家庭の経済的生産性を高めたいと思うなら、金持ちたちの考え方を取り入れることだ。節約のために億万長者が実践している一三の原則については、7章の「買い物上手こそ金持ちへの道」で論じたい。

億万長者の住む家は？

取材した億万長者たちの何人かは、「家選びのことで周囲から酷評されている」と、私にこぼした。なぜ大金を支払って、築年数が三〇年から四〇年、場合によっては五〇年も経過した中古の家を買うのかとか、ベッドルームが四つしかない手狭な家に住むのはなぜか、泊まりがけの客が来たらどこに泊めるのか、などと言われるというのだ。

たしかに、そうした批判を聞くと、さすがの億万長者も不動産部門は少々弱いのかな、とあなたは思うかもしれない。しかし実情はちがう。総じて、彼らの家はここ一〇年ほどのあいだに評価額が大幅に上昇している。しかも、そうした家は造りが頑丈だ――多くはレンガや石造りで、堅い床材が使用されている。

そうは言っても、今風の家でないことはまちがいない。なぜミリオネア・マインドを持つ人たちは、古めかしい家を選ぶのだろう？　それには、そうした古い家が建ち並ぶ昔ながらの住宅地の質が関係している。昔ながらの住宅地に住む人々を調べてみると、一〇人に九人は大卒の学歴を持っている。大半が相当な資産家で、自営業を営む人や会社役員、弁護士、医師といった社会的成功者たちが住んでいる――そうしたリッチな人たちは、住居選びとなると保守的で伝統的な家を好むのである

では、なぜ億万長者たちは、新築物件よりも中古物件を好むのだろうか？　それは彼らが、家選びは車選びとはちがうことをよく理解しているからだ。新しいということは必ずしも「古いものよりよい」とか「改良されている」あるいは「去年のモデルより格段に優れている」ことを意味しない。アメリカ人は新しいものに目がなく、すぐに飛びつく習性があるが、ミリオネア・マインドを持つ人たちはちょっとちがう物の見方をする。

新しく開発された分譲住宅地で一〇〇万ドルの家を購入することには、値下がりのリスクが伴う。その新築物件に価格どおりの価値があるとは誰にも言い切れないし、そもそも新しい住宅地だから、過去の価格の動向を示すデータもない。そうした新興住宅地で高価な建売住宅を買うのは、高額所得者だが資産はほとんどない「蓄財劣等生」であることが多い。こういう人たちは新築、それも付帯設備や装置がたくさんついているものに夢中になりやすい。

高さが六メートルもある丸天井、四つのジャグジー、サウナ――こうした付帯設備に目を奪われてしまっているのだ。

むろん、新築物件を購入する人がみな蓄財劣等生というわけではないが、統計的に見ると、資産のある人たちは昔からの定評のある住宅地で家を求め、住んでいることが多いのである。また、本宅、別宅、休暇用の別荘のいずれにしても、注文住宅を建てたことのあるミリオネアは少数派である。億万長者たちが注文住宅を建てたがらない理由は多いが、それについては、8章の「金持ちの家をのぞいてみよう」で詳しく述べたい。億万長者自身は家について、こう説明する。

- 家の購入にあたっては、有利な条件を引き出すために、どんな家でも決して最初の提示価格では買いません。どんな取引にも、いつ手を引いてもいいという態度でのぞんでいます。
- 私たちの四〇％は住宅ローンをまったく利用していません。住宅ローンの残高が三〇万ドル以上ある人は約三人に一人（三四％）、一〇〇万ドル以上ある人は五％未満です。
- 評価額が上がる家を買うというのが、私たちの基本的な考え方です。そして、その家の評価額が上がるかどうかを決める要因の一つが、近くに質の高い公立学校があるか否かということです。三人の子供を公立学校に通わせると、私立学校に入れた場合よりも教育費を数十万ドルは節約することになるのです。

ミリオネアの暮らしぶりってどんなもの？

億万長者たちは、どんなライフスタイルを持っているのだろうか？　忘れてならないのは、この人たちはわが国でトップクラスの金持ちだという事実である。高級住宅地に建つ時価一四〇万ドルの家に住む彼らの暮らしぶりは、多くの人たちが想像するものとはかなりちがっている。

- 私たちの暮らしぶりは、有名人のそれとはちがいます。昨年、船で世界一周旅行をした人は私たちの三％にすぎません。アルプスでスキーをした人は四％です。私たちの二〇％はパリで休暇を過ごしていますが、海外で休暇を過ごしたミリオネアのなかには、旅の目的は「ビジネス」ということにして旅費の一部を自分の会社の経費で落としている人もいます。
- 仕事以外の時間は何をしていたか？　ほとんどの人（八五％）が税務の専門家と打ち合わせをしています。八一％は博物館や美術館に行き、六八％は地域社会や市民活動に参加しています。
- 休日に庭仕事や大工仕事をする人は少ないですね。昨年、自宅の庭の芝刈りをしたのは五人に一人（一九％）です。家の塗装や配管修理をした人もほとんど見当たりません。

・過去三〇日間の私たちの活動記録を見れば、よくおわかりいただけるでしょう。私たちの活動はたいていあまり金がかかっていないので、「安上がりな連中」と結論する人もいるかもしれません。金持ちであろうとなかろうと、人生でいちばん素晴らしいものはタダで、あるいはほとんど金をかけずに楽しめるものです。友だちをもてなしたり、投資の勉強をしたり、子供たちのスポーツ大会を観戦したりするのに、あまり費用はかかりません。私たちのほとんどは、そういうことをして過ごすのが好きなのです。

こうしたライフスタイルについては、9章「億万長者のライフスタイル――現実と幻想」で詳細に掘り下げてみたい。

2 億万長者への30の質問

アメリカはチャンスの国と言われている。しかし、成功の要因について調査研究しようとすると、膨大な数の人々から、まったく異なる話を聞かされることになる。アメリカには、ものすごくたくさんの成功に至る方程式があるらしい。

そこで私は、話を聞いた人たち全員に、あなたの純資産がいくらなのか教えてほしいと頼む。するとたいていの人は、「明日には金持ちになってみせるさ」と答える。自分の現在の経済状態は、将来のそれとはまったく関係ないと彼らは言う。本当にそうなのだろうか？いったい、アメリカでの経済的成功をもたらす要因は何なのか？

毎週、私は行きつけのショッピングセンターに寄って、ついでにガソリンを入れる。そして現金で代金を払おうとすると、ときどき宝くじを買う長い行列ができていて、その後ろに並ぶはめになる。そこで、行列の人たちに質問をぶつけてみる。宝くじを買うのが、金持ちになるいちばんの近道だろうか？　行列している人たちはみな口をそろえて答える。「財産づくりなんて、一〇〇パーセント運だね。だから、金持ちの仲間入りをするには、宝くじが最短距離なのさ」と。それにしては、行列している人たちは誰も金持ちには見えないし、靴に穴があいている人も多い。

そのあと地元の銀行に立ち寄り、そこでまた、経済的成功への道について尋ねてみる。窓口の係は、銀行に預金することこそ金持ちへの切符だと言う。すると、すぐ後ろに立っていた男が話しかけてきた。彼は保険の代理人で、「終身生命保険と年金保険に限ります。ぜひ今日、うちの事務所に寄ってください」と勧誘する。私は彼の申し出を断り、子供が通っている地元の高校へ行く。ＰＴＡの懇談会があるのだ。懇談会では、五人の先生が五人とも同じことを言う。経済的成功と学業成績のあいだには密接なつながりがあり、学校の成績が優秀だった人は経済的にも成功する、と。しかし、あまり裕福でない人たちのなかにも、学校時代は優等生だった人がたくさんいる。彼らは例外なのか？　学校でＡをとった人が金持ちになれないとなると、先生たちの話はどうなるのか？　頭のなかはますます混乱してくる。

それで、家に帰ってくつろぐことにする。テレビの通販番組では、一人の男が、自分が作曲した音楽テープを聞くと金持ちになれると言っている。そのテープは三九九ドルの特別価格で提供中だという。別のチャンネルでは、一人の女性が「プロがお世話する結婚相手紹介サービス」を売り込んでいた。金持ちになるには金持ちとの結婚がいちばん、と彼女は言うのだが、あいにく私はもう所帯持ちだ。

と、そのとき電話が鳴る。証券会社の営業マンから勧誘の電話だ。名刺と資料を送らせていただきたいと言う。電話でのやりとりの最中、どうすれば経済的に成功できるかという根本命題をぶつけてみる。証券マンは、おまかせください、私が大金持ちになれる道をお教えいたしましょう、と言う。エイズの治療法をつい最近発見した会社の株式の売買を一手に引き受けているのだそうだ。そこで、その証券マン氏に、彼の経済状態を示す書類を送るように依頼する。と、なぜか相手はいきなり電話を切ってしまう。

こんなことが延々と続く。大豆の先物取引がいい、貴金属を購入しておくことだ、骨董品の売買は驚くほど儲かる、プロのスポーツ選手になるのがいい、などなど……。

まったく、どれを信じていいのかわからない。どれもこれも金持ちになるための秘訣だというのだ。果たして億万長者たちは、どうやって経済的成功を収めたのか。この問いに対する答えを見つける最良の方法は、当人たちに直接尋ねることだ。

経済的成功の要因は何か？

私は億万長者へのアンケート調査で、三〇の項目を提示して、それが経済的成功を収めるうえでどのような役割を果たしたかを質問した。つまり、七三三人のミリオネアに、それぞれの項目が〈非常に重要〉〈重要〉〈あまり重要でない〉のどれに該当するかを選んでもらったのである。

この三〇の項目は、事前に行った一連の個別取材およびフォーカス・グループ単位の聞き取り調査の際に、参加者が挙げた一〇〇項目以上の要因リストから抽出したものである。なかでもこの三〇項目を挙げた人がいちばん多く、またこれらと重複する内容を挙げた人も多かった。表2－1は、その結果をまとめたものである。

億万長者の大半が成功への道として重視する事柄は、さきほど列挙したものとは大きくかけ離れている。金持ちになることは、大豆の先物取引とか宝くじ以前の、もっと根本的な要素の産物なのである。リストを見れば一目瞭然だが、学校の成績やクラスを首席で卒業することともちがう、はるかに根源的な要因からくる結果なのだ。

本章ではこのあと、そうした本当の成功要因について詳しく検討していく。私は成功要因を次のような七つのグループに分けてみた。

グループ1――社会的手腕

- 人とうまくやっていく。
- 強いリーダーシップを発揮できる。
- 自分のアイデアや製品等を売り込む能力がある。
- よき指導者がいる。

グループ2――批判者への対応

表2-1

億万長者が語る成功要因(母数=733)

〈非常に重要〉と回答した億万長者の割合。(　)内は〈重要〉と回答した割合。

	割合[%]	順位*1
誰に対しても正直である	57(33)	1*2
自分を律する強い精神力がある	57(38)	1*2
人とうまくやっていく	56(38)	3
支えとなる配偶者がいる	49(32)	4
たいていの人よりよく働く	47(41)	5
自分の職業／事業を愛している	46(40)	6
強いリーダーシップを発揮できる	41(43)	7
競争心旺盛で負けず嫌いな性格	38(43)	8
安定した精神状態を保つ	36(49)	9
自分のアイデアや製品等を売り込む能力がある	35(47)	10*2
賢い投資をする	35(41)	10*2
人が見逃しているビジネスチャンスを見つける	32(40)	12
最終的には自分で判断する	29(36)	13*2
妥当な収益が見込めれば金銭的リスクを冒す	29(45)	13*2
よき指導者がいる	27(46)	15*2
人から尊敬されたいという欲求を持つ	27(42)	15*2
自分の事業に投資する	26(28)	17
高収益の見込める「市場の隙間」を見つける	23(46)	18*2
人一倍精力的	23(48)	18*2
肉体的に健康である	21(44)	20
IQ(知能指数)が高い／優秀な頭脳を持つ	20(47)	21
専門分野を持っている	17(36)	22
一流大学に行く	15(33)	23
誹謗中傷には耳を貸さない	14(37)	24*2
自分の収入の範囲内で生活する	14(29)	24*2
強い信仰心を持っている	13(20)	26
幸運に恵まれる	12(35)	27*2
上場企業の株式に投資する	12(30)	27*2
優秀な投資顧問がいる	11(28)	29
クラスを首席か、それに近い成績で卒業する	11(22)	30

*1 順位は、経済的成功を収めた要因としてその要素を〈非常に重要〉と答えた億万長者の割合から算定した。
*2 もう一つの要因と順位を分けている。

- 誹謗《ひぼう》中傷には耳を貸さない。
- 競争心旺盛で負けず嫌いな性格。
- 人から尊敬されたいという欲求を持つ。
- 人一倍精力的。
- 肉体的に健康である。

グループ3――健全な心と道徳観

- 誰に対しても正直である。
- 支えとなる配偶者がいる。
- 強い信仰心を持っている。

グループ4――創造的知能

- 人が見逃しているビジネスチャンスを見つける。
- 高収益の見込める「市場の隙間」を見つける。
- 専門分野を持っている。
- 自分の職業／事業を愛している。

グループ5――投資

・上場企業の株式に投資する。
・優秀な投資顧問がいる。
・賢い投資をする。
・自分の事業に投資する。
・最終的には自分で判断する。
・妥当な収益が見込めれば金銭的リスクを冒す覚悟がある。
・自分の収入の範囲内で生活する。

グループ6――運と自己鍛錬
・幸運に恵まれる。
・自分を律する強い精神力がある。
・安定した精神状態を保つ。
・たいていの人よりよく働く。

グループ7――知的能力
・IQが高い／優秀な頭脳を持つ。
・一流大学に行く。
・クラスを首席か、それに近い成績で卒業する。

知的能力に関する億万長者の回答は、とくに興味深い。「ＩＱが高い」といった要因は、世間では他の要因よりも上位にくるだろうと考えられがちだが、実際のデータはそれと逆であることを示している。

全米最高のコーチが最初に教えること

ある霧の立ち込めた冬の朝、私はアラバマ州バーミンガムに到着した。私のセミナーは午前八時半から開始予定で、それよりも一時間近く早く到着してしまったので、簡単な朝食をとりながら、セミナーに参加する二〇〇名の経営幹部のうちの何人かと雑談をする機会を得た。

ある企業の販売部門の責任者——仮にヒューと呼ぶことにしよう——は、名コーチとして有名なポール・〝ベア〟・ブライアント率いるアラバマ大学フットボール・チームで、選手として活躍した経験について話してくれた。ヒューの話は私にとって心から共感をおぼえるもので、私は彼がビジネスの世界で成功するに至った要因について、多くのことを学んだ。その食事の場にはブライアントのもとで選手をしていた会社役員が他にも数人いるとヒューが明かすのを聞いて、私は全米のあちこちでブライアントの教え子たちに会ったことを思い出した。

ブライアントのエピソードには、とくに強く胸を打たれるものがあった。アラバマ大学のフットボール・チームは、大学選手権で何度も全米一の座を手にしている。ヒューと出会う以前から、その驚異的な成績が名コーチのブライアントの手腕によるものであることは私も知っていた。アラバマ大学チームは一シーズン平均八勝以上という全米記録を打ち立てたが、ブライアントはアメリカ一金をかけて選手を養成したわけでもなく、アメリカ中から才能ある選手をかき集めたわけでもなかった。

私としては、なぜブライアントがこれほどの快挙を達成することができたのかという質問をぶつけたかったが、この元フットボール選手にその答えを求めれば数時間はかかりそうだった。そこで、私はヒューに別の質問をしてみた。「大学のチームに入ったあなたがたスポーツ奨学生たちに、ブライアントはまず、どんな話をしましたか？」

意外なことに、コーチは選手たちを前にしてこう尋ねたというのだ。

みんなもう、家に電話してご両親に礼を言ったか？

ヒューの話によると、それを聞いた選手たちは困惑した表情を浮かべた。大半が口をあんぐりあけたままで、顔を見合わせるばかりだった。明らかに、誰一人そんなことを質問されるとは予期していなかったのだ。

その一年生選手たちはキャンパスに足を踏み入れてまだ二四時間もたっていなかったが、

チームが勝利を得るための第一の教訓をさっそく伝授されたのである。すでに家族には電話して礼を言ってありますと答えることができた者は一人もいなかったにちがいない。この教訓は、煎じ詰めるとどういうことだろうか？

ヒューによると、コーチは最初の質問についで、次のようなことを言ったそうだ。

今の自分のレベルまで、誰の助けもなしに到達した人間なんていない。ご両親に電話してこい。ありがとうって言うんだぞ。

つまり、ブライアントは才能ある一年生たちにこう伝えたかったのだ。抜群の素質に恵まれた者でも、必ずしも名選手になるとはかぎらない。両親が彼らを養い育て、犠牲を払ってくれたからこそ、彼らはアラバマ大チームでフットボールができるのだ、と。

この最初の洗礼を決して忘れない、とヒューは私に語った。ヒューとチームメートはそれから四年間、試合で素晴らしい成績を残したが、それにはコーチの最初の言葉が相当効いていた。ヒューはまた、ビジネスの世界で成功を収めることができたのも、ブライアント・コーチのおかげだと言う。

誰の助けも借りずに成功する人はまずいない。どれだけ才能があろうとも、個人が集まっただけではチームとは言えない。ラインマンがチャンスを切り開いてくれなかったら、ランニングバックはタッチダウンを奪うことはできないのだ。資産を形成することは、それとよく似ている。誰の力も借りずに自分の力だけで成功を収めたという富豪には、私はまだ一人としてお目にかかったことがない。億万長者の大多数は、配偶者や主だった社員、恩師などの協力や支えがあったことを認めている。男でも女でも、一人では大したことはできない。スポーツであれビジネスであれ財産づくりであれ、何をするにしても、他者の力を借りずに頂点を極める人はいないのである。

「人とうまくやっていく」vs「IQが高い」

億万長者を対象とした今回の大規模調査の結果を見れば、ブライアント・コーチのメッセージがどれだけ貴重なものであるか、おわかりいただけるだろう。自らの破格の蓄財能力はどこからきていると本人たちは言っているだろうか？　とびきり優秀な頭脳に恵まれて生まれてきたからだという答えはまったくない。

億万長者のほぼ全員に近い九四％が、経済的成功の要因として、「人とうまくやっていく」が〈非常に重要〉（五六％）または〈重要〉（三八％）と答えている（表2－1、2－2参照）。〈非常に重要〉と答えた人の割合に基づいてランクづけすると、調査に用いた全三〇要因中、三位に入った。

つまり、スポーツだろうがビジネスだろうが財産づくりだろうが、人とうまくやっていく能力はきわめて重要な要素だということである。にもかかわらず、私たちはあまりにも、大金持ちになれるかどうかは生まれつきの知能しだいで、金持ちは金持ちでない者より知能指数が高いのだ、と思い込んでいる。学校でオールAをとったり、ＩＱがオゾン層に届くほど高いからといって、それが何になろう？　そうした要素があったとしても、もしその人間が人とうまくやっていけないタイプだったなら、とても億万長者になれるとは思えない。

そう考えるのは私だけではないのだ。今回の調査では、経済的成功に知能の高さが重要かどうかも質問している。表２－２からわかるように、「ＩＱが高い／優秀な頭脳を持つ」ことが〈非常に重要〉と答えたのは五人に一人（二〇％）だった。順位でいくと三〇要因のうちの二一番目である。知的能力グループの他の二つの要因も同様である。成功の要因として、「クラスを首席か、それに近い成績で卒業する」を〈非常に重要〉と答えたのは、一〇人に一人（一一％）だけである。「一流大学に行く」を〈非常に重要〉と答えたのも、わずか七人に一人（一五％）だった。

とはいえ、大多数ではないにせよ、自分たちの成功要因として高いＩＱが重要だったと考える億万長者もいる。こうした人々の職業を見ると、いちばん多かったのが弁護士で、次が医者である。彼らがそう回答した理由ははっきりしている。ロースクールや医学部に入学するには、学校やテストで優秀な成績をとらなくてはならないからだ。弁護士と医者は億万長者の五分の一を占めるが、それ以外の職業に就いている億万長者では、知能を重要な成功要因と見る人の割合はずっと少ない。

調査サンプルから弁護士と医師のデータを除外してみると、もう一つの興味深い結果が得

表2-2

億万長者の成功要因
——優秀な頭脳 対 社会的手腕(母数=733)

〈非常に重要〉と回答した億万長者の割合。(　)内は〈重要〉と回答した割合。

	自営業者／起業家	経営幹部	弁護士	医者	その他	すべての職業	
	32%	16%	10%	9%	33%	100%	順位*1
知的能力							
IQが高い／優秀な頭脳を持つ	16(45)	18(49)	34(49)	24(50)	20(47)	20(47)	21
一流大学に行く	12(31)	12(31)	18(50)	23(31)	16(30)	15(33)	23
クラスを首席か、それに近い成績で卒業	5(16)	8(22)	26(34)	20(29)	8(24)	11(22)	30
社会的手腕							
人とうまくやっていく	61(35)	59(37)	43(47)	47(47)	56(38)	56(38)	3
強いリーダーシップを発揮できる	45(43)	43(39)	29(51)	37(43)	35(43)	41(43)	7
自分のアイデアや製品等を売り込む能力がある	45(47)	41(50)	16(46)	17(46)	35(45)	35(47)	10*2
よき指導者がいる	28(43)	29(51)	18(56)	30(52)	26(43)	27(46)	15*2

*1 順位は、経済的成功を収めた要因としてその要素を〈非常に重要〉と答えた億万長者の割合による。
*2 もう一つの要因と順位を分けている。

られる。「人とうまくやっていく」をはじめ、社会的手腕に属するほかの要素の重要性が、さらに際立ってくるのだ。自営業者・起業家の場合は六一％が、経営幹部の場合は五九％が、「人とうまくやっていく」を〈非常に重要〉な要因と感じていることに注目したい。弁護士でこの要因を〈非常に重要〉と答えたのは四三％、医師は四七％と、かなり少なくなっている。

弁護士や医者が個人で仕事をすることが多いのに比べて、企業の経営幹部や経営者は、チームの一員であることが多い。それを考えれば、こうした結果になるのは驚くにあたらないだろう。だが、あらゆる職業においても、概して社会的手腕の要因を重視する回答者のほうが、知的要因を重視する回答者より多いのである。

表2－2の社会的手腕グループで挙げた四つの要素に注目してほしい。これらの要素は四つとも、きわめて密接に結びついている。すなわち、「人とうまくやっていく」を〈重要〉だと答えた人たちは、同じく「強いリーダーシップを発揮できる」「自分のアイデアや製品等を売り込む能力がある」「よき指導者がいる」も重視する傾向にある。

有能なセールスマン、ビリーの技

先ほどの話をちょっと思い出して、偉大なコーチが選手たちに向かってこう言っている光景を頭に描いてみよう――「人の支援や協力を得られないやつは、上のレベルに到達することなんかできやしないんだ」。今日、人とうまくやっていくことは、明日、強力なリーダーシップを発揮するための土台になる。そして、リーダーになる者は経済的にも成功する傾向にある。しかし、リーダーになるには、じぶんのアイデアや計画、夢、商品、サービスなどを売り込む能力も必要になってくる。

ポール・ブライアントのようなコーチによって手厳しい社会的訓練を受けたスポーツ選手から、多くの経営幹部が世に輩出したことは少しも不思議ではない。販売やマーケティングの分野では、とくにそれが言えるのだ。販売のプロは、収益を上げないことには目標が達成できないし、人に抜きん出ることもできない。昇進もありえない。

私が出会ったなかで最高のセールスマンは、ビリー・フェザーストーン・ギルモア・ジュニアという人物だ。彼は南北戦争の英雄、W・S・フェザーストーン大佐の直系の子孫で、父親は第二次大戦中、爆撃機パイロットとして欧州戦線に五〇回出撃し、勲章を授与されている。ビリーが父親の勇気を受け継いでいることはまちがいない。というのも、販売のプロになり、完全に実績ベースで報酬を得るのは勇気がいることだからだ。

トップ・セールスマンの特徴について研究を重ねてきた私は、彼らが勇気と社会的手腕の面で、他の人たちを圧倒していることを発見した。ビリーも両面で優れていた。今から二〇年ほど前、彼はジョージア大学の私のクラスに在籍していた。ある中間試験のとき、彼が何時間もかけて提出した答案用紙には、たったの数行しか書かれていなかった。私は最初、その答案用紙に「F（不可）」と記したが、それから「こんなひどい答案はFをつける価値もない」と考え直し、指数を書き加えて「Fの三乗」とした。さらに、〈フェザーストーン君へ。こんなにレベルの低い答案を読んだのは生まれて初めてだ。この科目の受講を取り消したまえ〉と書き添えた。そして、九九人のクラスメートのいる前でビリーにそう言い渡した。

私は教職に就いてから一万人を超える生徒を教えてきたが、何の予告もなしに私の自宅までやってきて、成績評価を変えてもらえないかと直訴する厚かましさと図太さを持ち合わせていたのは、たった一人だけだった。そう、ビリーだけである。私たちは座ってワイングラスをかたむけた。彼はこう言った。「先生は授業のなかで、たった一つだけお忘れです。人は勇気があれば、最後には勝てるんです。何をやってもいちばん速いとか、いちばん頭がいいとか、そんなやつじゃなくてもね。大事なのは、どれだけ粘り強くがんばれるかですよ」

それ以来、私はビリーのセールスマンぶりをしばしば目にしてきた。それにしても、大学のGPA（成績評価点平均）が二・〇一しかない男が、人間についてこれほどよく知っているとは、今でも信じられないのである。じつのところ、彼のGPAが二・〇一止まりになることは、充分予測されることだった。彼は父親から、就職には大学の学位が必要だと言われたので進学した。だが、仕事で実際に物をいうのは売り込み能力であることを彼は知っていた。ビリーは大学に通いながら、不動産の販売の仕事もフルタイムでやっていた。パーティーには、公式のものも内輪のものも欠かさず出席して社会的訓練を重ね、フットボールの試合にも全試合出場した。もちろん、ビリーの「生産性」は高かったが、GPAを二・〇一以上に引き上げるような行為は何にせよ、セールスの時間や、社会性を磨く活動に食い込んでしまうので、彼は大学の成績はあえて向上させようとはしなかったのである！

ビリー・ギルモアと私はそれ以来の長いつき合いになるが、ときおり仕事も一緒にしている。最近、ある大手企業の国内販売担当の上級副社長から、土曜日の午前中に彼の会社のトップ・セールスマン一〇〇人のために、ダラスでセミナーをやってほしいとの依頼があった。私はビリーに電話をかけた。彼は婦人物のスポーツウェアやジーンズを、J・C・ペニーのようなデパートに販売する仕事に携わっていた。J・C・ペニーの本社はダラスにある。私はビリーに、土曜日いっぱいダラスに滞在してセミナーを手伝う気はないか、と尋ねた。ビリーは二つ返事で承諾した。

よし、そうしましょう……先生のお得意さん（販売担当副社長）の名前を教えてください。詳しいことは全部その人から直接聞くことにしますよ。じゃあ、土曜の朝にうかがいます。

ビリーは私の顧客に電話してセミナーの詳細を確認したが、それはほんの手始めにすぎず、もっと大胆不敵なことをやってのけた。彼は上級副社長ハーマンの秘書に電話して、セミナーの場所や時間割を尋ねたあと、興味深い質問をいくつかした。

ビリー　ミスター・ハーマンの奥さんはブルージーンズなんか穿きますかね？

秘書　穿くと思いますが。

ビリー　ハーマン夫人は何号くらいのジーンズを穿いてるか、ご存知ですか？

秘書　私と同じくらいだと思います。一〇号だとぴちぴち、一二号ならまちがいないわ。

セミナー当日の朝、私は三〇分前に大ホールに入っていった。すると、例の副社長が私の姿を見るなり、ホールの奥から飛んで来て、こう言った。「驚いたな、トム。うちの家内はあのジーンズをすっかり気に入っちゃってね。いくらお礼を言っても足りないくらいだ。ジーンズのおかげで、土曜日返上で仕事している私を上機嫌で送り出してくれたよ。しかも、ジーンズはどれもサイズがぴったりだった」

副社長が私のことを褒めちぎっているあいだ、いったいぜんたい何の話だと私は思っていた。ちょうどそこへやってきたビリーに目をやると、彼は満面に笑みを浮かべている。それで、私にはピンときた。ビリーは自分の会社で作っている「フェザーストーン・フィット」ジーンズで、またまた人の心をつかんでしまったのだ。彼はまたしても、「人とうまくやっていく」ための技を披露してくれたのである。ビリーのおかげで、ハーマン副社長は朝から最高の気分で仕事に取りかかることができた。出だしがそんなふうだったから、セミナーが大成功を収めたのも不思議はない。ハーマン夫人のジーンズのサイズを確認したあと、ビリーは会社のベテラン縫製係に特注ジーンズを一ダース作らせた。しかも、彼の計画は、単に高級ジーンズを用意するだけではなかった。ジーンズの内側にそれぞれサイズ8のラベルを縫いつけさせておいたのである。

ただ、いまだに確信が持てないことがある。ハーマン副社長が電話でまたセミナーをお願いしたいと言ってくると、私は考えてしまうのだ――彼が電話してきたのは私のセミナーが目的なのか、それともビリーの会社のジーンズがお目当てなのか、と。ビリーは、ジーンズを贈ったのは自分だなどと決してハーマン副社長に言っていない。それどころか、彼はジーンズの箱に〈トム・スタンリーより〉と書いたカードを入れておいたのだ。私はすっかり感謝され、ハーマン副社長の厚情に浴した。その後もハーマン氏の会社は何度もセミナーを依頼してきたうえ、私の本やテープ、その他の教材をたくさん購入してくれた。

ビリー・ギルモアは相手の気持ちになってそのニーズを見極める。その姿勢はいったいどこで身につけたのだろうか？　それを本人に尋ねてみたところ、彼の母親がいつもこう言っていたという。

ぼくは、ぼくは、ぼくはって、自分のことばっかり考えている子は鼻つまみよ。

言い換えれば、相手が何に興味を示し、何を求めているかに、常に注意を払いなさいと言い聞かせたのである。営業マンだったビリーの父親も、彼に手本を示した。ビリーがまだ子供だった頃、父親はよく彼を連れて、スクールバスの売り込みのために地元の学区をあちこち回った。そして、訪問先に出向く前に必ず、なぜスクールバスの購入を決める人たち一人ひとりの興味や経歴を把握しておくことが大切か、ビリーに説明した。彼の父親はトップクラスのセールスマンだったし、ビリーにとっては最高の師だった。だからビリーも、父親に教わったセールスの基本ルールは絶対に守り、実践しているのである。それは――

おれは、おれは、おれはって、自分のことばかり考えているやつは鼻つまみだぞ。

リーダーの資質はテストでは測れない

親　息子のことがとても心配です。あんな成績では一流大学は到底無理でしょうし。

校長　リチャードはべつに心配いりませんよ。実社会ではうまくやっていけるはずです。息子さんはみんなに好かれているし、尊敬されています。みんな彼についてくる。リチャードには生まれつきリーダーの資質があるんですな。

校長先生のリチャード評は的中した。リチャードは最近行ったアンケート調査に、高校と大学の成績は悪かった、と回答している。しかし、アンケートには、急ピッチで純資産一〇〇〇万ドル級のミリオネアに近づいているとも記されていた。彼は人の上に立ち、会社のオーナーとして大成功を収め、自分の職業に大変な情熱を注いでいる。従業員のニーズにも、全員の立場に立って最大限考慮するようにしているから、彼の会社の給与は業界平均を大幅に上回っている。リチャードのほうも従業員たちから非常に好かれていて、社員みんなが感謝のしるしにお金を出し合ってリチャード夫妻にヨーロッパ旅行をプレゼントしたというのである。

とはいうものの、リチャードの人生はもっとちがったものになっていた可能性もある。親がちがうタイプの人間で、彼が通っていた私立高校の校長も無神経な人だったらどうなっていただろう？　親や校長がもしリチャードにこんなことを言ったとしたら――

こんな点数では、社会へ出てもとても出世は望めないな。この成績では、皿洗いか床掃除の仕事にでも就ければラッキーなほうだ。

だが、リチャードの両親はそんなことは決して口にしなかったし、彼を決して見放さなかった。校長も同様だった。学校でのリチャードは、スポーツなどの活動ではリーダー的存在だった。学業が振るわなくとも、彼は少しも劣等感を抱くことはなかったのだ。

さまざまな分野でめざましい成功を収めている人たちを見ると、リチャードのような人が多い。彼らは学校生活を通じて、通知表や成績証明書に記されている内容より、はるかに多くを修得しているのだ。ではここで、リーダーとしての資質と学業成績の関係を如実に示しているもう一つのケースを紹介しよう。

リーダーのなかのリーダー

今ここに、つい最近大学を卒業して、今度は大学院で修士号をとることを考えている一人の青年がいるとする。大学院に進むにはGRE（大学院進学試験）を受けなくてはならない。試験から数週間後、郵便で試験結果が送られてくる。すぐさま封を開けて成績を見てみる。点数の意味がすぐには読み取れないので、説明文を読んでみる。GREはいくつかの種目に分かれている。主な種目は、口頭による適性試験と量的分析テストの二つで、あとは物理や化学、生物、社会、芸術などの専門分野である。

得点順位は？　見ると、口頭試験の成績は下位三分の一のグループ、つまり平均以下ということになる。青年はがっかりして、他の成績に目を移す。量的分析テストは下位一〇％、物理、化学、生物、社会、芸術など専門分野は下位二五％のグループだ。

こんな成績でも、青年はまだ大学院に進学しようと思うだろうか？　大学の学生カウンセラーや進路アドバイザーにGREの成績を見せたら、どんなアドバイスを受けるだろう？大学院に進む素材ではないと言われるかもしれない。高望みしないで、もっと足元を見るべきだなどと言われるかもしれない。

次のようなことを言ってくれるカウンセラーが、はたして何人いるだろうか？

いいかい、君には抜群のリーダーとしての資質があるし、優れたビジョンがある。いつ

の日かきっと、君はアメリカの社会的良心を変えるだろう。必ずや政治や社会の変革に深く関わっていくにちがいない。あのフランクリン・ローズヴェルトに負けないくらいね。

賭けてもいいが、そんな励ましを受ける可能性はゼロだろう。なぜなら進路アドバイザーの大半は、統一テストの成績で受験生の将来を判断するからだ。たった一日の試験の点数だけで、一人の人間のその先三〇年ないし四〇年の人生を占ってしまうとは不幸なことだ。アドバイザーの言葉を信じるなら、青年は一生自分を能力の低い人間と見なして、能力の低い者らしく行動するようになるだろう。

しかし、マーチン・ルーサー・キング牧師は、そんなふうに自分を卑下して人生を送ったりはしなかった。じつは、前述のGREの結果はキング牧師の成績なのだ。キング牧師は否定的な見方をする人たちの言葉など信じなかった。彼には学業成績の真の意味がわかっていたのだろう。

「きみが成功する可能性はない」と言われたら？

億万長者は、自分に批判的だったり、自分の将来について否定的な発言をする人たちにどう対処してきたのか？　大半の人は無視するか、批判の声をバネにして成功を手にしている。優れた指導者は、どうしたら相手が今より向上できるかを念頭におくが、批判する人は相手を向上させようなどとは考えていない。実際、彼らは他人が失敗するのを見て楽しんでいるようですらある。「どうせ失敗するに決まっている」と予言して、そのとおりになるのを見て満足しているのかもしれない。

ほとんどの億万長者は、こんな言葉を浴びせられた経験を持っている。

- おまえが成功するはずないだろ。
- 弁護士になるには頭が悪すぎる。
- 新しいビジネスだって？　そんな馬鹿げた計画は聞いたことないな。
- 女が医者になったって活躍の場はないよ。
- きみが成功する可能性なんて、まったくない。望みなしだ。
- 大学院に進むような器ではないね。
- そんな成績では、大学に行ってもむだだね。

こうした否定的な見解を聞き入れてしまったら、成功をめざす競争からは脱落する他はない。

悪意のある批判をする人間には、共通する性質がある。彼らには、他人を否定する以外に能がないのだ。そして、真に才能があり、成功しようと努力する人たちに嫉妬している場合が多い。しかも、こうした度量の狭い人間たちは、他者から自分の見解を批判されるのが我慢ならない。だから、自分が絶対に批判されないようにするために、彼らは「攻撃は最大の防御」を実践する。成功している人、あるいは成功を手にしようとする人たちを攻撃するのである。それが彼ら自身の立場を高める一つの手段なのである。

一代で財を成した自営の企業経営者ならたいてい、否定的な言葉を浴びせられた経験を山ほど持っている。正当な理由がないのに融資を断られたことも、何度もあるだろう。金融機関の融資担当者は、「おたくの商売は絶対にうまくいかないですよ」と、金を借りにきた事業主によく言うが、どうしたら商売を軌道に乗せられるか助言することはまずない。それにしても、人に金を貸すという立場は、なんと絶大な権力を伴うことか！

あるとき、自力で億万長者になったオクラホマ出身の人物は、こんな話をしてくれた。

あれは金曜の朝のことだった。その日の夕方、四時までに給料を支払うための現金を用意しなくてはならなかった……私は長年、何百万ドルも借入れをしてきた銀行に出向いた。部屋に案内されると、もう一人新任の貸付係が同席していて、その三〇過ぎぐらいの若造が、うちの商売について再検討しているところだと言うんだ。最新の数字を見ておきたいとか……。その銀行とは長年のつき合いで、しかも一度だって返済が遅れたことなんかなかったのにだ。それから、その貸付係は、最近スキーに行ってきた話を延々一時間もしゃがった！　こっちはそのあいだずっと、何百人もの従業員に給料が払えなくなるんじゃないかと、気をもみっぱなしだった。

彼はその日の午後、どうにか給料用の現金を用意したが、まさにぎりぎりだった。言うまでもなく、彼はその銀行との取引を打ち切った。こうした例は枚挙にいとまがない。

だが、そうした批判があったからこそ、逆にそれをバネにして成功したと語る億万長者も少なくない。最近、フォーブス誌に掲載された例を紹介しよう。コマーシャル・ファイナンシャル・サービス社の創立者であるビル・バートマン会長はこの記事のなかで、義理の姉が彼を奮起させる大きな要因だったと語っている。義姉はバートマン氏が高校中退者だったことから、彼を嫌っていた。そこでバートマン氏は発奮し、高卒と同等の学力があることを証明するGED証書を取得して大学に進学した。大学在学中は、気持ちを勉強に向けるために、おおよそ一三×一八センチのインデックス・カードに義姉の名前を書いて壁に貼りつけておいた。勉強に身が入らないときはいつも、その名前に目をやるようにした。すると、たちまち勉強への意欲が湧いてきたという。

結局のところ、大多数の億万長者は、自分に対する批判には耳を貸さないようにしているし、他人に酷評されたり、うまくいくはずがないと言われても決心が揺らぐことはない。「誹謗中傷には耳を貸さない」という態度は、経済的に成功を収めることと密接なつながりがあるのだ（表2－3参照）。

ここで、一つの事実を頭に入れておきたい。成功している人たちは、どうしても批判の矢面に立たされがちである。批判というのは避けて通れない一種のいじめであり、成功を夢見

表2-3

億万長者の成功要因
――優秀な頭脳 対 批判者への態度(母数=733)

〈非常に重要〉と回答した億万長者の割合。( )内は〈重要〉と回答した割合。

	自営業者／起業家	経営幹部	弁護士	医者	その他	すべての職業	
	32%	16%	10%	9%	33%	100%	順位*1
知的能力							
IQが高い／優秀な頭脳を持つ	16(45)	18(49)	34(49)	24(50)	20(47)	20(47)	21
批判者への対応							
誹謗中傷には耳を貸さない	20(40)	9(39)	11(28)	11(47)	13(34)	14(37)	24*2
競争心旺盛で負けず嫌いな性格	37(49)	46(40)	40(33)	37(44)	34(42)	38(43)	8
人から尊敬されたいという欲求を持つ	23(44)	28(42)	21(47)	38(39)	31(38)	27(42)	15*2
人一倍精力的	24(50)	22(45)	16(43)	26(58)	24(45)	23(48)	18*2
肉体的に健康である	24(44)	19(48)	16(36)	18(49)	23(44)	21(44)	20

*1 順位は、経済的成功を収めた要因としてその要素を〈非常に重要〉と答えた億万長者の割合による。
*2 もう一つの要因と順位を分けている。

る人たちにとって、新兵訓練所のようなものである。億万長者に聞いてみれば、おそらくこの手の新兵訓練所経験談はいくらでも出てくるだろう。

成功者たちは人真似をしないし、大勢に従ったりしない。そして、大勢に従わない者は、人とちがっているという理由で批判の対象になりやすい。私が大学を卒業する間近に、教授陣のなかでいちばんの稼ぎ頭だった教授は、こんな話をしてくれた。

注目される論文を発表しなければ、名門校で教授として終身在職権を獲得することは不可能だ。だが、そのかわり友だちはたくさんできる。たくさん論文を発表すれば、同僚からはまず好かれない。

往々にして、成功するということには、仲間外れになるという犠牲が伴う。現に、億万長者の四人に三人（七六％）は、人格形成期に周囲とはちがった見方をすることを学んでいる。そしてそのことが、のちに金持ちになるうえで大きく影響したと回答している。人とちがうことは経済的成功という褒賞《ほうしょう》をもたらすが、批判や仲間外れといった報いも受けるのである。

私が聞き取り調査を始めて間もない頃、ある億万長者が人から拒絶されることについてこう話してくれた。

人に拒絶されても、絶対に自分個人を拒絶されたと思わないこと。

もう一人のミリオネアはこう言った。

批判されたときはね、カッとなったり、興奮したりせずに、二週間待つといい。二週間たってもまだ腹の虫が治まらなかったら、もう二週間待つ。それでもまだ治まらなかったらどうすればいいか？　その批判した相手に長い手紙を書く。どうして怒りをぶちまけたいのか、手紙に詳しく書き綴るのだ。それだけ時間をおき、長い手紙を書いて憤懣を発散させてしまえば、怒りが薄らぐこともあるし、手紙を出すまでもないと思えてくる可能性だって大いにある。

スーパーリッチは運動が好き

アンケート調査によると、「肉体的に健康である」は表2－1の成功要因リストで第二〇位にランクされているが、億万長者の大半は定期的に運動をしている。定期的に運動をしている人の割合がいちばん高いのは、純資産一〇〇〇万ドル以上のスーパーリッチたちだ。約三分の二が定期的に運動をしている。残りの三分の一にもゴルフやテニスをしている人が多いが、必ずしも定期的ではない。

金持ちになればなるほど多くの批判や誹謗中傷にさらされるようになるから、体調を最高の状態に整えておくことは大切である。体調がよければ、競争心にも磨きがかかり、もっと仕事でがんばれるのだ。億万長者のなかでも、純資産が一〇〇〇万ドル以上のスーパーリッチは競争心がきわめて旺盛で、批判さえも歓迎する傾向がある。人に否定されればなおのこと、その評価がまちがっていることを実証してやろうと、いっそう闘志が湧いてくるタイプだ。また、体調を整えておくことは、ほとんどの億万長者に見られる並外れたバイタリティの源にもなっている。億万長者には、無気力だったり、見てわかるほど肥満した人はまず見当たらない。適正な体重を維持することは、このほかのいくつかの成功要因の領域とも、密接な関連性がある。金銭的なリスクを冒すタイプの人は、リスクを避けるタイプに比べると痩せている率が高い。

また、肉体的な健康は、別の側面からも大切である。いくら資産を築いても、いい思いをしないうちに死んでしまったら何にもならない。

億万長者が最も大切に思うこと

私は回答者から寄せられたアンケート用紙をすべて自分の目でチェックしている。というのも、非常に重要な情報が、コメントや助言として用紙の欄外に手書きで書き込まれていることがあるからだ。そうしたコメントは、思いもよらない場所に記されていることがある。

ある人はアンケート用紙全体にびっしりと追加の説明を書き込んでいた。自分のことを人はどう見ているかと思うかという問いには、「公平で正直」と、彼は答えている。それぞれの設問の横には、彼に影響を与えた経験が短く書き添えられていた。それによると、彼の経済的成功の裏には、両親の影響と、もう一つ大きな要因として三年間の海兵隊生活が挙げられていた!

いったい公平であるとか、正直、海兵隊生活といった要素が、金持ちへの道にどうつながったのであろうか? 経済的に成功した要因として「誠実さ」を挙げた億万長者の数は、他の要因とは比べものにならないくらい多い。億万長者の大半が「誰に対しても正直である」を〈非常に重要〉または〈重要〉な要因と回答しているのだ。誠実さの尺度であるこの設問に対して、億万長者が〈非常に重要〉と答えた割合は、三〇項目のうちの第一位タイだった(表2-4参照)。

残念なことに、近ごろ新聞の見出しや記事を飾っているのは、高い地位にある人たちが不誠実な行為をしているという話ばかりである。ビル・クリントンは、自分の不道徳な行為は「成功」につき物として片づけ、大統領としての自分の成績を総括すれば、「よい」と「非常によい」の中間あたりだろうと語っている。しかし、億万長者の大多数は、誠実さについて、大学の成績のように平均値で評価すればいいとは思っていない。なるほど、クリントン大統領の経済政策はA、外交はB、国内の安定もB、社会政策にもBの評価を与えられる。だが、誠実さの評価はF、落第である。これが大学生の話なら、GPA(成績評価点平均)二・六ということになる。

しかし、人生のカリキュラムにおいては、誠実さは別次元のものである。合格か落第のどちらかの評価しかないのだ。もし誠実さに欠けていたら金持ちになれるはずがないと、ほとんどの億万長者は言うにちがいない。もしも、若くてやり手の会社オーナーとか新規の開業医が顧客や患者を騙したらどうなるか？　会社オーナーが販売している自社製品について嘘の説明をしたとしたらどうなるか？　そういう人たちは決して成功することはないし、成功に近づくこともないのである。

「一五の二乗」で嘘は増える

誠実な心の持ち主は、何が正しくて何がまちがっているのか、何が真実で何が嘘か、そのちがいをよく知っている。

ジョン・バリーは不動産管理会社のオーナーである。ジョンの顧客はほとんどがショッピングセンターのオーナーたちで、ジョンは彼らが所有する賃貸物件の管理を請け負っている。ジョンの会社は、家賃の集金から、必要なら補修や改修業者を雇うことまで何でもやる。むろん、大変誠実な人間で、今の財産は彼がゼロから築いたものだ。

建物の補修をするときには、ジョンはいちばんよいモノとサービスを最低価格で提供する業者に委託する。これは簡単なことのように聞こえるが、必ずしもそうではない。ジョンは自分で現場に足を運び、顧客の費用に対して最高の補修作業が行われているか、きっちりチェックする。業者の選定や彼らに指示を与える際にも、各段階ごとに請負内容を記した契約書を交わしている。
ジョンの誠実な人柄が評判を呼んだことが、今の成功をもたらす重要な要因となった。ジョンの話によると、彼の父親は芸能界の仕事をしていて、タレントのマネジャーとして少しは名前も知られ、その道では成功しているほうだった。その父親が彼によくこんな話をしたという。

絶対に嘘をついちゃいかん。一つでもだめだ。一つ嘘をつけば、その一つの嘘がばれないようにするために、結局は一五もの嘘をつくことになるからな。

ジョンの父親によると、一つ嘘をつくと、それがばれないようにするためには一五の嘘を重ねなくてはならない。すると、その一五の嘘がばれないようにするために、それぞれ一五ずつ嘘を用意しなくてはならない。さらに、その合計二二五の嘘のために、また一つにつき一五ずつの嘘が必要になる。二二五の一五倍は三三七五、そのまた一五倍は五万六二五……これが際限なく繰り返されるのだ。それなら最初から嘘などつかずに、誰に対しても正直であるほうが、時間とエネルギーと頭をはるかに有意義に使えるというものである。

金持ちになるには、まずは家庭から

リンカーンは政治家のモラルと誠実さについて語った際、いつもいつもすべての人民を騙せると思うなと戒《いまし》めている。リンカーンはまた「マルコによる福音書」の三章二五節を引用して、内輪割れした家は立ち行かないと言っているが、これは億万長者たちの考えにも一致している。アンケートに回答を寄せたミリオネアの四九％が、自分の経済的成功を語るうえで、「支えとなる配偶者がいる」という要素は〈非常に重要〉だと答えている。つまり、回答者の大半はこう考えているのだ。

誠実さは家庭から始まる。

むろん、嘘をついたり裏切ったりしていては、配偶者が支えとなってくれるはずがない。配偶者も子供たちも、あなたの行動を観察する機会はいくらでもあるのだから。口先だけで正直者を装ったり、毎週欠かさず礼拝に出席すればいいというものでもない。配偶者や子供たち、その他周囲のすべての人たちにとって、あなたは誠実さの手本とならなければならないのだ。そうすれば、あなたの配偶者はおそらく、好調なときも逆風のなかでも、貧しいときも富めるときも、あなたを支えてくれるはずである。

金持ち家庭における配偶者の役割については、6章の「金持ちになるための配偶者の選び方」でさらに詳しく説明したい。また、4章の「チャンスとリスク、勇気と恐怖」では、強い信仰を持つ億万長者たちの横顔も紹介したい。表2－4に見られるように、多くのミリオネアにとって、信仰は誠実さと深くつながっている。

表 2-4

億万長者の成功要因
——優秀な頭脳 対 誠実さ(母数=733)

〈非常に重要〉と回答した億万長者の割合。(　)内は〈重要〉と回答した割合。

	自営業者／起業家	経営幹部	弁護士	医者	その他	すべての職業	
	32%	16%	10%	9%	33%	100%	順位[*1]
知的能力							
IQが高い／優秀な頭脳を持つ	16(45)	18(49)	34(49)	24(50)	20(47)	20(47)	21
誠実さ							
誰に対しても正直である	62(30)	61(32)	46(41)	55(36)	55(33)	57(33)	1[*2]
支えとなる配偶者がいる	55(30)	48(38)	32(39)	54(33)	47(30)	49(32)	4
強い信仰心を持っている	15(22)	12(27)	11(20)	17(21)	13(15)	13(20)	26

*1 順位は、経済的成功を収めた要因としてその要素を〈非常に重要〉と答えた億万長者の割合による。
*2 もう一つの要因と順位を分けている。

汝の仕事を愛せ

もし分析的知能に恵まれていなかったら、どうしたらいいだろう？　学校の成績もあまりよくなく、通知表にもBばかり並んでいる。つまり、ＩＱのような分析的知能には恵まれていない。しかし、そういう人にも別の才能がある。それが創造的知能だ。アメリカのトップクラスの資産家の大半は、分析的知能はだめでも、適所を見つけて自身を生かす創造的知能のある人たちだ。

高い創造的知能を備えた億万長者は、職業のある重要な一点に関して正しい判断をしていることが多い。つまり、巨額の収益を生む職業を選んでいるのだ。しかも多くの場合、その仕事に強い愛着を持っている。前にも述べたが、自分の仕事が気に入っていれば、生産性は高まり、人それぞれに備わった独特の創造力も発揮されるのである。

人間の知能に関してはアメリカを代表する権威であるロバート・Ｊ・スタンバーグ教授は、創造力のある人たちには自ら選んだ職業に愛情を注ぐ傾向が見られ、それが、彼らが人生において成功する大きな理由の一つとなっていると指摘している。創造的知能は、スタンバーグ教授が定義する「サクセスフル・インテリジェンス」の中心的要素なのだ。

ハーブティーで有名なセレスチャル・シーズニング社の創業者であり会長のモー・シーゲルは、最近フォーブス誌の記者にこんな話をしている。

天才並みのＩＱでなくたっていいんだ……本当に物を言うのは、自分の商品に対する情熱なんだ。だから、うちの社員には一人残らず仕事に情熱を持ってほしいと思うね。

表２‐５の結果からわかるように、億万長者の半数近く（四六％）が「自分の職業／事業を愛している」を、自らの経済的成功の〈非常に重要〉な要因と回答している。また、回答者の四〇％がそれを〈重要〉と考えている。両者を合わせて八六％という高率だ。

それとは対照的に、「ＩＱが高い／優秀な頭脳を持つ」を〈非常に重要〉な要因と答えたのは、億万長者の五人に一人にすぎず、「人が見逃しているビジネスチャンスを見つける」という要素を〈重要〉と答えた人よりも少なかった。注目してほしいのは、そう答えた億万長者を職業別に見ると、自営業者／起業家層がいちばん大きな割合を占めており、その五人に四人以上が「人が見逃しているビジネスチャンスを見つける」と「高収益の見込める市場の隙間を見つける」を〈非常に重要〉または〈重要〉な成功要因と考えていることだ。

そしてまた、創造力のある人たちは、一つのチャンスの扉が閉ざされた場合にどうしたらよいか知っている。成功への別の扉をアタックするのだ。彼らは自分の強みも弱みも心得ていて、必要な資金がないときには別の道を選ぶ。

たとえば、ヘイゼル・ビショップの場合を考えてみよう。経済的理由から医学部に進めなかった彼女は、化粧品アレルギーを研究している高名な皮膚科医の研究室で化学者として働

表 2-5

億万長者の成功要因
——優秀な頭脳 対 創造的知能（母数=733）

〈非常に重要〉と回答した億万長者の割合。（　）内は〈重要〉と回答した割合。

	自営業者／起業家	経営幹部	弁護士	医者	その他	すべての職業	
	32%	16%	10%	9%	33%	100%	順位[*1]
知的能力							
IQが高い／優秀な頭脳を持つ	16（45）	18（49）	34（49）	24（50）	20（47）	20（47）	21
創造的知能							
人が見逃しているビジネスチャンスを見つける	42（43）	34（40）	19（35）	28（31）	25（40）	32（40）	12
高収益の見込める「市場の隙間」を見つける	35（54）	21（38）	14（43）	16（49）	17（42）	23（46）	18[*2]
専門分野を持っている	16（42）	9（21）	20（37）	43（30）	12（37）	17（36）	22
自分の職業／事業を愛している	51（37）	45（41）	29（48）	56（38）	43（41）	46（40）	6

＊1 順位は、経済的成功を収めた要因としてその要素を〈非常に重要〉と答えた億万長者の割合による。
＊2 もう一つの要因と順位を分けている。

いた。そして、そこでの仕事や関連するさまざまな経験から、キスをしても落ちにくい口紅第一号を自宅のキッチンで開発した。やがて彼女のブランドは市場の二五％を占めるまでになった。経済的に恵まれなかったヘイゼルは、創造力によってその逆境に打ち勝ったのである。

テストなどで測れる成績、すなわち分析的知能ばかりに目を向ける教育者が多いのは不幸なことである。もし彼らが、分析的知能では目立たないが独創性では断トツの学生に、「きみのテストの成績はひどいもんだ。救いようがないね」などと繰り返し言いつづけたら、経済的落伍者をもう一人出すことになるのがおちである。その反対に、社会で成功するにはいろいろな道がある、独創性も、常識も、社会的手腕、誠実さも重要な要素なのだと話して聞かせるべきなのだ。

むろん、テストにも社会においてそれなりの意義はある。だが、私は若者たちにこう助言したい。成功したいのなら、自分の好きな職業を選びなさい、と。全身全霊を傾注できる職業に就いたとき、人は驚異的な力を発揮するものなのだ。

好きな職業に就いている人たちの大半は、テストの結果や学校のカウンセラーのアドバイスを基に職を選んだわけではない。とくに注目する必要があるのは、調査した億万長者のなかで、「統一学力テストの結果を基に理想的な職業を見つける」と答えたのは一四％だけだったことだ。大学の就職課の助言を基に職業を選んだ億万長者はもっと少なかった（六％）。

金持ちが考える「賢い投資先」とは

近頃、株で大金持ちになった人が続出しているという噂をよく耳にする。では、一代で億万長者になった人たちは、株式投資で大儲けしたのだろうか?

表2-6にまとめたデータをよく見てもらいたい。自分の経済的成功を導いた要因として、「上場企業の株式に投資する」を〈非常に重要〉と答えたのは、億万長者のおよそ八人に一人(一二%)にすぎない。また、〈重要〉と答えたのは一〇人に三人(三〇%)だ。

これは、億万長者の大半が株式に投資していないということではない。そうではなくて、彼らは株式市場を、さまざまな投資対象のなかの一つの選択肢にすぎないと考えているのだ。経済的成功の要因として、「賢い投資をする」を〈非常に重要〉と答えた億万長者の割合(三五%)は、「上場企業の株式に投資する」を〈非常に重要〉と答えた人の三倍にのぼっている。

億万長者は賢い投資をする。しかし、賢い投資先の対象がすべて証券取引所に上場されているわけではない。

上場企業への投資だけが投資ではない、とたいていの億万長者は言うだろう。彼らが〈非

表2-6

億万長者の成功要因
――株式市場に投資 対「自分の事業に投資」(母数=733)

〈非常に重要〉と回答した億万長者の割合。( )内は〈重要〉と回答した割合。

	自営業者／起業家	経営幹部	弁護士	医者	その他	すべての職業	
	32%	16%	10%	9%	33%	100%	順位*1
株式市場に投資							
上場企業の株式に投資する	12(28)	10(36)	11(32)	13(26)	14(30)	12(30)	27*2
優秀な投資顧問がいる	13(29)	8(32)	6(22)	20(33)	11(27)	11(28)	29
クラスを首席か、それに近い成績で卒業	5(16)	8(22)	26(34)	20(29)	8(24)	11(22)	30
自分の事業に投資							
賢い投資をする	41(42)	27(41)	23(43)	33(48)	35(39)	35(41)	10*2
自分の事業に投資する	50(37)	12(20)	15(21)	24(38)	14(23)	26(28)	17
最終的には自分で判断する	45(40)	12(31)	19(40)	46(39)	21(34)	29(36)	13*2
妥当な収益が見込めれば金銭的リスクを冒す	42(49)	27(43)	15(36)	21(48)	22(45)	29(45)	13*2
収入の範囲内で生活する	14(30)	9(23)	13(27)	16(36)	15(30)	14(29)	24*2

*1 順位は、経済的成功を収めた要因としてその要素を〈非常に重要〉と答えた億万長者の割合による。
*2 もう一つの要因と順位を分けている。

常に重要〉な要因として挙げたものを見ていくと、「自分の事業に投資する」（二六％）、「最終的には自分で判断する」（二九％）、「妥当な収益が見込めれば金銭的リスクを冒す」（二九％）などがある。予想どおり、ほとんどの自営業者・起業家は、自分の事業への投資の重要性をとくに痛感している。このカテゴリーの億万長者の八七％は、「自分の事業に投資する」を〈非常に重要〉（五〇％）または〈重要〉（三七％）と考えている。

こうした億万長者たちの投資に対する姿勢を説明する際、私はよく、何年も前にインタビューしたある億万長者の言葉を引き合いに出すことにしている。

私の資産の大本は、自分の商売だよ……。（経済的に）成功している人間は誰もギャンブルなんかしないね。私も賭け事はしない。一財産できると、それをドブに捨てるようなまねはもうする気にはならないものさ。

ほとんどの億万長者は株式に投資しているが、それで大儲けしようと考えているわけではない。株価が上がっても、売買手数料や税金がかかるし、いつか下落するかもしれない。そういったマイナス面も考慮すれば、本業をしのぐ収入源になりうるとは思わないのだ。

また、注意してほしいのは、「自分の事業に投資する」には、「自分の収入の範囲内で生活する」の要素も含まれていることだ。賢い投資家を自認する人たちや、リスクを冒す人たち、そして自分の事業に投資する人たちには共通項がある。それは、収入の範囲内で生活する傾向が顕著であることだ。彼らは、消費を抑えて倹約すれば、それだけ多くの資金を投資に回せることを知っているのである。

では今度は、億万長者を純資産額で分類して、投資に対する考え方をさぐってみよう。ミリオネア層のなかでもとびぬけて純資産の多い人たちはどうだろう？　意外なことに、純資産が一〇〇〇万ドル以上のスーパーリッチは、純資産レベルの低い金持ちグループよりもさらに、上場企業の株式投資に積極的ではない。実際、スーパーリッチの三人に一人は、「上場企業の株式に投資する」について、経済的成功を収めるうえで重要な要素ではなかったと答えている。これが純資産二〇〇万ドルから五〇〇万ドルの億万長者グループになると、同じ回答をしたのは五人に一人だけだった。また、スーパーリッチの場合、上場株式への投資額より、個人企業や非上場企業への投資額のほうが多い。これが純資産一〇〇〇万ドル未満の億万長者の場合だと、比率は逆になっている（表2－7参照）。

同様の流れで、スーパーリッチは投資アドバイザーについて、経済的に成功した要因としてはあまり高く評価しない傾向にある。注意してほしいのは、ここで言う投資アドバイザーとは、上場企業の株式を売り込んだり、株に関するアドバイスをする人たちのことである。資産の一〇％以上を遺産相続や贈与で獲得している「遺産相続組」の億万長者と比較した場合、一代で財産を築いた億万長者には、この傾向がとくに顕著に見られる。

自力で億万長者になった人たちは、個人企業や非上場企業への投資のほうにずっと熱心だ。大手上場企業の経営陣が必ずしも有能な人間ばかりでないこと、個人企業にこそ異才の経営

表 2-7

億万長者の投資動向
――上場株式 対 その他の金融資産*1

	純資産カテゴリー($=百万ドル)		
	$1~$2未満	$5~$10未満	$10以上
純資産(平均)	$1.471	$6.809	$27.917
純資産中、主な金融資産*2 が占める割合:			
上場企業の株式	16.8	23.6	26.4
個人企業/非上場企業の株式	8.5	15.8	28.3
債券/免税債	8.8	12.4	12.4
現預金/現預金等価物	7.5	4.1	2.3
貸付金	3.2	3.8	3.1
会社形態をとっていない事業体	2.7	3.8	6.1
パートナーシップ	1.1	3.1	4.1
商業用/投資用/所得を生じる不動産	18.1	15.1	11.0
合計	66.7	81.7	93.7
合計マイナス上場株式	49.9	58.7	67.3
リストの全金融資産中上場株式の占める割合	25.2	28.2	28.2

*1 資料:MRIデータベースの試算および、米国税庁(IRS)の1995年データ。
*2 リストから除外した資産:自宅の純資産価値、社債、外債、生命保険の正味価値、貯蓄債券、車の持ち分、収集品、その他に個人動産。

者が多いことを、彼らは知っているのである。

期待資産額を計算しよう

経済的成功をもたらした要因として、億万長者の三五％が「賢い投資をする」を〈非常に重要〉な要因と考えているにもかかわらず、「優秀な投資顧問がいる」を〈非常に重要〉と答えたミリオネアがわずか一一％だったのはなぜだろう？　あるミリオネアはこう語った。「証券マンが将来値上がりする株を本当に予測できるなら、いつまでも証券ブローカーなんかやっているはずはない。彼らには予測なんかできない。だから株を売って稼いでるんだ」

このような意見があるとはいえ、証券ブローカーが自営業者や弁護士などと並ぶ高給取りであることもまた事実である。全米の富裕層を対象に行った最近の調査では、アンケートの回答者のうち一二一人の職業が証券ブローカーだった。彼らの年収は低い人で数十万ドル、高い人は一〇〇万ドルを優に超える。ということは、証券ブローカーこそが最も資産を蓄積しやすい職業なのだろうか？　それとも自営業者や起業家、経常幹部、弁護士や医者だろうか？　私は年齢と収入を考慮に入れた独自の比較方法をとってみた。

働いている年月が長ければそれだけ資産も増えるはずだし、また、収入が多ければそれだけ資産も多くなるはずだ。私は、年齢と収入という資産に大きな影響を与える要素から、その人の予想される資産額を算出するために、次のような計算式を開発した。これを使えば、それぞれの回答者の「期待資産額」がわかるはずだ。

期待資産額＝年齢×〇・一一二×所得

たとえば五〇歳の自営業者、エディソン氏の場合、年間総所得が三四万ドルだから、期待される資産額は一九〇万四〇〇〇ドルになる。四五歳、年収一五万五〇〇〇ドルのスマイズ氏の場合は、期待資産額は七八万一二〇〇ドルである。

もしエディソン氏が実際には期待資産額の二倍の資産を持っていたらどうだろう？　その場合、彼は私が「蓄財優等生」と呼ぶカテゴリーに入る。一方、もしスマイズ氏が期待値の半分以下の資産しかなかったら、彼は「蓄財劣等生」ということになる。つまり、スマイズ氏の年齢と収入から計算すると、彼の現実の資産水準は低いということである。

表2－8の結果から面白いことがわかる。自営業者のおよそ五人に四人（七七・七％）が、期待資産額を上回る純資産を持っていた。反面、証券ブローカーで期待資産額を上回っていたのは、わずか三人に一人（三四・四％）だった。

この二つの職業グループを、蓄財優等生と蓄財劣等生という尺度で比較してみると、ちがいがいっそう明確になってくる。自営業者の約半数（四六・三％）が蓄財優等生だったのに対し、証券ブローカーでこのカテゴリーに入ったのはわずか一三・六％だった。ちなみに証券ブローカーの二七％は蓄財劣等生だが、自営業者で蓄財劣等生なのはわずか七％だった。

最後に、職業グループ別に、蓄財優等生と蓄財劣等生の比率を見てみよう。自営業者の場

表2-8

証券ブローカー 対 その他の高収入職業グループ 誰が蓄財優等生か?

蓄財レベルの指標	証券ブローカー(母数=121)	自営業者(母数=244)	経営幹部(母数=120)	弁護士(母数=93)	医者(母数=78)	全高額所得者
期待資産額を上回る(%)	34.4	77.7	80.0	59.1	56.4	50.0
蓄財優等生型金持ち層に占める割合(%)	13.6	46.3	43.3	29.0	21.8	25.0
蓄財劣等生型金持ち層に占める割合(%)	27.0	7.0	10.8	22.6	12.8	25.0
蓄財優等生型 対 蓄財劣等生型の比率	0.5	6.6	4.0	1.3	1.7	1.0

合、蓄財劣等生一人に対して蓄財優等生が六・六人もいる。一方、証券ブローカーの場合は、二人に一人が蓄財劣等生だ。

ところであなたなら、投資に関してどんな人にアドバイスしてもらいたいと思うだろうか? 私は投資アドバイザーだけでなく、医者、弁護士、その他の専門家に関しても、蓄財劣等生タイプの人とは取引しないことにしている。彼らの念頭にあるのは、自分の収入を大きく増やすことだけ。派手に消費するために多額の借金を抱えているのがふつうだから、破産の不安もある。そんな状態で優れたサービスを提供できるはずがないと、私は思うのだ。

知恵ある者の家には尊き宝と膏《あぶら》とあり、愚かなる人はこれを呑みつくす。
――旧約聖書「箴言」二一章二〇節

金持ちになるには、やっぱり運？

ウェブスターの辞書では「自己鍛錬《ディシプリン》」を「精神力や徳性を正したり形成したり、あるいは完成させる訓練」と定義している。ならば、精神力の強さを見れば、その人が鍛練されているかどうかがわかるはずだ。

大多数の億万長者は、自分を律する強い精神力を持っている。彼らは自ら高いゴールを設定して、それをめざして邁進《まいしん》する。たいていは他人の指図は受けず、自分の道は自分で決めていく。何時に起きて何時に出勤しろなどと、人に言われることはない。

いったん仕事にかかると、彼らは優先順位を決めて仕事のスケジュールや作業内容を決定する。自分自身の生活を充分管理するだけの精神力があることが、いちいち人から指図されなくては生きていけない他の多くの人たちに差をつけていく。

億万長者を定義すれば、資産を蓄積している人のことになる。だが、アメリカ人の大半は資産を蓄積していない。収入の全部あるいはほとんどを消費に回してしまう結果、およそ一

○世帯に三世帯で純資産がマイナスになっている。これに対して、億万長者のほとんどはゼロから資産を築いていて、そのうち少なくとも六〇％は、遺産を一ドルたりとも相続していない。億万長者の大多数は先人から伝わる方法――すなわち、自力で資産を築いているのだ。

彼らを金持ちにしたのは自分をコントロールする強い心であって、幸運とか偶然の作用とはほとんど無縁である。表２－９の結果を見てみよう。アンケート調査した億万長者のうち、自分が成功した理由として、「幸運に恵まれる」を〈非常に重要〉な要因と答えた人はわずか一二％だけだった。これと対比してほしいのが、成功の理由として「自分を律する強い精神力がある」を挙げた人（五七％が〈非常に重要〉な要素と答えた）と、「たいていの人よりよく働く」を挙げた人（四七％が〈非常に重要〉な要素と答えた）の多さである。彼らが経済的成功を達成したのは、事前に周到な計画を立てて実行していく堅実な姿勢によるものなのである。私は、一代で財を成した億万長者たちから、数えきれないほどこう聞かされている。

働けば働くほど、運は向いてくるものだ。

運の作用については４章でも検証するが、とくに興味深いのは、億万長者になった医師が運についてどう感じているかということだ。経済的に成功できた理由として、幸運であることを〈非常に重要〉な要素と感じている金持ち医師はわずか四％だけで、対照的に七三％が

表 2-9

億万長者の成功要因
——偶然の要素 対 精神的鍛練(母数=733)

〈非常に重要〉と回答した億万長者の割合。(　)内は〈重要〉と回答した割合。

	自営業者／起業家	経営幹部	弁護士	医者	その他	すべての職業	
	32%	16%	10%	9%	33%	100%	順位*1
偶然の要素							
幸運に恵まれる	17(35)	12(43)	7(34)	4(35)	11(32)	12(35)	27*2
自己鍛錬							
自分を律する強い精神力	41(42)	27(41)	23(43)	33(48)	35(39)	57(38)	1*2
安定した精神状態を保つ	36(48)	32(48)	42(42)	50(40)	32(54)	36(49)	9
たいていの人よりよく働く	49(40)	42(46)	49(39)	61(35)	44(43)	47(41)	5

*1 順位は、経済的成功を収めた要因としてその要素を〈非常に重要〉と答えた億万長者の割合による。
*2 もう一つの要因と順位を分けている。

精神的鍛練を〈非常に重要〉と答えている。彼らのほとんどは、高校入学前から医者になろうと考え、その目標を掲げて以来ずっと努力を続けてきた人たちなのである。

もちろん、精神的な鍛錬をすれば必ず金持ちになれるとは言いきれないが、あなたに自分を律するだけの精神力がなければ、金持ちになれる可能性はきわめて少ない。

3 天才・秀才は金持ちになれない

平均的なアメリカ人に、億万長者になるには何が必要かと尋ねれば、おそらく遺産、幸運、株式投資などといった答えが返ってくるだろう。その中でも上位を占めると思われるのは、高い知能指数、優れた学業成績、一流大学へ通うこと、といった答えだ。この根強い神話を頭から消し去るのは難しいことかもしれない。だが、本章を読めばわかるように、自力で億万長者になった人々を対象にした調査結果は、その考えが誤りであることを証明している。

統計によれば、私の調査した億万長者のうち、テストで高得点をとったり、優秀な学業成績を収めたり、一流の学校へ通っていた人は少数派である。こうした要因は、億万長者たちのごく一部にとっては有益だったかもしれないが、大部分の人はそうした好条件に恵まれなくても裕福になることができたのである。

億万長者の身の上話――ぼくらは出来が悪かった！

この本の執筆中、ある大手出版社の編集主任が私に電話をかけてきた。彼は執筆中の本にとても興味を示し、内容を口頭で簡単に説明してほしいと言った。私は説明した。彼がとくに興味を持ったのは、以下の部分である。

私がインタビューした億万長者の大部分は、他人への優越感など持ってはいない。むしろ逆に、一つ、あるいはそれ以上、人より劣った点が自分にあると感じている場合のほうが多い。自力で大金持ちになった典型的な人たちに身の上話をしてもらうと、次のような話が出てくる。

「大学では成績がCの生徒でした」
「SATの点数は全然ぱっとしなかったんです」
「私は単に一〇〇〇万ドルの価値があるにすぎません」
「心理学の成績はDでしたね」
「私の経歴は、本に載せるような代物ではありませんよ」
「私にはどうも学習障害があるようなんです」
「小学六年のときに留年しましたよ」
「高校までの卒業証書しか持っていません」

「ロースクールはどこも受け入れてくれませんでした」

このように自らを卑下する億万長者たちの共通項は何か？　いずれも人格形成期に、教師や親、学校のカウンセラー、雇用主といった権威ある存在から、こう告げられたのだ――あなたは知能的に恵まれていない、と。

電話してきた編集主任は私に、ある本を読んでみるよう勧めてくれた。実際、その本は識見に富み、調査にとても役立った。それが、これまで何度か紹介したロバート・J・スタンバーグ教授の『知脳革命』である。教授はその序文で、以下のように述べている。

私はエール大学の教授という恵まれた地位にある。多くの賞を受賞し、六〇〇を超える論文や著書を発表しており、研究の助成金や契約金としておよそ一〇〇〇万ドルを与えられている。アメリカ芸術科学アカデミーの特別会員で、アメリカの名士録にも名を連ねている……。その私にとって人生最大の幸運は、おそらく一つの失敗をしたことだったと言ったら、奇妙に聞こえるだろうか。私は子供の頃に、知能指数のテストで大失敗をした経験があるのだ。なぜそれがそんなに幸運なことなのか？　それは、もし私が将来成功したならば、それはIQのせいではないということを小学校の時点で知りえたからだ。さらにその後の経験は……「活力のない」知識を測るテストで低い点数をとったからといって成功の望みがなくなるわけではなく、高い点数をとったからといって成功が約束されるわけではないということを教えてくれた。

スタンバーグ教授と、私が調査した多くの億万長者たちに共通するのは、どちらも人格形成期や学生時代に屈辱を味わわされているということである。そしてどちらも、そのためにいっそう懸命に努力し、ついには、いわゆる「知能的に恵まれた」人たちをしのぐに至ったのだ。

さまざまなタイプの知能の測定方法を考案して非凡な才を示したスタンバーグ教授は、著書の一冊で、小学四年生のときの恩師に献辞を捧げている。どうやらその恩師、アレクサ先生は彼のＩＱ値をあまり意に介さなかったらしく、スタンバーグ少年に有無を言わさずＡの成績をとるように半ば命令し、以来彼はそれに応えつづけてきたのだった。結局、スタンバーグ教授はエール大学を最優等で卒業し、スタンフォード大学で博士号を取得している。

劣等生のレッテルを貼られたパトリック博士

ジェイムズ・Ｘ・パトリック氏が小学三年生のとき、彼にとって忘れられない出来事が起こった。担任となった「厳罰先生《パニッシャー》」ことシスター・アイリーンは、三〇人のクラスを三つのグループに分けたのだ。最初のグループは一列目と二列目に座らされ、シスター・アイリーンはこの生徒たちを「できる子たち」と呼んだ。二番目のグループは三列目と四列目の席を割り当てられた。このグループに入ったのは「ふつうの子たち」である。五列目と六列目は、シスターに「のろま」あるいは「低能」と見なされた「できない子たち」の場所だった。

シスター・アイリーンは、どのようにして生徒たちをこれらのグループに振り分けたのだろうか？　パトリック氏によれば、シスターはペン習字、スペリング、それに宿題を期限どおりに仕上げて提出できたかどうか、といった基準によって分けたという。そうした基準は生徒の能力を測る尺度として妥当だろうか？　パトリック氏にとっては、決して妥当なものではなかった。彼はこう言う。「彼女の基準が正しいのなら、私は〝できない子たち〟の列に入れられたいちばん〝できる子〟ということになってしまう！」

おそらく、この指摘は正しいだろう。パトリック氏は一流大学で博士号を（抜群の成績で）取得し、現在三つの事業を経営する億万長者となっているのだから。パトリック氏は、自分はいまでもスペルをよくまちがえるし、自分の筆跡は「調子がいい日の」秘書以外には読みとれないと公言するが、事業の「宿題」はいつも勤勉にスケジュールどおりこなしているのだ。

パトリック氏によれば、小学校の教師たちは独創性という評価基準には無関心だという。彼はこれまでに、何種類もの革新的な事業を起こしている。「将来優れた発明家になる可能性を持った人たちが、みんな小学三年生のときにシスター・アイリーンのような人たちによって、誤った基準でふるい分けられているとしたら、どうなります？」と、彼は疑問を投げかける。

つまり、一列目と二列目に座らされた、スペリングが満点でペン習字が上手な生徒だけが、将来偉大な改革や発明を行うことを期待されることになるのだ。幸い、こうした人生の前段階でのふるい分けが実施されるケースはめったにない。しかし、パトリック氏は、彼と一緒に「できない子」の列に入れられた同級生たちはどうなっただろうと考える。その同級生たちは、自分は頭が悪いと信じ込んでしまったのだろうか？　みんな経済的に成功するという考えを早々にあきらめてしまったのだろうか？　パトリック氏は、多くの同級生が実際にあきらめたものと思っている。自分のようなケースは例外だろうと感じているのだ。

これまでずっと私は人から、きみにはできない、きみにはそれだけの才能がない、と言われつづけてきました。自分で事業を起こして成功する見込みなどほとんどない、シスター・アイリーンの言うことを信じろ、と。もし実際にそれを信じていたら、私は今頃どこかその辺の橋で通行料を集めていたでしょう……。あるいは、トラック運転手として通行料を払っていたかもしれない。

ジェイムズ・パトリックは、自分に対するシスター・アイリーンの評価を絶対に信じようとしなかった。それどころか、彼は彼女の教師としての権威に疑問を抱いていた。教室で席についているとき、パトリック少年は常に自問していた。

「習字やスペリングがどうしてそんなに重要なの？　じゃあ、その文字で書かれたアイデアは全然重要じゃないっていうの」って具合でしたね。そういえば、六年生のときに本のレポートを書かされたことがあった……。あれはすべて、全部が全部、他人のアイデアの要約でした。でも、シスター・アイリーンのような教師たちは、とにかく本のレポートを書かせるのが好きなんです。おそらくあの人たちには、オリジナルの考えを評価したり扱ったりする能力がなかったのでしょう。

パトリック氏のような人は他にもいる。事業を成功させて億万長者になった人たちの大多数は、このシスター・アイリーンのような相手との出会いを経験しているのだ。

基準や体制、権威といったものに対して疑問を抱くことは、自力で億万長者になった人たちに共通して見られる特徴である。パトリック氏は今でも批判を受けることがあるが、彼は幼い頃から、そうした声に左右されない強さを身につけてきた。彼は免疫を手に入れたのだ。「できない子」の列に入れられた他の生徒たちは、自分の能力に対するシスター・アイリーンの評価によって打ちのめされてしまったかもしれないが、パトリック氏は負けなかった。シスター・アイリーンの評価は、彼にとっていわば予防接種のようなものだった。

学校で悪い評価を受けると、パトリック氏は家へ帰り、模型飛行機を作ったり、オモチャの新しいデザインを考えたりしていたという。彼の両親は出来上がった作品を見て、「ジェイムズは理工系向きかも……とても創造力がありそうだし」と言って褒めた。

その後、高校や大学へ進学すると、それまで英語や外国語でDやCばかりとっていたジェイムズ・パトリックは、専攻科目でAやBをとるようになった。彼は、英語の成績がAの生徒たちは目新しいアイデアをほとんど持っていないし、数学や科学の才能も欠けていると見なしていた。そういう連中はいつの日か、教室の外の世界の厳しい現実に直面して打ちのめされることになるのだ、とパトリック氏はいつも自分に言いきかせていた。現実の世界で成功するのはどんな人間か？　それは、苦痛に対する免疫を身につけた者たちである。

では、パトリック氏のクラスメートで、いつも「できる子」の列に入れられていた生徒たちはどうだろう。人事考課で否定的な評価をされたり、仕事をクビになったりしたとき、彼らはどう対処するだろうか？　こうした人たちは、自分を「できない子」の列に入れようとする権威者と戦った経験がない。自分のアイデアや態度、考え方を批判されたとき、よりうまくかわせるのはどちらだろうか？　それはもちろん、パトリック氏や彼と同じようなタイプ――敵対者には「とっとと失せろ」と言ってのけ、自分の独創的な考え方を批判されるといっそう闘志を燃やすようなタイプの人間たちだ。

最近、この問題に関連する記事がウォールストリート・ジャーナルに載った。それを読んで、どれだけ多くの「ジェイムズ・パトリック」が深くうなずいたか、ぜひとも知りたいものである。

読み書きよりも数学やデザイン、音楽などに秀でた子供たちは、初等教育の授業に興味

を示さないことがある……有名校を卒業し、流麗な言葉遣いを身につけた子供たちは、美しい言葉で話すが語るべき中身は何も持っていない大人になることがある。

パトリック氏のクラスメートには他にも、シスター・アイリーンのグループ分けを受け入れなかった生徒がいたかもしれない。もしいたなら、なぜそれらの生徒は劣等生のレッテルを拒否できたのか？　おそらく、身近に賢明な指導者がいたか、あるいは我が子を勇気づけて成功をめざす意欲を持たせてくれる両親がいたからにちがいない。

多くの億万長者は、古臭い言葉だが、粘り強い不撓《ふとう》不屈の根性を持っている。彼らはシスター・アイリーンのような相手を悪意ある敵対者と見なす。その敵対者がまちがっていたことを証明できて、パトリック氏は愉快でたまらなかったという。だから、スーパーミリオネアとなってから数年間、彼は札入れのなかに自分の会社の財務報告書のコピーを入れていた。そして、その紙の余白には、こう書かれていた。《「できない子」の列に入れられたいちばん「できる子」の通信簿》

学校の成績よりも大切なもの——精神力とリーダーシップ

成功の可能性を予測するとされてきた昔ながらの尺度、すなわち知能テストの点数や学業成績といったものからでは、その人物がミリオネア・マインドを持っているかどうか判定できないとしたら、真に決め手となるのはどういった要素だろうか？　億万長者たちは通常、二つの基本的な特質を持っている。粘り強い精神力と、リーダーとしての資質である。

逆境を乗り越えたロンガバーガー氏

デイヴ・ロンガバーガー氏はつい最近亡くなったが、彼が長い生涯を、大成功を収めた企業経営者として終えることになるとは、小学校時代の教師たちの多くは予想できなかったことだろう。ロンガバーガー氏は小学校時代に三度も留年していて、ようやく高校を卒業できたのは二一歳のときだった。彼が学校でいい成績をあげられなかった理由の一端には、癇《かん》癪《しゃく》の症候と吃音障害をかかえていたことがあった。

学校で三度も留年した人物がやがて億万長者になるなど、到底不可能なことのように思われる。ロンガバーガー氏の会社で働く七〇〇〇人の従業員のうち、一度でも小学校で留年したことのある者がいったい何人いるだろうか？　二一歳になるまで高校を卒業できなかった人物の下で働きたいと思う人間がどれだけいるだろう？　しかし現実には、その七〇〇〇人のうちにロンガバーガー氏の学校時代の成績を気にする者がいたとは思えない。気にするとすれば、ただ雇い主が頼りになるかどうかだけだろう。給料を払ってくれる人物が学校でいちばんだったかどうかなど、誰も気にしたりはしない。

学校で低い成績をとっていた億万長者たちは、どんな資質や経験を共有しているのだろうか？　最も多いのが、人生の早いうちから働きはじめるケースである。彼らは学校では自尊心を傷つけられたかもしれないが、パートタイムの仕事をすることで、逆に自尊心を高めることが多かった。ロンガバーガー氏も六歳のときに、ある商店の倉庫係として働きはじめた。いずれにしても、ロンガバーガー氏のように自力で億万長者になった人たちの大部分は、成長していくにつれて――

ある種の精神的な粘り強さを示すようになる。

吃音障害や癇癪、あるいは度重なる留年などを克服するには、どうしても粘り強い精神力がなくてはならない。また、ロンガバーガー氏には、欠点を克服するよう激励し、やる気を起こさせてくれる両親もいた。賢明な親というのはみな子供たちを、「一生懸命努力すれば目的を達成できるんだ」と励ますものだ。小学校での経験よりも、懸命に努力することのほうが、将来の成功をもたらす可能性が高いのである。

優等生の上に立つ落第生、ラッツ氏の場合

私のまわりに、クライスラー社製の車を買うことなど頭から考えもしない、と言う人がいる。それはなぜか？　私たちには、学業成績の低かった人間を幹部に据えるような会社はあまり信用しないところがある。

クライスラー社の元副会長、ロバート・A・ラッツ氏は、高校をようやく卒業したのが二

二歳のときだった。彼の自伝によれば、大学を卒業したのはさらに七年後。だから、クライスラーなどとんでもない！　クライスラーがどんなに優秀な製品をつくっていようと関係ない――やはり学校時代の優等生が経営している会社の車を買うよ、というわけである。

しかし、ラッツ氏は若い頃の成績の悪さにくじけることはなかった。同じような境遇にあった多くの億万長者たちと同様、おそらくラッツ氏にも、思いやりがあって協力的な両親がいたはずだ――彼が自伝を父親に捧げたのは、そのためかもしれない。あなたはラッツ氏の父親のような人だろうか？　それとも、息子や娘が二一歳になってもまだ高校を卒業できずにいたら、励ましたり、助言したり、力添えをすることをあきらめてしまう人だろうか？　そうであってほしくはない。

ラッツ氏はその後、海兵隊で規律、リーダーシップ、誠実さといったものを身につけてさらに勉学をつづけ、やがてＭＢＡを取得する。クライスラー社の経営陣に名を連ねたとき、部下の多くはおそらく高校で抜群の成績を収め、一流大学へ進んだ者たちだったろう。だが、そうした優等生たちが、いまではラッツ氏の下で働いているのだ。

学校の成績という尺度で将来の成功を予測することは難しい。ラッツ氏がクライスラー社の最高幹部に選ばれたのはその地位に適任だったからで、これはアメリカ経済の最も素晴らしい伝統といえるものである。ラッツ氏が他の者たちより出世したのは、彼が人の上に立つリーダーとしての資質を備えていたからであり、知能的に恵まれているか否かにかかわらず、部下にやる気を起こさせるのがリーダーなのである。つまり、人的その他の資源の生産性を最大限に引き出す方法を心得ているのがリーダーで、ラッツ氏も再三にわたってその能力を示している。

ラッツ氏は高校でいい成績をあげられなかったが、それを人生における失敗の前触れだとは決して思わなかった。さもなければ、巨大企業クライスラーを動かせるだけの「ガッツ」は持ちえなかっただろう。さらに、高校を卒業したのが二二歳のときだったと自伝で読者に告白する「ガッツ」も持ちえなかったはずである。

これがもしアメリカ以外の社会だったら、ラッツ氏の運命は高校の成績によって決まっていたかもしれない。だが、中国や日本、イギリス、インドなどの国々では取り返しがつかないと思われていることでも、アメリカでは可能なのだ。アメリカはやり直しがきく「カムバック天国」なのである。なかには、経済的生産性を高めるためのやり方を身につけるのに、人よりちょっとばかり時間のかかる者だっているのだ。

早い段階での失敗や、授業中の惨めな思い、悲惨な学業成績などが重なると、気落ちしやすい人はそこでくじけてしまう。しかし、目標に向かって努力しつづければ、アメリカでは成功できるし、実際に成功することになる。運不運は無関係である。

もっとも、アメリカに住んでいることだけは幸運といえるかもしれない。とくにカムバックを考えている人にとってはそうである。

オールＡは全員リーダー?

固定観念に従うならば、社会の最上層部の重要なポストには、自動的に次のような人たちが割り振られ、残りの人たちはこうしたリーダーたちの下で働くしかないということになる

- 保育園から高校まで成績がずっとオールA。
- 大学で成績がずっとオールA。
- SATの点数が満点の一六〇〇。

だが、学校で完璧な成績を収めた者が優秀なリーダーになるとはかぎらない。なぜなら、分析的知能はリーダーシップとは、あまり関係がないからだ。両者の関係について広範囲にわたる調査を行ったフレッド・フィールダーとトマス・リンクは、次のように結論している。その抜粋を紹介しよう。

認知能力テストがリーダーとしての資質を予測するうえでほとんど当てにならないことは、よく知られている。リーダーとしての資質、および管理能力を、その人の知能と結びつけて説明できる割合は一〇%を下回る……。

しかも、これほど低い数値ですら、過大評価につながる可能性がある……。条件しだいでは、知能が高いことが、リーダーとしての資質を損なっている場合すらある。

このように、リーダーとしての資質の九〇％以上は知能テストでは説明がつかないのだが、不幸なことに、それを生徒に告げる先生はめったにいない。学校の成績が悪かったという理由で、どれほど多くの若者たちが人生というゲームの早い段階で、自分を見限ってしまっただろうか？　本来、こうした若者たちはこのように言われるべきなのだ。「きみにはまだチャンスがある。もっと努力する必要はあるが、きみには他の人たちの上に立つ能力もあるんだよ」と。人々にやる気を起こさせるのは、成功できるという希望である。希望を取り去ってしまったら、経済的な落伍者か、ほとんど生産的でない人間が、また一人増えるだけなのだ。

リーダーとしての資質と粘り強い精神力の両方を持っていれば、いずれクラスの神童たち全員を追い抜けるかもしれない。実際、それこそが、回答してくれた多くの億万長者たちが成し遂げたことなのである。

億万長者は学校で何を学んだか

私は高校へ通う子供を持つ親たちから、教育上の問題を相談されることが多い。そうした親たちは、非常に教育熱心なのだが、あまりにも熱心すぎて子供までパニックに陥らせてしまっているケースがよくある。

3
天才・秀才は金持ちになれない

ある母親は、自分の子供がいわゆる「TAGプログラム」に選ばれなかったことを理由に、学校に対して訴訟を起こそうと考えていた。TAGとは「有能で天分に恵まれている《タレンテッド・アンド・ギフテッド》」の略で、その母親は、自分の息子が有能かつ天分に恵まれていると強く思い込んでいた。だが、TAGに選ばれるのは生徒のおよそ五人に一人だけであり、合否を決めるのは主として統一テストの点数、それに中学校での主要科目の成績だった。

この母親は、息子がOTTAG――「有能で天分に恵まれている者以外《アザー・ザン・タレンテッド・アンド・ギフテッド》」に分類されてしまうという不名誉を恐れていた。たとえば、四三三人の生徒がいる二年生のクラスの場合、TAGの割合は二〇%だから、残りの八〇%、およそ三四六人の生徒はOTTAGとなる。OTTAGに分類されたからといって、その子供が生産性の高い大人になれないわけではない。ただ、心配なのは、感受性の強い子供にこうしたレッテルを貼ったせいで、子供が潜在能力を発揮できなくなってしまうことである。子供が自分に才能がないと信じ込み、天分に恵まれた者しか人生で成功できないものだと決め込んでしまうかもしれない。

レッテルというものは、人にその内容と一致した行動をとらせてしまうことがよくある。この母親のケースでは、息子の将来をレッテルが左右すると母親が強く信じているわけだが、彼女がそう信じ込むことによって、本当にそうなってしまう危険性がある。息子が将来落伍者になるかもしれないと思い込んだら、息子はそれを感じとって、それに合うような行動をとってしまうかもしれないのだ。

しかし、人生は短距離レースではない――典型的なマラソンなのだ。レッテルは貼られてはすぐに消えてゆく。不名誉なレッテルを貼られようとも、必ず成功できると信じていれば、たいていの人生マラソンに勝つことができる。これはほとんどの億万長者たちが共有している経験なのだ――これこそが、私がこの母親に伝えたことである。

それから私は彼女に、別のことも言った。OTTAGのようなレッテルを克服することで、その人間は強くなれる。それは鋼にチタンを加えるようなものだ――そうすることで、鋼は単体のときにくらべて何倍も強くなる。アメリカの実業界のトップ、弁護士、医師たちなどのうち、かつて劣等生とか、さらに悪いレッテルを貼られたことが一度もないと答えたのは、ほんの一握りだ。誰もがクラスの卒業生総代になれるわけではない。その他の人たちにも、成功への無数のチャンスが残されている。両親が一貫して子供に成功できると言いつづければ、その子は生産的な大人になる可能性が高いのである。

つまり、この母親は考えを転換させるべきなのである。訴訟のために用意した資金を充てれば、息子のために家庭教師を雇うことができる。しっかり勉強すれば目的はきっと達成できる、と息子に言ってやるのだ。レッテルのせいで一六歳の生徒に未来がないと決めつけるなど、恥ずべきことである。

私は億万長者たちに、大学時代の成績についても尋ねた。あなたはトップの一％に入る成績で大学を卒業しましたか？　決してそんなことはなかった。調査した億万長者のうち、トップの一％に入る成績だったと回答したのは約二％である。ここからわかるのは、経済的に成功するのはトップの成績で卒業した者たちではなく、また、及第点すれすれの成績で卒業した者たちでもないという事実である。

億万長者たちのなかで、大学では成績がB、C、D、FよりもAの割合が多かったと答えたのは、一〇人中三人程度にすぎない。全体としては、成績評価点の平均値は二・九――よい成績ではあるが、格別めざましい成績でもない。

ほとんどの億万長者たちは、学校での経験が、その後の人生で生産的な大人になるうえでなんらかの形で影響していると述べている（表3－1参照）。ただ、細かく見ていくと、とりわけ重要な経験、成績やレッテルなどよりもずっと重要な経験がある。それは、「確固とした労働観を形成した」ことである。この経験が経済的生産性の高い大人になるうえで〈重要〉だったと考える億万長者は、ほぼ全員に近い。

もちろん、億万長者たちは、単に勉強することや授業に出席することによって「確固とした労働観を形成した」のではない。彼らの多くは学校へ通いながらパートタイムの仕事をし、かなりの時間をかけて人を的確に判断する方法を学んだのである。そして、この学習プロセスは、彼らがキャンパスの内外で参加した多くの社会的交流や活動を通して強化されていった。

そうしてみると、「勉強ばかりしている子供は馬鹿になる」という諺《ことわざ》は真実をついているようにも思えてくる。富を築こうと思うなら、多種多様の技術や能力を身につけるのがベストで、よく勉強し、働き、社会活動に参加し、人との関わりを楽しむことが大切なのだ。

もう一度、表3－1に示された億万長者たちの学校や大学での経験について考えてみてほ

表3-1

自己鍛錬と洞察力の強化:億万長者たちに影響をおよぼした小・中・高校および大学での経験

小・中・高校および大学での経験の結果	経験に影響を受けた*1(受けなかった)億万長者の割合[%][母数=733]
自己鍛錬	
確固とした労働観を形成した	94(2)
妥当な時間の配分の仕方を学んだ	91(1)
学校へ通いながらパートタイムの仕事をした	55(21)
大学進学の奨学金を受けた	20(60)
洞察力	
人を正確に判断する方法を学んだ	88(3)
自分の関心事/能力をよく理解する力を伸ばした	86(3)
ふつうの人々とは違った考え方を学んだ	76(6)

*1〈影響を受けた〉とは、回答者がその経験から〈大きな影響を受けた〉、もしくは〈適度な影響を受けた〉と答えたケースをさす。〈少し影響を受けた〉と答えた回答者は除外してある。

しい。億万長者が学校時代に重要と考えているのは、確固たる労働観、時間や資源の効率的な割り当て、判断力、粘り強い精神力、共感能力といった、単なる勉強の枠組みを越えた、より社会的な経験なのである。

両親の前向きな言葉が成功をもたらす

ではここで、今日成功している人たちは、人格形成期にどのような家庭で育ってきたかを見てみよう。自力で資産を築いた、いわば第一世代の億万長者たちの大部分は、情愛深く、思いやりのある、調和のとれた、離婚の可能性などほとんどありえない両親のあいだに生まれている。ほとんどの両親が、最後まで離婚せずに暮らしつづけている。よくマスコミは、悲惨な家庭環境から必死で這い上がった立志伝中の人物というイメージを喧伝したがるが、実際には、億万長者の大多数はストレスのある家庭環境では育っていない。

経済的に成功している人たちの親は、一般的に、考え方がポジティブである。そうした親の支えや建設的な意見は、子供が批判を跳ね返すための精神的な鎧を形作る土台となる。また、こうした親は、子供に将来の成功を妨げる心理的な障壁を築かせることは決してない。父親が子供を虐待することもないし、他人より優秀になれ、優秀になれと絶えずプレッシャーをかけることもない。

億万長者になった人たちが、学校時代にあまり芳しくない通知表を家に持ち帰ると、両親は決まって次のようなことを言った。

- おまえはもっとできる。
- 調子を取り戻す方法を見つければいいのよ。
- 問題をいくつか、一緒に解いてみよう。
- 私もこの科目にはいつも手を焼いたが、とにかくなんとかやり通すことだ。
- 微積分法は数学の天才が一生かけて編み出したのよ、だから、すぐに理解できなくたってがっかりすることはないわ。

さらに、以下のような講釈がつづく。

だから、クラスメートのブライアンが全科目でAをとって、卒業生総代になったからって、なんだっていうんだ。ブライアンは毎日勉強ばかりしている。友達はいないし、課外活動もしていない。私だったらブライアンではなく、おまえを雇うよ、トッド。おまえは成績はBでも、いい生徒だ。学級委員長で、学校代表チームのレギュラー選手だ。おまえには幅広い才能が有るから、必ず成功できる。きっとブライアンは、いつかおまえのような人間の下で働くことになるよ。クラスの順位なんかで、先生にこれからの人生でやれることを決めさせちゃいけない。先生がそんなに将来を予測できるんなら、今頃ウォール街の株取引で億万長者になってるか、ラスベガスでギャンブルの胴元になってるだろうさ。

親という、子供にとっては権威ある立場の相手の言葉から、トッドは何を得たか？　鎧《よろい》である！　トッドは彼の将来を悲観的に見なそうとする者からの攻撃をかわし、自分の身を守る方法を学んだのだ。一方、全科目でAをとり、卒業生総代に選ばれた優等生のブライアンは、ビジネスの世界で成功するために必要な、精神的な鎧を身につける機会に恵まれなかったということになる。

ビジネスの世界では、長年にわたって懸命に働きつづけても、次の年には破産してしまうことがある。また、最高に素晴らしい事業計画を添えて融資申込書を提出しても、銀行から貸し付けをはねつけられることがある。ある億万長者の定義によれば、銀行の融資担当者は、ノーと言うしか能のない「ドクター・ノー」の集団だという。そうした人々からの否定的な評価にくじけることなく、融資が認められるまで大胆に食いさがれるのは、きっとトッドのように精神に鎧をまとった人物たちにちがいない。

自力で億万長者になった人たちに、最近高校の同窓会に出席したことがあるか、あればそこで何が最も印象に残ったかと尋ねると、だいたいこういう答えが返ってくる。

高校のクラスでいちばん頭がよくて人気者だったやつが、いまはあまり順調にやっているようには見えないんですよ！

たいていの億万長者は、同窓会に出るとなにか場ちがいな気がして落ち着かないという。多くの場合、「最も成功する可能性が高い」と見なされ、知能に恵まれ、教師たちから太鼓判を押された優等生は、同窓会ではもはやトップ集団のなかにはいない。ではトップに立っているのは誰か？　ブライアンではなく、トッドのような人物なのである。

教師の評価は、なぜ当たらないのか

調査の過程で、私は自力で億万長者になった人たちに、次のような質問に答えてもらった。それは——

高校時代に、あなたは教師からどのように評価されていたと思いますか？

結果を見ると、教師たちから「最も成功する可能性が高い」と考えられていたと思う、と答えた人はかなり少ない（表3－2参照）。また、「最も知能的に恵まれている」あるいは「最高レベルの知性を持っている」と評価された人も少なかった。さらに興味深いのは、多くのミリオネアたちが一様に、教師からはその種の評価の対象として考えられたことすらなかった、と答えている点である。

こうしてみると、学業に関連した評価は、将来経済的に成功するかどうかを予測するうえ

表3-2

自己鍛錬と洞察力の強化：億万長者たちに影響をおよぼした小・中・高校および大学での経験

最上級の評価	各評価を受けていた可能性が非常に高いと回答した億万長者の割合(%)(母数=733)
最も頼りになる	28
最も成功する可能性が高い	20
最も良心的	17
最も勤勉	16
最も論理的	15
最高の勉強家	14
最高レベルの知性を持っている	12
最も意欲的	12
最も知能的に恵まれている	11
学業平均値が最高	10
最も人気がある	9

ではあまり当てにならないようだ。それには二つの理由がある、と回答してくれたミリオネアたちは考えている。第一に、教師たちは将来の経済的生産性を予測するのがあまり得意ではない。なぜなら、教師たち自身があまり経済的生産性が高くないからである。ゆえに、回答してくれたミリオネアたちはみな、教師からの評価を割り引いて考えていた。第二に、教師たちはこうした評価をするのに、しばしばまちがった基準を用いているからである。生徒が学業で何かの賞を得たからといって、それはその後の実社会においても抜きん出られることを保証するものではないのだ。

興味深いことに、学校時代の経験のなかで、経済的に成功したいという意欲を抱かせるものが三つある。これらの要因はいずれも「粘り強い精神力」の項目に分類される（表3－3参照）。未来の億万長者たちにとって最も重要なのは、生産性について明確に理解するようになるということなのだ。まだ人格形成期のうちに、彼らは次のようなことに気づいている。

成功するためには、持って生まれた高い知能よりも、懸命な努力のほうが重要である。

この点に関して、学校での経験から〈影響を受けた〉と答えた億万長者と、〈影響を受けなかった〉と答えた人の割合を比べてみよう。ほとんどの億万長者たちは、経済的な成功は持って生まれた高い知能ではなく、努力することによって得られると考えている。ミリオネアたちはまた学校時代に、たとえ相手が自分より「頭がよく」ても、人生のレースには勝て

表3-3

自己鍛錬と洞察力の強化：億万長者たちに影響をおよぼした小・中・高校および大学での経験

粘り強さに関する小・中・高校および大学での経験の結果	経験に影響を受けた[*1]（受けなかった）億万長者の割合[%]［母数=733］
成功するためには、持って生まれた高い知能よりも懸命な努力のほうが重要だと気づいた	76(8)
悪い成績をとっても、決して達成すべき目標を見失わなかった	52(23)
人から〈平均〉あるいは〈平均以下〉とレッテルを貼られたおかげで、目的を達成するために闘うことを学んだ	45(29)

*1 〈影響を受けた〉とは、回答者がその経験から〈大きな影響を受けた〉、もしくは〈適度な影響を受けた〉と答えたケースをさす。〈少し影響を受けた〉と答えた回答者は除外してある。

ると も感じている。

大多数の億万長者は、たとえ悪い成績をとっても、決してそれによって自分の将来までが左右されるとは信じない。

高校や大学を優秀な成績で卒業した億万長者たちも、ときにはあまり芳しくない成績をとったことがある。しかし、絶対に成功しようと決意している彼らは、すべての逆風を一時的なものと見なす。粘り強い精神力は、億万長者たちの特徴の一つである。

大多数の億万長者は早い時期――学校時代に、重要な目標を達成するために闘って競争することを学ぶ。

セールスの天才、ウォレン氏の苦難の道

もし大学の成績が「ひどいもの」だったら、あなたはどうするだろうか?「ひどいもの」というのは、ある億万長者が自分の大学時代について口にした言葉である。彼の成績はほとんどDばかりで、Aは一つもなかった。この経験は相当な心的外傷となって残り、現在でも彼は自分のことを「就職不適格者」だと言う。苦労して見つけた仕事をクビになったあと、結局彼は、自分を雇う人間はただ一人、つまり自分しかいないという結論に達して事業を起こした。自分で自分の雇い主になったのだ。当初は失敗するのではと不安でたまらなかったというが、ともあれ彼は起業家として成功した。

今では彼は、自分が知能的に恵まれた人たちのグループに含まれなかったこと、そして短かった大学時代に一つもAをとれなかったことを喜んでいる。MBAを持っていないことにも満足している。この人物はこう語るのだ。もし自分が才能に恵まれ、充分な教育を受けていたら、財産を築くためにこれほどまで必死に努力して、リスクを冒しながら事業を起こしたりはしなかっただろう。そして、どこかの会社の「楽な」地位に就いていただろうし、何かを成し遂げることはおろか、成功したいという意欲を持つこともなかったろう、と。では、このいったいどうして彼は成功を収めることができたのか? 以下のケーススタディでは、この注目すべき人物、ウォレン氏について詳しく述べてみたい。ウォレン氏は最近、自らのカー

ペット事業を三〇〇〇万ドルで売却し、「一応」引退した。現在は、自己資金を投資して生活している。

現在のウォレン氏の様子をちょっと見てみよう。彼は大変裕福で、自信に満ちている。いい家に住み、カジュアルながらいい服を着て、人生を楽しんでいる。しかし、同時に彼は、自力で億万長者になった多くの人たちが備えているもの——すなわち、「野心」をいまだに持ちつづけている。言い換えれば、富を増やすことにかなりの興味を持っている。

ウォレン氏は今でも熱心に、投資した資金の管理運用と投資計画の立案に打ち込んでいる。だが、アメリカの財産家の上位〇・五％のうちに入るほどの人物が、どうしてさらに財産を増やすことにそれほど興味を持てるのか？　ウォレン氏はまだ五〇代前半で、健康そのもので、平穏な生活には退屈を感じている。だから、完全な引退生活は彼には向かない。ウォレン氏は並外れたエネルギーと人生への執着を持っているのだ。

ウォレン氏の健康、エネルギー、人生への執着といったものはしかし、彼に富を築きつづける意欲を起こさせている最大の要因ではない。ウォレン氏の少年時代および青年時代の経験は、彼の心に消すことのできない傷跡を残している。じつのところ、ウォレン氏が成功したのは、学業面と金銭面の両方で逆境にぶつかり、それを乗り越えてきた結果以外の何物でもないのである。また、ウォレン氏の若いときの経験や苦難は、彼の最初の職業選びにも深く影響している。経済的に成功するという目的のためには、職業の選び方が重要だったからだ。彼はこう言っている。

私が子供の頃、家はひどく貧しかった。かつては財産があったのですが、その後すべてを失ったのです。高校時代ずっと、うちの家計には大変な重圧がかかっていました。私はなんともひどい境遇にありました。

若い頃のウォレン氏が受けた心的外傷について想像してみてほしい。そうした事態にぶつかると気持ちが挫けてしまう若者も少なくないが、ウォレン氏は決して逆境には負けなかった。それどころか、その厳しい状況が自分を成功へ導いたのだと彼は言い切る。

高校を卒業するのにふつうよりも長く［四年以上も］かかりました。そのあいだずっと、私は毎日あれやこれやで時間に追いたてられていました……。追いたてられるようにして金を稼いでいたんです……。大学をドロップアウトしたのも、金を稼ぐためです。

ウォレン氏は自分で稼いだ学資で大学に通っていたが、三年生になって間もなく、予定していなかった出来事が起こり、大学をやめざるをえなくなった。二〇歳のとき、ウォレン氏は結婚することになったのだ。彼は家に戻って結婚し、すぐに子供が産まれた。

そういうわけで、ふたたび苦境が訪れた。いまやウォレン氏は家庭を持った大学中退者――重い責任を負いながら、資産をほとんど持たない若者だった。だが、そんな状況になってもウォレン氏はひるまなかった。ホテルの夜勤従業員というパートタイムの仕事では自分の家族を支えきれないと気づいたウォレン氏は、他の仕事を探し始めた。

この頃はまだ彼自身も気づいていなかったが、ウォレン氏は物を売ることにかけて非凡な才能を持っていた。彼はセールスの天才だったのだ。ウォレン氏は高校時代と大学時代に、訪問販売でさまざまな品物を売る仕事をしていた。だから、学業には自信が持てなくても、仕事でプライドを持てるようになっていた。

ウォレン氏がのちに億万長者となったことには、結婚式当日のある出来事が大いに関係している。その日、彼の将来の成功につながる職業選択がなされたのだ。

結婚式から帰るときの私は、［フルタイムの］仕事を持っていませんでした。自分がなにかダメ人間のような気がしていたんですが……そんなとき、真新しいメイシー百貨店の横を通りかかったんです。私はすぐに入っていき、就職の申し込みをしました……。私は採用され、店員の仕事を与えられました。

家具売り場に配属されたウォレン氏は、そこでついに本領を発揮した。才能を開花させたウォレン氏は昇進し、管理職の訓練コースに組み入れられることになった。この成功で自信をつけたウォレン氏は、もっと収入のよい仕事を求め始める。一大決心してニューヨークへ行った彼は、大学卒だと経歴を偽って、ある企業の販売員見習いという仕事を手に入れた。

だが、実家の借金がもとで債権者たちが職場にまで押しかけてくるようになり、ウォレン氏はほんの数カ月でその仕事をやめざるをえなくなった。

本当に苦しかった時期には、それこそ一セントもありませんでしたよ……。でも、ちょうどそのとき、ある大企業の面接を受けることができたんです。就職が決まり、すべてが順調に行きはじめました。

「順調に行きはじめた」は謙遜のしすぎである。ウォレン氏の経歴は、ここから爆発的な飛躍をとげた。二〇歳のとき、彼はただの販売見習いだった。それが二五歳の時点では、年に数十万ドルを稼いでおり、アメリカで所得のある世帯のうちの上位〇・一%に入っていた。わずか四年のうちに、ウォレン氏はカーペットの販売にかけては業界でトップの地位を占めるに至ったのだ。

二五歳になったときには、私はなんとニューヨークのカーペット業界の申し子のように思われていました。おそらく、当時のカーペット業界では最高の地位だったと思います。ときおり、あの頃のことを考えますが、とても信じられないような思いでしたね。まったく最高の仕事でした。ニューヨークの大きなオフィス、無制限の経費、買収資金……。マーケティングやPR活動に、何百万ドルという資金が自由に使えたんです。移動はすべてファーストクラス。パーク・アベニューの五九丁目にスイートを持っていました。まさにお大尽ですよ。床屋も、仕立て屋も、私のオフィスまでやってきました。

どうして若きウォレン氏は、年間数十万ドルの給料をもらい、何百万ドルもの経費を使う権限を与えられたのか？　答えはじつに単純だ。ウォレン氏の業績が並外れて素晴らしかったからである。彼は百万ドル単位の大口取引を任され、多大の利益を上げたから、それに見合った報酬を得たのだ。しかし、その間ずっと、ウォレン氏は自分が夢を見ているような気持ちだったという。学業成績Dの大学中退者が成功することなど、どうしてありえよう——これは現実ではない、信じられない、と。

ウォレン氏は、私がＥＳＰ（非凡なセールスのプロ《エクストラオーディナリー・セールス・プロフェッショナル》）と呼ぶ人々に共通して見られる基本的な特徴をいくつも持っていた——容姿が整っていて、根気があり、人を説得するのがうまかった。しかし、こうした特徴を持っている人たちも、大部分は経済的生産性においてウォレン氏のレベルまでは決して到達しない。この方程式にはもう一つの要素、本書の随所で繰り返される次のような要素がある。

億万長者は自分の選択した職業を愛している。

ウォレン氏はまさにそうだった。彼が並外れた高いレベルの仕事をなしえたのは、自分の仕事を愛していたからである。私が行った全国規模の億万長者の調査結果からも、自分の選んだ職業を愛することと純資産のレベルのあいだには、はっきりとした結びつきが存在することが実証されている。生涯の仕事に注ぎ込む積極的な活力や熱情の効果は、決して過小評価できないものがあるのだ。

若くして高給取りとなったウォレン氏には、自分が無敵のように思えた。彼は業界トップのセールスマンであり、会社は彼の力を頼りにしていた。ウォレン氏は昼も夜も、平日も週末も販売の仕事に打ち込んでいた。その一方で、彼は究極の消費者で、収入の大半を浪費し、将来の不測の事態に備えて蓄えるということはしなかった。すぐに価値の消滅してしまう製品やサービスに気前よく金を注ぎ込んだ。オーダーメードのスーツを着て、贅沢な家具を買い込んでいた。

そんなある日、ウォレン氏は最高経営責任者のオフィスへ呼び出され、そこでいきなり、会社が買収されたことを告げられた、なお悪いことに、買収した側の企業は、ウォレン氏を販売の責任者として起用しつづける意向がまったくないとのことだった。まさに一瞬にして、ウォレン氏の「夢の仕事」は消えてなくなったのである。

職を失ったことで、それまで心の奥に抑え込んでいた多くの亡霊が呼び起こされた。子供の頃の、貧しさにあえいでいた時代の、恐ろしい思い出がよみがえってきたのだ。また、同じくらい恐ろしい記憶として、ウォレン氏は大学の成績表に並んでいたDやFのことも思い出した。そんな悲惨な成績の人間を、いまさら誰が雇ってくれるというのか。

しかし、逆境はときに好ましい展開をもたらすこともある。結果的には、このとき解雇されたことが億万長者への道へとつながったのである。

私は経営者になることを自分で選んだわけではありません。そうせざるをえなかったのです。私の勤めていた会社は買収され、そして私はクビになった！［私が］職を失ったのは、社内でいちばんの高給取りだったからです。そんな人間がどこで仕事にありつけるというのでしょうか？　私は気軽に雇える人間ではなくなっていたし……大卒でもありませんでした。

この悪い知らせを受けたすぐあとに、ウォレン氏は使用していた社用車を返すように言われた。それで彼は、外に駐めてある車まで歩いていき、座席に座って自分の不運について思いをめぐらせた。

私はそこに座ったまま、ボロボロ涙を流しながら大声でわめきちらしました……まったく情けないったらありませんでした。

それからまもなく、ウォレン氏は、彼が解雇されたことを聞きつけたジョージア州のカーペット製造会社のオーナーから電話を受けた。その人物はウォレン氏のセールスマンとしての才能を知っており、自分では彼を雇える状況にはなかったものの、代わりに、販売代理店をやってみないかと提案したのだ。ウォレン氏はこの提案を受け入れた。

この方向転換は、決して楽なものではなかった。懸命に働き、家計も質素にする必要があった。それは同時に、ニューヨークでの生活と仕事をあきらめることも意味していた。国際都市ニューヨークからジョージア州ドルトンへ移り住むのは大きな変化だったが、彼はそうすることを選んだ。その理由は、ウォレン氏自身もまた、自分で事業を始める以外に選択肢はないと考えていたからである。前の仕事で稼いでいたのと同じくらいの金額を稼げる可能性は、それ以外にはなかった。

かつての素晴らしい職を失ってからふたたび復活するまでには七年ほどかかりました。ようやく光明が見えてきたんです。

ウォレン氏によると、経済的なステータスを取り戻すのにかかった七年間は、彼自身の言葉を借りれば、「まさに拷問そのもので……ひどく辛いもの」だった。この経験は、今日でも彼をやる気にさせる要因として働いている。ウォレン氏はふたたびそんな状態に陥ることに「大変な恐怖」を感じているという。

ふたたびすべてを失って、ゆとりのある生活に戻れる見込みがまったくなくて、あの拷問のような毎日が続くとなったら、死んだほうがましです。本当の貧乏というのは恐ろしいものです。二度とあんな苦しい生活には戻りたくありません。

これまで見てきた億万長者のケースでは、成功の要因として、自信と前向きな考え方が重要な役割を果たしていた。ならば、ウォレン氏の業績はどう説明すればいいのだろう？　大体においてウォレン氏は自信に欠けているし、考え方は積極的な面よりも消極的な面が強い。彼を衝《つ》き動かしているのは恐怖である——自分や家族がかつて体験した貧しい境遇に戻ることを恐れているのだ。

しかしながらウォレン氏は、販売にかけては誰にも負けない、という自信はまちがいなく持っている。この自信と、貧困を恐れる気持ちとが相俟《あいま》って、ウォレン氏は否応なしに事業経営者の世界へと踏み込むことになった。ウォレン氏は、「私は雇ってもらえるような人間ではない……就職はできっこない」と思い込んでいた。だから、事業経営者になることは彼にとって最後の頼みの綱だったのだ。

ウォレン氏が最終的にアメリカについて知ったことは何か？　それは、アメリカの社会が、成功を望む者に対しては二回、三回、四回、あるいは一〇回のチャンスさえ与える世界であり、早い時期の失敗を成功への土台にできる者にとっては、成功は決して手の届かないものではないということである。

親たちの大きな誤解

多くの親は、何よりもまず「学業でよい成績」を収めなければ、子供たちが大人になったときに金持ちになれず、苦労すると信じ込んでいる。だが、この章で見てきたように、その考えは正しくない。

しかし一部には、子供に単なる金持ち以上の存在になってほしいと期待する親もいる。そうした親たちが望むのは、医師や弁護士、科学者といった社会的地位の高い職業に就くことで、優秀な成績は、メディカルスクールやロースクール、博士課程へ進むために必要な要素の一つである。興味深いことに、億万長者のあいだではこうした社会的地位の高い職業に就いている人は少数派なのである。

もちろん、世の中金がすべてではないし、こうした職業が崇高な使命を持っていることも確かだ。しかし、はっきり言えることは、そうした職業に就いて高所得を得たとしても経済的な自立が約束されるわけでは決してない、ということである。そもそも、社会的地位の高い職業に就いている人すべてが高い所得を得るわけでもない。

また一方では、自分の子供が名門大学に入ったと、友人や親類、隣人たちに公言できることがとても重要と考える親たちもいる。これを私は「アカデミック・ステータス」と呼んでいる。親たちは「名門大学」に入る息子や娘を生み育てた功績を認められることで、自分自身のステータスも向上するように感じるのだ。こうした親たちは、しばしば自分の人生を振り返って、こういう考えを持っている。

もし名門大学に入っていたら、どうなっていただろう――今頃はまちがいなく成功していただろう。

もちろん、親たちは自分の人生が変えられないことは百も承知だが、それでもまだチャンスはあると思う――子供がしっかりやってくれる可能性があるのだ。この親たちは心の奥底で、子供の人生を自身のものとして体験している。彼らは子供に優秀な成績を無理にとらせようとする。だが、その結果、子供をむしろ平凡な将来へと追い込んでしまっている可能性にはほとんど気づいていない。

もう一度、今日の億万長者のSATの平均点が一一九〇点であることを思い出してほしい。ちなみに一九九九年、私が教えるジョージア大学の新入生のSAT平均点は一二二〇点だった。この基準から考えると、億万長者の大部分は大学に入れないことになるのだ（表3－4参照）。

表 3-4

相関係数：SATの点数、クラス順位、GPA（成績評価点平均）*1 対 純資産と収入

	45-54歳（母数=252）		55-64歳（母数=205）	
経済的生産性の評価基準：	SAT*2	重要な相関関係*3	SAT	重要な相関関係
純資産*4	0.05	なし	0.02	なし
年間総収入*5	0.07	なし	0.06	なし
	クラス順位		クラス順位	
純資産	0.01	なし	0.04	なし
年間総収入	0.17	あり	0.01	なし
	GPA		GPA	
純資産	0.01	なし	0.04	なし
年間総収入	0.11	なし	0.02	なし

*1 大学学部生の学業平均値を4点満点で評価して（A=4、B=3……）算出したもの。
*2 総合点。
*3 ここでは30通りの相関関係のケースが生じる（経済的生産性の評価基準2つ）×（学業成績の評価基準3つ）×（年齢グループ5つ）。その30通りのうち統計的に意味のあるケースは1件（45-54歳の収入対順位）。
*4 純資産とは、世帯の資産総額から負債総額を差し引いたものをさす。
*5 年間総収入とは、世帯の収入をさす。

九〇〇点クラブが教えてくれること

さて、ここで「九〇〇点クラブ」のメンバーに登場してもらおう。これはＳＡＴの点数が一〇〇〇点に届かなかった億万長者だけが入会できるクラブである。

一〇〇〇点より下という点数は、あまりぱっとしない成績を示す基準として私が勝手に定めたものだ。これは別に、億万長者のうちＳＡＴで一〇〇〇点に届かない人の割合が不自然なほど多いということを意味するものではない。実際には、億万長者のうち、このカテゴリーに入るのはごく少数である。ただ、重要なのは、テストの点数が並だったり並以下だったりしても、経済的に成功するのは可能だということの証左となる点だ。

テストの点数が低い人たちに、あなたにも成功できる、と言ってやれたらどうなるか？　おそらくいつの日か、今より多くの人たちが経済的成功を収めることだろう。一六歳か一七歳のときに平凡な成績をとったからといって、その後の人生で成功する望みが絶たれるわけではないのだが、非常に多くの大人たちがそれとは逆のことを信じている。

ＩＱよりも誠実さが大切

息子や娘が統一テストを三度も受験して、その結果がいずれも全国平均を下回る点数だったら、その親はどうしたらいいいか？　たしかに、その成績では一流大学に入るのは無理かもしれない。だが、そうした子供を受け入れてくれる大学はたくさんある。経済的成功の要因として、大学へ通って卒業することは非常に重要であるから、親たちは息子や娘に、たとえテストの点数が低くても成功できることを教えてやり、大学へ進むようアドバイスすべきである。

さて、九〇〇点クラブのメンバーである億万長者たちと、SATで一四〇〇点以上をとった億万長者たちとのあいだにある重要なちがいとは何だろうか？　この問いの答えを得るため、私は今回調査をした億万長者の中からそれぞれ一〇〇人ずつのサンプルを抽出し、それぞれの回答を分析した。その結果、九〇〇点クラブの回答は、SATで一四〇〇点以上をとった億万長者の回答と、明らかな対照をなすことがわかった。

九〇〇点クラブのなかで、「IQが高い／優秀な頭脳を持つ」が成功の要因として〈非常に重要〉であると答えたのは、わずか三％にすぎない（表3-5参照）。また、高校時代の教師たちから「最高レベルの知性を持っている」あるいは「最も知能的に恵まれている」と思われていた可能性が非常に高いと思う人は、九〇〇点クラブのメンバーには一人もいないことにも注目したい（表3-6参照）。

対照的に、SATで一四〇〇点以上をとった回答者の五〇％は、「IQが高い／優秀な頭脳を持つ」を成功の要因として〈非常に重要〉であると考えている。彼らは、高校時代の教師たちから自分がどう思われていたと考えているのか？　一〇人中四人以上（四二％）が「最高レベルの知性を持っている」と見られていたと答えている。以下、「最も知能的に恵ま

表 3-5

経済的成功につながる要因：SATの点数が1000未満の億万長者 対 1400以上の億万長者

各成功要因が〈非常に重要〉と回答した人の割合

成功要因	SATの点数：	
	1000未満（母数=100）	1400以上（母数=100）
IQが高い／優秀な頭脳を持つ	3%	50%
誰に対しても正直である	65	50
支えとなる配偶者がいる	57	46
自分の職業／事業を愛している	51	39
人とうまくやっていく	63	49
人が見逃しているビジネスチャンスを見つける	42	29
専門分野を持っている	26	17
安定した精神状態を保つ	42	30
誹謗中傷には耳を貸さない	34	25
よき指導者がいる	31	26
自分を律する強い精神力がある	61	56
高収益の見込める「市場の隙間」を見つける	38	27

表 3-6

高校の教師たちは億万長者たちを どのように判断したか：SATの点数が 1000未満の億万長者 対 1400以上の億万長者

各最上級の評価を教師たちから与えられていたと回答した人の割合

最上級の評価	SATの点数：	
	1000未満（母数=100）	1400以上（母数=100）
最高レベルの知性を持っている	0%	42%
最も知能的に恵まれている	0	41
最も成功する可能性が高い	3	32
学業平均値が最高	2	28
最も論理的	8	31
最も頼りになる	28	30
最も人気がある	27	23
最も良心的	13	19
最高の勉強家	12	20
最も勤勉	16	18

れている」(四一%)、「最も成功する可能性が高い」(三二%)といった回答がつづく。

この結果から、九〇〇点クラブのメンバーについて言えることはなんだろうか。彼らの大多数(七二%)が、経済的成功という目的を果たすには闘わなくてはならない、と言うことを学生時代に学んでいる(表3-7参照)。また彼らは、蓄財の方程式には知能以外に重要な要因がからんでいることも発見している。ほとんどの人(九三%)が、成功するためには持って生まれた高い知能よりも懸命な努力のほうが重要だと気づいているのだ。

もう一度、表3-5に掲げた一二の対比項目に目を向けてみよう。九〇〇点クラブのメンバーは、三分の二近くが「正直である」ことを成功の要因として〈非常に重要〉であると考えている。これは、もう一方のグループと比べてかなり多い数字だ。だからといって、これは優れた知能を持った人たちが正直でないことを示すものではない——成功を収めている人たちはほとんどが、正直であることにかなり重きを置いている。

しかし、優れた知能を持った人たちの多くが、弁護士や医者、科学者や研究開発に関わる企業の経営者といった職業に就いているのに対して、九〇〇点クラブの多くのメンバーは、毎日物を売ることに関わっている自営業者である。つまり毎日の商売のなかで、常に自身の正直さが試されているのだ。そうした仕事で正直さを欠いたら、成功する見込みがないのは当然である。

表 3-7

億万長者たちに影響をおよぼした 小・中・高校および大学での経験：SATの点数が 1000未満の億万長者 対 1400以上の億万長者

各試験に影響を受けた*1 億万長者の割合

経験	SATの点数：	
	1000未満（母数=100）	1400以上（母数=100）
人から「平均」あるいは「平均以下」とレッテルを貼られたおかげで、目的を達成するために闘うことを学んだ	72%	2%
成功するためには持って生まれた高い知能よりも懸命な努力のほうが重要だと気づいた	93	60
悪い成績をとっても、決して達成すべき目標を見失わなかった	66	34
並みはずれて独創的だった	62	51
学校に通いながらパートタイムの仕事をした	58	47
教師から激励を受けた	64	60

*1 〈影響を受けた〉とは、回答者がその経験から〈大きな影響を受けた〉、もしくは〈適度な影響を受けた〉と答えたケースをさす。

妻や他人の頭脳を使う

また、九〇〇点クラブのメンバーの多くが、成功の要因として「支えとなる伴侶の存在」を高く評価している。これは決して偶然の成り行きではない。

九〇〇点クラブのメンバーのなかには、結婚する前から支えとなる伴侶の必要性を感じている人が多い。もしかすると、二人分の知恵のほうが一人に優るということに気づいているのかもしれない。もし九〇〇点クラブのメンバーが、自分に分析的能力が不足していることを認めながらも金持ちになろうと考えたならば、自己鍛錬ができていて、つましく穏やかで、精神的に安定した素直な伴侶の必要を感じるにちがいない。またおそらく、自分の事業のパートナーになりうる、経済的生産性の高い相手に惹かれる人も多いはずだ。九〇〇点クラブの一〇人中四人ほどが、この理由で伴侶に惹かれている。

愛情や肉体的な魅力を除外して選べと言われたら、事業を経営できる女性を結婚相手に選びますね。

成功を収めた事業経営者の多くがこれと似たようなことを言うのを、私は聞いたことがある。

これは、九〇〇点クラブのメンバーが平穏な結婚生活を長く続ける可能性が高いことを意味するのだろうか？　この考察を裏づける統計的な証拠は見つかっていない。億万長者は、九〇〇点クラブであれ、優れた知能を持ったグループであれ、どちらも結婚生活を長く続ける傾向にある。

九〇〇点クラブのメンバーには、かなり明確なもう一つの傾向がある——彼らは、自分の配偶者はもとより、自分以外の人間を相談役や後ろ楯として利用する割合が他のミリオネアたちと比較するとかなり高いのだ。人生で成功する可能性を高めるため、彼らはたいていの場合、他の人たちの頭脳も利用する。では、ＳＡＴで一四〇〇点以上をとった優秀な頭脳のグループはどうか？　まるで正反対である。じつのところ、ＳＡＴの点数が高くなるほど、他人を相談役として頼らない人が多くなっていくのだ。

成功の方程式のどの部分であれ、それについて自分より優れた助言者を起用するのは有意義なことだが、あなたはその価値を認めているだろうか？　もし認めているなら、優れた才能を持った人を雇う価値もわかるはずである。他の人たち、とくに自分に助言してくれる人たちとうまくやっていけないような人は、いささか問題ありということになる。「頭がよすぎる」のかもしれないし、自分が他人の力を必要としていることを認めたくないのかもしれない。あるいは、自分が知能的に優れていると確信するあまり、知能的に劣っているように思える人から助言を受ける気にならないのかもしれない。

九〇〇点クラブの人生経験

では、あなたがテスト結果に基づいて「知能的に優れていない」というレッテルを貼られ、それでも経済的に成功しようと決意したとしよう。もしかすると、あなたの決意は、「きみの持っているものは特別なんだ。生徒たちのそういう素質を測る方法は、まだないんだよ」という教師の励ましに支えられたものかもしれない。

シャロンが経験したのが、まさにそのとおりのことだった。高校の先生が、きみには特別な創造性がある、と言ってくれたのだ。シャロンは統一テストで平均以上の点数をとっていたが、彼女の真の力が発揮されるのは創造力に関わる分野だった。現在、シャロンは一流のグラフィック・デザイナーとなり、彼女の両親もようやくメディカルスクールへ行かなかったことを許した。シャロンは年間最優秀デザイナー賞を二度受賞している。

九〇〇点クラブのメンバーが増えるというのは、教師の功績だと認めてもいいだろう。九〇〇点クラブの六四％が、「教師から激励を受けた」ことが、経済的生産性の高い大人になるうえで影響した、と答えている（表３－７参照）。一人でもいいから、そのような教師と出会うことによって、若者たちは前向きな気持ちになることが多い。その点では、スポーツチームのコーチたちはしばしば重要な役割を果たす。九〇〇点クラブのメンバーの六三％がスポーツ競技をやっていたと回答している。おそらくその経験が、批判をはねのけ、負けると予想された「ゲームに勝つ」能力と関係しているのではなかろうか。

「学校に通いながらパートタイムの仕事をした」経験も、人格形成にいい影響を及ぼした、と九〇〇点クラブの大部分のメンバーが回答している。アメリカで最も生産的な人たちのプロフィールに目を通してみたら、パートタイムの仕事をした経験がない人物はなかなか見つからないはずである。ともあれ、そうした経験によって、彼らは自分がモーテルのフロント係やレストランの給仕の職を求めていないことに気づくのだ。

ニールソン氏は所有する株式の二〇％を一億ドルで売却した。彼は牧場の牧童、トラック運転手、用務員といった数々の仕事をしたあと、現在の石油事業に投資した。

ニールソン氏が人生で成功した要因の一つは、他人が見逃してしまうようなビジネスチャンスを捉え、地理的に市場の開拓に適した収益の多い場所を多く見つけたことだった。一つの場所や同じ仕事にとどまっていたら、到来したチャンスを認識するのは難しい――自力で億万長者になった人たちの大半は、さまざまなパートタイムや臨時雇いの仕事をかなり広く経験しているのである。

天才たちは物を知らない

ジョン・パークス氏は今は億万長者となっているが、三五年前に大学を卒業したときは、経済的に成功するなどとは夢にも思っていなかった。パークス氏は大学にいるあいだ、ずっと成績の平均がCのままだった。彼は工学を専攻し、卒業するとすぐに工学関係の大きなコンサルタント会社に就職した。

すると、たちまち、パークス氏は上司たちから強力なリーダーシップを備えていると高い評価を得た。それからまもなく、彼はその会社で重要な部門の指揮を任されるようになった。その後、パークス氏は退社して、自分で資材検査の会社を創設した。

最近、パークス氏が起こした会社はフォーチュン50社の一社に買収され、現在パークス氏は「少しばかり引退生活に入りぎみではあるが、二つの事業を活発に運営している……それにコンサルタントも続けている」。パークス氏はその生涯のあいだに、さまざまな経歴を持った人たちを何百人と雇ってきた。そのなかには科学者もいれば技術者もおり、会計士もいれば経営者もいた。

人を雇ったり扱ったりした経験、そして、もちろん富を築いた経験があるパークス氏は、私の調査において理想的な回答者となってくれた。学業成績Cの人物が、いったいどのようにして億万長者になったのか？　学業成績でAをとりつづけていたパークス氏のクラスメートたちが、なぜ彼を使う側でなく、彼に使われる側に回っているのか？　パークス氏の考えでは、学校の成績と経済的成功のあいだには、ちょっとしたマイナスの関係があるという。彼は個人的な経験を引き合いに出して、こう語った。

私は平凡な生徒でしたが、それでも工学系の学校へ行きました。その大きな理由は、母がそうすべきだと言ったからです。家に技術屋が一人くらいいてもいいと言うのですよ。実際には、そんなに私には向いていなかったと思いますが、一つだけ断言できるのは——

私は常に、勉強にしろ仕事にしろ、努力することにかけては誰にも負けない、自分以上にやる人間が他にいてはならない、という信念を唱えつづけてやってきたということです。とにかく、ベストを尽くすことがすべてで――じつのところ、私は財産を築こうなんてあまり真剣に考えたことはないし、何かに恐れを抱いた覚えもないんです。ただベストを尽くしたと思えさえすれば、それでもう充分満足なんです。でも、実際にいろんなことをやるときには、それはもう大変な苦労で、必死に努力しなければなりませんでした。そうやっているうちに、いつか私は管理職になって、天才たちを何人か雇うことになりました。その天才たちが管理職になれなかったのは、人間教育が充分にできていなかったからです。

思うに、天才たちは――そもそも知能の評価の仕方に少々問題があるんですが――職場の環境や場をわきまえて発言するといったことに無頓着です。おまけに、あまり熱心に働かない。とはいえ、とくにエンジニアリングのような分野なら、まず……たいていの人[天才たち]がとくに問題なく仕事をこなしますよ。そういった限られた分野では、彼らはとても強いですから。

私の下で働く天才たちは、知識の量が多いほど物を知らないようです。結局天才たちの多くは、調査や研究に関わる職業に向かうことになります。経営や起業といったこととは無関係な方向へ……。大体において、彼らは実務には向きません。

ここでパークス氏が言いたいことは何か？　自分の知能について低い評価を受け、それでも成功したいと望むなら、真剣に努力する必要があるということである。また、人とうまくやっていく必要、人よりも努力する必要、自分から積極的に他者のニーズを汲みとり理解する必要もある。それができれば、人を指揮する立場に選ばれるだろう。知能的に恵まれた人たちの多くは、そうした能力を手にするためには精一杯努力しなければならないと感じたことがない。高い知能に恵まれていることが職業上のハンディキャップになりうるとは、なんとも皮肉なことである。

億万長者たちの多くは、知能的に恵まれた人たちとじかに競わなければならない立場に身を置いたことがない。IQにIQで対抗するのは愚かで、多くの場合、無益なことであると、彼らはよく理解している。だから、代わりに天才たちを雇用する。それも大勢の天才たちを、そして天才たちのあいだで競争をさせるのだ。

「いい成績がとれないと……」は禁句！

さて、ここまで読んできた読者のみなさん、もはや学校の成績は、あなたが裕福でないことの言いわけにはならないことを肝に銘じられよ！

そしてまた、次のようなセリフを繰り返すことで、自分の子供を貧乏な人生へと追い込まないようにも注意してほしい――

学校でいい成績がとれないと、大した人間にはなれませんよ。

学業成績が平凡な子供たちのなかには、億万長者になる可能性を持ちながら、両親の言葉に知らず知らずのうちに洗脳されてしまう子もいる。そうした子供たちは、「おまえは裕福な人生とは無縁だ」という託宣を下されたようなものである。蓄財のチャンスに対して、常に否定的に反応するよう慣らされてしまうのだ。

かくして子供たちは確実に凡庸な、大した人間にはならない道を歩むことになるのである。

4 チャンスとリスク、勇気と恐怖

どうして自力で億万長者になった人間には勇気、とりわけ金銭的なリスクを冒す勇気が備わっているのか？　これは容易に理解できよう。人生のあまたの試練を乗り越え、収入をトップレベルにまで押し上げるには、当然、どこかの段階で勇気ある行動や、不安を克服する能力が必要になるものだ。では、億万長者は、いったいどうやってこの勇気を手に入れたのだろう？　たいていの人が考えるように、単に両親や先祖から受け継いだ遺伝的な特質に過ぎないのであろうか？　とんでもない。億万長者たちの答えはノーだ。ほとんどすべての億万長者が、自分の勇気は後天的なもので、キャリアを通じて意識的に身につけ、育ててきたものだと考えている。そこで本章では、彼らがリスクに真っ向から立ち向かう際の助けとなった、さまざまなテクニックについて学ぶとしよう。

ノーリスクでは金持ちにはなれない

一代で億万長者になるプロセスにおいて、勇気はどんな役割を果たしているのか？　独力で億万長者の仲間入りを果たす人のなかに、勇気を持たない人はほとんどいない。なぜなら、財を築き上げるには、金銭面も含めて数多くのリスクを冒す必要があるからだ。そこに勇気は欠かせない。そうした億万長者に見られる大きな特徴の一つは、彼らの多くが会社や工場のオーナー経営者であることだ。自営業を営むには勇気が必要だ。自分の事業に自らの資金を注ぎ込むには勇気がなくてはならない。大方の人は、こうした選択を高いリスクと結びつけて考える。そして、リスクに不安や危機感はつき物だ。

億万長者のもう一つの蓄財パターンとして、自分の事業への投資とは別に、株式市場に投資していることが挙げられる。利潤が得られるという一〇〇％の保証なしに株式に投資するには、それなりの勇気がなくてはならない。株価が変動するたびにパニックを起こさないようにするには、勇気が必要である。勇気を持たない者は、往々にして判断に迷って上昇中の株を買い遅れたり、一時的に低迷しているだけの株を売り急いでしまう。

また、会社役員をしている億万長者も、勇気を備えている。そうでなければ、到底役員の地位までは昇進できなかったであろう。もし自分が導入する新製品ラインの採算が合わなかったらどうなるか？　だが反対に、もしそのラインが、これまでの販売成績をことごとく打ち破るめざましい成績をあげたとしたら？　そういうジレンマと常に闘ってきたはずなのだ。

収入が高いレベルにある層には、自営業や経営幹部、完全歩合制の営業マンなど、一定レベルの収入が保証されていない職業の割合が高い。一方、大多数の人々はそうした職業と背中合わせの経済的リスクを負いたがらない。マイナス面が多く、危険に満ちていると考えるからだ。彼らは固定したサラリーで働くことで得られる安心と保証のほうを求める。

では、億万長者になろうとする人たちが、リスクを負うのをいとわないのはなぜか？　頭の中でこう考えているからだ。金銭的リスクは、経済的自立を果たすために避けて通れないものである、と。また、経済的に自立する利点のほうが、リスクよりもはるかに大きいと信じているからでもある。

しかし、多くの人は、自分で事業を起こしたり、株式市場に投資したり、はたまた歩合制で働くことを躊躇する。経済的に失敗するのではないかという危惧は、そう簡単に克服できるものではない。だからこそ、自営業者の数はあまり多くないのである。つい「もしも？」と思い悩んでしまうのだ。もしも自営業を始めて、売上がなかったらどうしよう？　もしも自分の手持ち資金が水の泡と消えたら？　もしも家族を養うことができなかったら？　もしも事業の失敗を、友だちや配偶者の家族、隣近所の人たちに知られてしまったら？

失敗するかもしれない、というリスクは常に存在する。しかし、億万長者たちはリスクにどう対処し、自己の恐怖心をどうコントロールするか、その術を身につけている。独力で億万長者になった人たちの意見をいくつかまとめてみると、以下のようになる。誰か他の人間に雇われて働く場合の安心と保証について尋ねると、ミリオネアたちはこう答えた。

［他人の下で働くことは］もっと大きなリスクを背負う恐れがありますね。収入源はたった一つしかなく、しかも、重要な決定を下す方法は教えてもらえない。決断の仕方なんて、もし自営業だったら自然とマスターできるものなのに。

他人に雇われて働いていては、決して自分の顧客基盤を作り上げることはできません。蓄財や成功ということに関していえば、自分自身にとって［経済的に］いちばんためになることをしていないわけですから……。単に雇い主にとっていちばん利益になる労働を提供しているだけですよ。

あなたは一代で財を築きたいと本気で願っているのだろうか？　もしそうなら、失敗に対する恐怖を打ち消せるだけの勇気を培わなくてはいけない。その勇気を、実社会でのキャリアを通じて養っていく必要があるだろう。ただ、口で言うのは簡単だが、一般の人間にとって、何も意識せず自然に勇気を育てていくのは非常に困難だ。だからこそ、本章に書かれた内容がきわめて重要になってくる。

今日、経済的に自立していない人がこれほどまでに多いわけは、彼らが数多くの否定的な障害物を頭のなかに置いてしまうことにある。資産を築くのは、じつのところ、頭脳ゲームなのだ。億万長者はしばしば、経済的に自立する利点を自分に言い聞かせている。リスクを冒さずに財を成すのは難しい、と絶えず自分を納得させるのだ。

億万長者になるには、まず億万長者のように考えることを学ばなければならない。恐怖や不安に勇気で立ち向かおうという意欲を常に奮い立たせる技を学ぶ必要がある。自分のキャリア、事業、投資その他の資産運用について重大な決断を下す際に、不安な気持ちが湧き起こるのは当然だ。しかし、不安は経済的な成功を収めるプロセスの一部にすぎない。こうした考え方はとくに自営業者や、利益が得られる確証のない分野でかなりの資産を投資している人たちに当てはまる。

人は己の恐怖心をコントロールし、勇気を育てる方法を学習によって身につけることが可能なのだろうか？　突然の危機に遭遇したときにパニックに襲われない秘訣というものは、はたして学ぶことができるものなのか？　もしそうなら、この「啓蒙の光」はどこからやってくるのか？　私は億万長者たちを対象にした全国調査で、勇気を増進するのに各自が役立てている行動や戦略、テクニックについて質問してみた。その結果、億万長者たちが「恐怖克服ゲーム」で採用している手法が一〇〇種類以上も確認できた。これらのうち、億万長者を集めたグループ取材や個別面談で、もっとも頻繁に回答が挙がった二四種を選別した。その詳細は次頁の表4－1にまとめてある。ここに挙げた行動や思考プロセスの大半が、表4－2に示したいくつかの見出しでグループ分けできることにも着目してもらいたい。これらの手法のなかでとくに重要なものを、本章で論じることにしよう。

表4-1

不安や悩みを解消／軽減するために億万長者がとる行動や思考プロセス(母数=733)

行動／思考プロセスの種類	その行動／思考プロセスをとる億万長者の割合	順位
仕事に精を出す	94%	1*1
自分を信じる	94	1*1
準備を怠らない	93	3
主要な問題に焦点を絞る	91	4
決断力を持つ	89	5
計画を立てる	87	6
大問題に対処できる用意を整えておく	83	7
問題解決のために即刻行動を起こす	80	8
マイナス思考をプラス思考で打ち消す	72	9
競争相手に仕事、思考、意気込みで打ち勝つ	71	10
成功をイメージする	68	11
決して不安に振り回されないようにする	66	12
不安を撃退する	65	13*1
配偶者に相談する	65	13*1
自分が恵まれていると思う点を数え上げる	64	15
規則正しく運動する	60	16
優秀な人にアドバイスを求める	59	17
有能なアドバイザー／公認会計士／弁護士に相談する	56	18
過去の失敗にくよくよしない	55	19
信頼できる友人に相談する	50	20*1
スポーツで培った精神力を行使する	50	20*1
勇気ある人について書かれた文章を読む	40	22
篤い信仰心を持つ	37	23
祈る	32	24

*1 同位を表す。

表 4-2

不安や悩みを解消／軽減するために
億万長者がとる行動や思考プロセス

ハードワーク型

- 仕事に精を出す

計画型

- 計画を立てる
- 大問題に対処できる用意を整えておく
- 準備を怠らない
- 主要な問題に焦点を絞る

決断型

- 決断力を持つ
- 問題解決のために即刻行動を起こす
- 競争相手に仕事、思考、意気込みで打ち勝つ

ポジティブ思考型

- 成功をイメージする
- 不安を撃退する
- マイナス思考をプラス思考で打ち消す
- 勇気ある人について書かれた文章を読む

感情制御型

- 過去の失敗にくよくよしない
- 決して不安に振り回されないようにする

相談型

- 優秀な人にアドバイスを求める
- 有能なアドバイザー／公認会計士／弁護士に相談する
- 信頼できる友人に相談する
- 配偶者に相談する

スポーツマン型

- 規則正しく運動する
- スポーツで培った精神力を行使する

宗教型

- 祈る
- 篤い信仰心を持つ
- 自分が恵まれていると思う点を数え上げる

ベンジャミン氏とトラック氏

ベンジャミン氏は子供たちの学費をすべて自分で払った。彼の娘と息子たちは、みな小中高と私立の学校に通い、名門の私立大学やメディカルスクール、大学院に進学した。ベンジャミン氏はそれらすべての費用——授業料、教科書代、食費、下宿代、その他の諸経費の全額を支払ったのである。教育にかかるこれらの膨大な費用を負担する財力を持ったこのベンジャミン氏とは、いったいどういう人物なのか？　高収入の医者か、それとも大企業のCEOだろうか？

ベンジャミン氏はスクールバスの運転手だった。なんとスクールバスの運転手が、子供たち全員を私立大学やメディカルスクール、大学院に送れるほどの金持ちだったのである。彼は倹約家だったが、倹約だけでは数十万ドルにものぼる授業料を捻出することはできない。では、どうやったのか？

子供たちがまだ小さかった頃、ベンジャミン氏はわが子の知能がきわめて高いことに気づいた。どの子もトップレベルの教育を受ければ、大いに才能が花開くにちがいない。しかし、自分の低賃金の仕事で、どうやってそんな教育費がまかなえるだろうと、ベンジャミン氏は悩みつづけた。そして、ついに「自己改善」独習プログラムを始めることを思い立ったのである。プログラムの中心テーマは投資だった。

バスの運転手という仕事には、一つだけ役得があった。毎日数時間、自由に時間を使えたのである。同僚の運転手たちは、その自由時間をたいてい昼寝をしたり、コーヒーを飲みながら新聞や雑誌を読んだり、雑談したりして費やしていた。ベンジャミン氏は、この自由時間をもっと賢く利用した。彼はさまざまな種類の投資法について書かれた本を読みはじめた。この独習プログラムを開始してまもなく、彼は長期的な収益を得る手段として、社債や通帳式預金口座、財務省短期証券、地方債、譲渡性預金（CD）、株、貴金属、それに不動産などがあることを知った。

ベンジャミン氏は、インフレや税金を考慮したうえで、投資した金額に対して真に利益が得られるのは株だけである、と結論を下した。だが、彼の母親はかねがね、株にだけは手を出さないようにと息子に言っていた。母親は一九二九年の株式市場の大暴落を目の当たりにしていたのである。しかし、大恐慌もベンジャミン氏の計算には入っていた。たとえ株価の暴落があろうとも、長期的に見れば、株をしのぐ投資法は他に存在しないと彼は確信した。

ベンジャミン氏は株式投資に真剣に取り組むようになった。余った小銭を夫婦でこつこつと貯め、株の購入に回した。ただし、どんな株でもよいというわけではない。ベンジャミン氏は自由時間の大部分を使って特定の企業の業績や株の成長性をせっせと研究した。数年後には、自ら選んだ副業で、専門家並みの腕を振るうまでに成長していた。

つい先頃、ベンジャミン氏はスクールバスの運転手の仕事を定年退職したが、そのときには三〇〇万ドルを超える純資産を有していた。思い出していただきたいが、それは子供たちを、アメリカ国内で最高の教育レベルと最高の授業料を誇る私立校に通わせたあとに残った三〇〇万ドルである。

ここから何が学べるか？　ベンジャミン氏が経済的に誰にも頼らず一本立ちできたのは、勇気があったからである。株式に投資するには勇気が必要だ。市場は何も保証してはくれない。株価は上がりもすれば下がりもする！　人は往々にして、売り買いのタイミングを逃して多額の金を失ってしまう。ベンジャミン氏は常に長期型の投資家だった。不安を感じたからといって、独習プログラムで得た知識をぐらつかせるようなことは決してなかった。いったん買う株を決めたら、最初の購入から一〇年以内に売却するようなまねはめったにしなかった。景気がよいときも悪いときも、自分の選んだ株を信じて手放さなかった。不安や悩みを抱えることはたびたびあったが、いつも前向きな姿勢でそれらに対処した。そして、それこそがアメリカで財を築く土台になるのだ。

自分の事業に投資するのと同様に、上場企業への投資も勇気を要する。世の中が不景気を迎え、周囲に不安感が満ちあふれているときにはなおのこと、自分の決めた投資を貫くには勇気が必要だ。ベンジャミン氏の勇気なくして、子供たちは現在の職業に就くことはできなかっただろう。

次に、勇気あるベンジャミン氏とは対照的な人物——私が仮にトラック氏と呼ぶ人物を取り上げてみたい。株式市場が急落した翌日、私は大手宅配便会社ＵＰＳに勤めているトラック氏に話を聞いてみた。彼の集配担当地区は大都市の金融街である。

著者　トラックさん、株式市場の急落でご自身の投資計画に何か影響がありましたか？

トラック　何もありません。
著者　株価がさらに下がるのではないかとは心配されないんですか？
トラック　べつに。株は持っていませんから。持っていたら、気懸かりで夜もおちおち眠れんでしょう。
著者　それじゃ、ＵＰＳの株も持っていないとおっしゃるんですか？
トラック　ええ。心配するのが嫌いなたちなんで。

私はトラック氏の返答に絶句した。当時、ＵＰＳは年商何十億ドルというアメリカ有数の超優良企業で、社員である彼には自社株を購入する権利があったからだ。この二〇年間、ＵＰＳの株価はダウ平均をはるかに上回る率で値上がりしていた。

トラック氏の株式恐怖症は彼の理性まで曇らせてしまったのだろうか？　子供たちの学費を払い、経済的に何不自由なく暮らせる術を見出したベンジャミン氏よりも、トラック氏のほうが本当に寝つきがいいのか？　どうやらトラック氏は、投資のリスクを負わなくても経済的に自立できるのだと自分自身を騙しているようだ。

だが、トラック氏にもまだ望みは一つ残されている。ベンジャミン氏のように自分を教育し直すのだ。ベンジャミン氏の勇気は、リスクを伴う投資に虎の子を回しても大丈夫かという不安や恐怖に打ち勝った。この勇気を生み出した直接の原動力は、やはり自分自身を教育し、自己の財政をコントロールする技術を身につけたことに他ならない。

なぜ、自営業者が少ないのか？

ウェブスターの辞書によれば、「勇気」の定義は「危険、恐怖、困難に挑み、耐え、克服しようとする精神力」である。たいていの人は、自営業者になると考えただけで相当の不安を覚える。危うい状況に身を落とすなんて、というわけだ。自営業の何が危険かといえば、財産を失うリスクが伴うことである。

現在、アメリカでも億万長者が国民のわずかな割合しか占めていない理由の一つは、全世帯主のたった一八％しか自営業もしくは専門職に就いていないことだ。自由経済の中心地であるアメリカに、どうして事業主がこれほど少ないのか？　私はこれまでに何百人という聡明で高学歴、仕事熱心な中間管理職に、以下のような質問をしてきた。

- なぜ独立して自分で事業を始めないのですか？
- なぜ自分の生産性に応じた高収入が得られる仕事を求めないのですか？

回答者の大半は、自分でもそう自問してみた経験があると認めている。では、どうしてサラリーマンのままでいるのか？　その大きな理由として、彼らが勇気を「何も恐れない気力」と定義していることが挙げられる。そのため、大多数の人は、独立に伴うかなりの経済的リスクに不安や危機感を覚える自分には、勇気が欠けていると思い込んでしまうのだ。その考え方はまちがっている。私はこれまで、成功を収めた自営業者で恐怖をこれっぽっちも感じなかったという人には一度もお目にかかったことがない。

勇気とは、恐怖を覚えずにはいられない事態に対して前向きな行動をとることである。

したがって、いわゆる「起業家の素質」というのは、不安に負けずに「独りで目標に向かって進む」勇気を持つことだといえよう。成功した起業家たちは、みな自分の恐怖心と闘い、それを克服している。

もう一つ、勇気に関する誤解は、勇気も富と同じように親から受け継がれる、というものだ。この勇気と富に対する見方は、どちらも正しくない。

私は膨大な時間をかけ、勇気を発揮した人たちの分析を行ってきた。それによって得た知識が、指導カウンセラーとしての役割を果たす際に大いに役立っている。私はよく人から、サラリーマンから自営業者への転身を考えているのだがどうしたらいいか、という相談を受ける。そんなとき私は、一冊の本を渡すことにしている。たぶん、同じ本を何十冊も独立志望者たちに与えてきただろう。私が研究した勇気ある人たちのなかでも、群を抜いて際立っている人物が一人いる。1章で紹介した第二次世界大戦の名戦闘機パイロット、エーリッヒ・ハルトマンだ。撃墜した飛行機はじつに三五二機という世界記録の保持者である。

私がハルトマンの伝記を読むように独立志望者に勧めるのは、彼らがみな、勇気ある人というのは恐怖を感じない人間だと思い込んでいるふしがあるからだ。しかし、ハルトマンの伝記は、勇気というものに関して、より現実的な理解をもたらしてくれる。たとえば、次の一節のように——。

私は恐かった……大きな未知の要素がいろいろあった。雲や太陽は恵みであり、災厄であった……。

そう、世界一の撃墜王でさえも恐怖を感じたのだ。にもかかわらず、彼は勇敢に行動した。恐怖と勇気は表裏一体なのだ。恐怖のないところに勇気は存在しない。もし、もっと多くの人がこの事実を理解するなら、勇気を持った事業主、ひいては億万長者の数ももっと増えることだろう。

真のリスクは他人に人生をコントロールされること

ＭＢＡを取得した私の教え子のなかには、自分は大きなリスクをうまく回避していると思い込んでいる者が数え切れないほどいた。彼らの多くは、自営業に就くことなど考えもしなかった——いわく、リスクが大きすぎる。大手企業からのポストの申し出を受ければ、将来、失業して路頭に迷う危険性をほぼゼロに減らすことができる。それなのに、なぜ投資方法の研究などに膨大な時間を費やすのか？　会社はいつだってその中間管理職の面倒はちゃんとみてくれる。そう考える教え子たちの大多数の頭を占めていた唯一の生活信条は、ただサラリーをもらって、それで生活して、そして一生会社に面倒をみてもらえという単純なもので、それが彼らにとって理想的でリスクの少ない道だった。しかし、彼らは将来の読みを誤ったのである。というのは、現在、その大半が一人また一人と中間管理職のポストを失ってきているからだ。

たとえば、ある年のクリスマスの直前、私はある大企業に勤める知り合いの一人と話をしていた。彼は社内で起きている変革の波について、ざっくばらんに話しながら、こう言った。「年が明けたらすぐにも、一四〇〇名の中間管理職をリストラする予定ですよ」と。その後しばらく、一四〇〇世帯もの不運な家族が新年を祝っている光景が、私の頭からなかなか離れなかった。新年おめでとう！　そう祝い合う彼らの誰一人として、一家の稼ぎ頭の前途に待ち受けている運命を知らなかったのだ。

私のかつての教え子の何人かが、その不運な一四〇〇人の中に含まれていた。それらの教え子たちがクラスの優等生だったのは、なんとも皮肉なものである。一方、大学をなんとかぎりぎりの成績で卒業した劣等生たちは一流企業に就職できず、結果的に多くは自営業への道を選んだ。当然、経済的なリスクを背負う人生を覚悟したことだろうが、しかしどうなのだろう？　ひょっとすると、削減された一四〇〇人の中にいた教え子たちのほうが、実際はもっと高いリスクを背負っていたのかもしれない。そのほとんどが、たった一つの収入源、たった一筋のキャリア路線しか用意していなかったからだ。

ミリオネア・マインドを持っているのは、じつは、出来の悪かった教え子たちのほうなのである。彼らは自分の恐怖心と闘いながら、ある単純な真理を身につけていった。それは、最大で最悪のリスク、真に危険なリスクは、他人に自分の人生のコントロールを許してしまうことだ、ということである。

一四〇〇人の頭脳明晰で高学歴、仕事熱心な中間管理職が、どうしてわずか一夜にして唯一の収入源を失ってしまったのか？　ほんの一握りの経営幹部たちが、それをグッドアイデアだと考えたからである。

金持ちが考える「運」は、ふつうの人とはちがう

自力で億万長者になった人たちは、進んでリスクを負い、強い自制心や目的意識を持って一生懸命働いたことが蓄財につながったとまちがいなく答えるだろう。ところが、およそ八人に一人の割合で、自分の経済的成功を説明するのに欠かせない要素は運だったと信じている億万長者がいる。実際、彼らが運と見なしているものと高い純資産額のあいだには、非常に興味深い関係がある。

運が経済的成功をもたらすと信じる人は、高収入を得ているが億万長者ではない人たちのあいだでは約九％、一〇〇万から二〇〇万ドルの純資産を有する億万長者のあいだでも同じく約九％にとどまっている。しかし、純資産が一〇〇〇万ドルを超えるスーパー億万長者に

なると、なんと五人に一人以上（二二％）が、経済的成功を収めるのに運が〈非常に重要〉だったと信じているのだ！　また、一〇人に四人が、運が〈重要〉だったと回答した。

もし運が裕福になるための秘訣であるというなら、私たちはみなギャンブルに手を出すべきなのだろう。しかし、これらの億万長者たちが口にする「運」というのは、カジノの常連客や宝くじ愛好者にとっての運とは、いささか性質を異にする。億万長者はギャンブル業界のお得意様ではない。過去一二カ月間にカジノに足を踏み入れたことのある億万長者は四人に一人しかいない。その一人にしても、カジノのあるホテル、もしくはその近辺で開かれた産業見本市や同業者の会合に出席したついでに立ち寄っただけ、というケースが少なくない。

それでも、金持ちたちは運も経済的成功の一つの要因であると信じていて、それを自明のことのように口にするが、それは別のタイプの運なのである。運の果たす役割をとりわけ強く確信する億万長者たちは、次のように感じているのだ。

仕事に打ち込めば打ち込むほど、運もよくなるのです！

この言葉をアンケート用紙に書いてきたのは、純資産額が二五〇〇万ドルを超える人物だった。つまり、彼のような考え方をする億万長者にとっての「運」とは、天候や競争相手の出現、金融政策、個人所得の変動、景気後退といった、自分一人では制御不能な要素を左右するものなのである。

自営業を営む、純資産額一〇〇〇万ドル以上の億万長者の考え方を、高収入の弁護士や医師と比べてみるのも面白い。こうした専門職に就く人たちの大半は、自身の成功を説明する因子として運を除外する。成功は、自分の積み重ねた実績の結果にすぎないと考えるのである。彼らは学業に励み、大学で優秀な成績を収め、ロースクールやメディカルスクールに入学を許可された。そこでも必死に学んで、自分に適した専門分野を選び、賢く投資した。だから裕福になった——ほとんど、敷かれたレールの上を走ってきたようなものなのである。

だが、自営業者や起業家たちはどうか？　彼らの成功は、事業を開始した時点では、明確に予測できるものではなかった。経済的成功を収めるまでには、いろいろと予期せぬ出来事が起こった、と多くの人が語っている。だが、それらの予想外の出来事が、彼らの収支に好影響を及ぼしたのである。

こうした人々のなかには、決断を迫られたときの自身の直観が功を奏したと信じている人もいる。しかし、トップレベルの資産を築き上げた人たちのあいだでは、むしろ運のほうが、財を成すうえでより重要だったと信じられている。リスクには運はつき物なのだ。

リスクは冒してもギャンブルはしない

高額所得者一〇〇一人に、簡単な質問をしてみよう。

妥当な収益が見込めるときには積極的に金銭的リスクを負うという姿勢は、あなたの場

表 4-3

経済的リスクをとるか、宝くじをとるか 資産との関係は?

各資産レベルで、質問項目に「はい」と回答した割合(母数=1001)

リスクをとるか、宝くじをとるか	100万ドル未満	100万ドル以上200万ドル未満	200万ドル以上500万ドル未満	500万ドル以上1000万ドル未満	1000万ドル以上
「積極的にリスクを負う姿勢」が経済的成功を収めるのに非常に重要だった	18%	21%	28%	39%	41%
過去30日間に宝くじを買ったことがある	38	36	27	21	14
過去12カ月間に宝くじを買ったことがある	47	48	35	27	20

合、経済的成功を達成するうえでどれだけ重要だったと思いますか?

この問いに〈非常に重要〉と答える人は、数百万ドルを超える純資産の持ち主である確率がかなり高い(表4-3参照)。じつに、一〇人中四人以上(四一%)の一〇〇〇万ドル級億万長者が〈非常に重要〉と答えている。純資産額が一〇〇万ドル以上二〇〇万ドル未満のグループで同じ答えを選んだのは、およそ一〇人に二人(二一%)しかいない。では、億万長者ではない高額所得者の回答はどうだろう? 経済的成功の要因を金銭的リスクをいとわなかったことだと答えたのは一八%にとどまった。

リスクを積極的に負う姿勢と純資産額のあいだには、明らかに無視できない結びつきが見られる。経済誌がしばしば喧伝する「リスク対報酬」理論は、ここでもまた証明されたわけである。経済的に成功したのはリスクを冒した結果だと考える人たちは、資金の投資対象にうるさく、ほぼ全員がギャンブルを金の愚劣な浪費と見なしている。結局、宝くじが当たるかどうかは、偶然の問題でしかない。金持ちや金持ち予備軍の大半は、宝くじを買わない。ギャンブルもしない。金銭的リスクに挑む人がギャンブラーであることは、きわめて稀なのだ。

私がインタビューした億万長者たちは、確率論を理解していた。つまり、オッズ――予想される配当率をちゃんと知っているのだ。実際、宝くじの予想配当は驚くほど少なく、「宝くじに金を注ぎ込むくらいなら、毎週札を数ドルずつマッチで火をつけて燃やしたほうがまし！」である。たいていのギャンブルについて同じことが言えるが、とくに宝くじでは、購入者は選ばれる当選番号をまったくコントロールすることができないばかりか、オッズも見当がつかず、予想配当は宝くじの代金よりも安いときている。当たる確率を上げるには、もっと宝くじを買う以外に手はない。

さほど裕福でない人たちは私にこう言う。週にわずか一、二ドル、多くてせいぜい一〇ドルの金を賭けるだけだ。それに対して、当たる金額を見てみろ、と。だが、予想配当はいくらになる？　仮に、一〇〇万ドルの宝くじが四五〇万枚売り出され、そのうちの一枚を買ったとしよう。当選率四五〇万分の一に対し、賞金はたったの一〇〇万ドルである。その一〇〇万ドルにしても、そっくりそのまま手にできるわけではない。当選者は分割払いと一括払いのどちらかを選ばなければならない。もし賞金を毎年一〇万ドルずつ一〇年間にわたって受け取ることにすれば、貨幣価値で現在の一〇〇万ドルより目減りが生じる。また、一度に全額を受け取ることにすれば、課税されて一〇〇万ドルを大きく下回ってしまう。要するに、宝くじ一枚に投資した一ドルに対する真の予想配当は、一ドルより小さいのだ。五〇セントを切ることも多い。リスクに対する報酬という考え方からすれば、宝くじの類のほとんどは消費者搾取である。

表4－3を見ればわかるように、宝くじを買う頻度と、その人の資産レベルのあいだには、非常に顕著な反比例関係がある。純資産額でグループ分けした場合、過去三〇日間に宝くじを購入したことがある人の割合は、一〇〇〇万ドル級億万長者が最も低く、一〇〇万ドル未満の非億万長者が最も高かった。両者の比率は一対二・七。過去三〇日間に宝くじを買ったことがある一〇〇〇万ドル級億万長者一人に対し、非億万長者は三人近くいた計算になる。ここで注意してもらいたいのは、これら非億万長者も、年間一〇万ドル以上を稼ぐ高額所得者だということである。もし収入をもっと本格的な投資に回していたら、彼らも億万長者の仲間入りをしていたかもしれない。

「たかだか週に数ドルじゃないか」と、反論する向きもあろうが、お金の問題だけではない。時間の問題でもあるのだ。くじ一枚を買うのに一〇分かかると仮定しよう。この一〇分には、行列に並ぶ時間、売り場まで出かける時間が含まれる。購入頻度は週に一度としよう。すると、一年で五二〇分も、この大金を手に入れる可能性がほぼゼロに等しい行為に割り当てられることになる。

さらに、五二〇分というのは、換算すると八・七時間になる。標準的な億万長者の一時間あたりの稼ぎは約三〇〇ドルである。とすれば、億万長者がどうして近所の宝くじ売り場に毎週立ち寄ったりしないのかが理解できよう。その八・七時間はもっと生産的な活動、たとえば仕事や新しい技能の習得、家族や友だちとの交流に当てられるのだ。これを時給で計算すれば、億万長者が宝くじを買わずに稼ぎ出す金は三〇〇ドル×八・七時間、すなわち年間二六〇〇ドルになる。これが二〇年間続くと、その額はじつに五万二〇〇〇ドルとなる。もし、この金が全額、同じ期間ホームデポ社の株に投資されていれば、今ごろは数百万ドルに膨れ上がっていたことだろう。

同じ計算を、一時間の労働で一〇〇〇ドル近くを稼ぎ出す一〇〇〇万ドル級億万長者に当てはめてみると、宝くじを週一回買うことによって年間八七〇〇ドル、二〇年で一七万四〇〇〇ドルの損失となる。想像してもらいたい。この金額で右の例のようにうまく投資していたら、一〇〇万ドルは下らない儲けになっているはずなのだ。

独力で億万長者になった人たちは、宝くじの購入にあてる時間と金があるなら、もっと生産的な活動に回すべきだと心得ている。あまりにも多くの大人が、この望みの薄いゲームに人生の貴重な時間を費やしすぎている。宝くじ業界に長く忠誠を尽くしていれば、優れた投資家になれるだろうか？　よりよい父親、よりよい経営者になれるだろうか？

よき助言者を見つければリスクは減る

億万長者たちに見られる重要な共通点に、助言者を選ぶ能力の高さがある。この能力には、いつ助言を求めるべきか、いちばん頼れる助言者とはどういう種類の人間か、そして誰をどう選ぶか、といったことを見きわめる力も含まれている。よい助言者を見つけることは、資産を形成するうえで明らかによい影響をおよぼしている。なぜなら、よいアドバイスを得ることは、仕事や経済面での決断、さらには個人的な決断に伴うリスクを軽減するからだ。

ハート医師――金の貯まらない秀才タイプ

その医師から電話があったのは、私の記事が載ったメディカル・エコノミクス誌が発売されたちょうど二日後のことだった。その電話での会話の一部をここにわかりやすい形にして紹介しよう。

ハート　自分はいつ引退できるだろうかと考えているんです。引退には、いくらお金が必要なんでしょう？　私はいま六三歳で、去年の所得は、およそ二〇万ドルありました。

著者　そうですね。記事で紹介した私の計算式によれば、年齢に年間所得をかけたものを一〇で割れば、期待資産額が出てきます。あなたの場合、六三歳で年間所得二〇万ドルですから、期待資産額は約一二六万ドルですね。ですが、もし高級住宅街に暮らしているのでしたら、引退生活を始めるにあたって、少なくともその二倍、約二五二万ドルは必要でしょう。

ハート　二五〇万なんて持っていませんよ。では、いつになったら引退できるんでしょう？

著者　それは、あなたしだいです。

ハート　あの、じつは最近、ちょっとした事情があって、投資マネジャーを替えたんですよ。それまでは長年、フィラデルフィアにある有名な資産マネジメント会社に老後資金の管理を任せていました。手堅い仕事ぶりでしたが、投資はもっぱら優良企業の株に限られていました。

著者　その会社なら知っています。信用が厚く、古くからある会社ですね……。保守的な経営方針をとることで定評のある会社です。

ハート　あのう、それが投資マネジャーを替えた理由でもあるんですよ。あまり成果がぱっとしなかったもので。

著者　現在、老後資金はどんな具合ですか？

ハート　じつは、電話をおかけしたのも、そのことでなんです。困ったことになりました。何もかも失ってしまったんです。文字通り何もかも。一五〇万ドル以上です。

著者　何があったんです？

ハート　二年ほど前に、あるセミナーに招かれましてね。その講師は全国を回っている有名な資産マネジャーだということでした。これまでの実績がすべて数字やグラフで表わされていて、私のやってきた投資よりも一〇倍も素晴らしい成果を出していました。私はその人の話にすっかり感銘を受けて、その人に運用をまかせれば、まちがいなく自分も金持ちになれるような気がしたんです。

著者　どんな種類の投資を売り込んでいましたか？

ハート　非公開企業への出資や、不動産、エネルギーやハイテク株などです。

著者　あなたの公認会計士や弁護士は、それらの投資について、何とアドバイスしましたか？

ハート　相談しませんでした。

著者　セミナーを受ける前には一五〇〇万ドルもあった資金が、セミナー後にどうしてゼロまで減ってしまったんです？

ハート　その人物の言葉を信じてしまったんです。見せられる数字に感心し、自分のそれまでの投資のやり方に幻滅しました。だから、マネジャーを替えました。ところが、新しいマネジャーが一セント残らず失ってしまったんです！

この不運な相手に、私は何と言ってやればよいのか？　彼の質問は、「いつになったら引退できるでしょう？」というものだった。そんな日は絶対に来ないだろう、というのが、おそらく答えだ。

ハート　お願いがあるんです。私の老後資金をこれからもっと上手に管理できる誰かをもしご存じなら、教えていただきたいのですが。

著者　残念ながら、優秀な投資アドバイザーのリストは持ち合わせておりません。ですが、経済的に成功した方々の多くが投資アドバイザーに関して何と言っているかをお教えしましょう。あなたは、会計士か弁護士を雇っていますか？

ハート　ええ、でも、彼らに投資のことがわかるでしょうか？

著者　今度、何か方針を変えたいと思ったときは、会計士と弁護士の両方に意見を聞いてみることです。もし、そのような判断はできかねると言われたら、誰か同業者を紹介してくれるよう頼んでみるといいでしょう。

私はさらに、プロの投資アドバイザーを見つけて、投資に関する私設顧問団の一員にするようにとも提案した。顧問団には他に、ベテラン会計士と一流の弁護士も加えるべきである。会計士も弁護士も、年々増えつづける証券ブローカーや資産マネジャー、フィナンシャル・プランナーなどのなかで、誰が質の高い仕事をしているか判断できるはずだからだ。会計士は、自分のどの顧客が投資をしているかを把握している。そういう顧客に各自の投資アドバイザーの名前を尋ねればいいのである。

億万長者はよき助言者を持つ

想像してみてほしい。ハート医師は私に電話をかけてくるまでの数年間、身近にいる顧問団をまるで無視してきた。もし、これらの顧問団が自称資産マネジャーの「ミスター有名人」のセミナーに同行していれば、ハート医師は今頃は安心して引退できたかもしれない。あるいは、従来通りに「老舗の保守的な資産マネジメント会社」に資産運用を任せておくだけでも、老後の貯えはすでに三〇〇万ドルを突破していただろう。

もっと簡単な話、ハート医師は、問題の投資セミナーからの招待を自分で退けることもできたのだ。もしあなたが同じ立場にあったなら、セミナー主催者のオフィスに電話して、次のような質問をしてみるとよい。招待状の何割を弁護士に送りましたか？　ハート医師の例では、その割合はおそらくゼロだろう。投資に関して不正な金儲けをたくらむ輩は、法律関係者を極度に恐れる。以前、ある億万長者は私にこう語った。「連中は弁護士を食い物にしようとはしないものだ。金を返せと訴えられたら困るからね」。あるいはセミナーの主催者に電話して、弁護士を連れて行っていいかと尋ねてみるのも手だ。それに対する反応から、相手の意図が推し測れるはずである。もし相手が、誠実で斬新なアイデアを持った本物の投資専門家なら、弁護士にも説明会に参加するよう積極的に勧めるはずだ。弁護士はしばしば、億万長者の陰の投資顧問の役割を果たしているからである。

億万長者の大半は、投資アドバイザーを少なくとも三人は持っている。多くの場合、専任の公認会計士や信頼のおける弁護士を投資顧問チームに迎え、彼らの助けを借りて、証券ブローカーやフィナンシャル・プランナー、保険営業マンなどの選別をしている。そこには自動的に、「チェック・アンド・バランス」のシステムが機能している。会計士や弁護士と連結したクライアントに対しては、証券ブローカーもよいサービスを提供しなければ、と考えざるをえない。もしクライアントに影響力のある助言者が複数ついていれば、お粗末なサービスや悪い評判は、すぐに知れわたってしまうからだ。

社会に出たら、信頼できる公認会計士や弁護士と一生つき合う——長い目で見れば、それがいちばん有益なやり方である。ハート医師のように、誰にも財政的な助言を求めず、すべて自分で決断するワンマン型の人は、自力で財を築いた億万長者のあいだでは稀な存在なのだ。

ワンマン型の転落

どうしてハート医師のような人たちは、「安全ネットなしの綱渡り」をするのだろうか？　一生の貯えを投資するとなると、なぜワンマン型人間になってしまうのか？　多くの調査結果から、その理由が明らかになってきた。

ハート医師は昔も今も学者肌の人間である。大学やメディカルスクールではもちろん勉学に励んできたし、現在でも、物を読んだり書いたりする習慣を持っていて、いまだに学究の人であることがわかる。要するに、彼は高いレベルの分析的知能の持ち主なのである。調査結果によると、そのようなタイプの人たちで、投資に関する決断をする際に、会計士や弁護士といった専門知識を持つ助言者を利用する人はごく少数である。SATとの関連で言えば、一四〇〇点以上をとったミリオネアのうち助言者を利用しているのは約四〇%。それに対して、得点が一〇〇〇点以上一二〇〇点未満のグループでは六〇%を超えている。

ここから、どんな結論が導き出されるだろうか？　非常に高い分析的知能を備えた人たちのなかにワンマン型投資家になってしまう人が多いのは、そうした人たちが必ずしも現実的な知識を備えているとはかぎらない、ということだ。ハート医師のようなタイプの人は、大学やメディカルスクールで分析的知能を大いに磨いたが、知性を構成するもう一つの要素、すなわち人を的確に判断する能力をなおざりにしてしまいがちなのである。高所得層を職業別に見た場合、以下のように回答する率は、医者がいちばん少ない。

学校では、いかに人を正確に判断するかを学びました。

つまり、医者はあまり人を見る目を養わなかったということになる。その結果——

秀才タイプに金は貯まらないということになる。

この皮肉な現象を説明する説はいくつもあるが、私がグループ取材をした相手のなかに、

その理由をうまく要約した人がいた。

お金なんて、じつに退屈ですよ。

そう、高い知性を備えた秀才タイプのなかには、そのような考え方をする人がいるのだ。心臓の外科手術をしたり、高次方程式の出てくる難しい数学の問題を解いたりするほうが、「銭を数える」よりも、やりがいがあり胸が高鳴る人たちだ。どちらかを選べと言われたら、そういう人は億万長者になるよりもノーベル賞の候補者になるほうをとるだろう。そのための時間や労力を、投資アドバイザーとのつき合いで奪われてしまうのは、彼らの望むところではないのだ。

さらに説得力のある説もある。ハート医師のような秀才タイプの人たちは、どんな助言者よりも自分のほうが賢いと考えてしまいがちなのである。だが、自分の頭を過大評価するのは考えものだ。秀才タイプほど高い知能を持たない高額所得者の大半は、優秀なプロのアドバイスを聞きもせずに、投資に関する重大な決断は決してしない。

それではここに、自力で億万長者になった人たちから教えられた新たな教訓を、まとめてご紹介しよう。

- **有能な投資アドバイザー、とくに公認会計士や税務専門の弁護士に助言を求める必要な**

どない、というプライドは絶対に捨てる。

- 独断で投資して得られる目先の短期的利益よりも、一流の公認会計士や弁護士を雇って得られる長期的な利益にもっと敏感になる。
- 他人の能力を見極める自信がないのなら、そういう力のあるアドバイザーを雇う。

億万長者は誰に投資の相談をするのか?

私はよく、投資や財務のアドバイザーについて質問を受けるが、そんなときは億万長者たちがアンケートで回答してくれたことを答えることにしている。「自力で億万長者になったアメリカ人の三分の二以上が、公認会計士や弁護士のアドバイスに頼っていますよ」と。もちろん、この二つの職業に就いている人たち全員が、投資のアドバイスを提供できるわけではない。理想的な顧問団をつくり上げるには、それなりの探求と努力が必要になる。

ではここで、私が一八五人の億万長者を対象に行ったある地域調査の結果を紹介しよう。対象としたのは、最低でも五〇〇万ドルの純資産を持つミリオネアたちである。各自に以下の四つの質問をした。

1　過去一二カ月間に、投資アドバイスを誰から受けましたか?
2　そのアドバイスは投資目標を達成するうえで、どれくらい役に立ちましたか?
3　その他に、過去一二カ月間に資金運営上のサービスを誰から受けましたか?

4　それらの各サービス提供者からどの程度の質のサービスを受けましたか？

億万長者たちの大半は、調査に先立つ一二カ月間に投資アドバイザーとして公認会計士（七一％）や弁護士（六七％）を利用していた（表4－4参照）。四人に三人（七五％）が、会計士から受けた投資アドバイスを、投資目標の達成に非常に役立ったと評価し、五人に四人近く（七八％）が弁護士からのアドバイスを同様に評価した。そして全体の半数近く（四六％）が税理士からアドバイスを受け、そのうちの八二％が、アドバイスは非常に効果的だったと答えている。

面白いことに、証券ブローカーから助言を受けたという人は二一％しかいないにもかかわらず、そのうちの過半数（六二％）は、アドバイスが非常に効果的だったと述べている。ただ、証券ブローカーには、むしろ投資アドバイスの提供以外のサービスを求める億万長者のほうがずっと多い。およそ四分の三に近い人たち（七二％）が、実際の株取引などの実務処理を依頼している。また、証券会社が作成する調査レポートを読み、それを参考にしている億万長者も同じくらい多い。

なかでも、あるスーパー億万長者――ここでは仮にアルヴィン氏と呼ぶことにする――は、自身の証券ブローカーや弁護士の雇用の仕方を詳しく語ってくれた。その考え方は、数多くの億万長者の意見を代表しているといえるものである。投資コンサルタントを証券ブローカーのなかから探している人にどうアドバイスするかという問いに、アルヴィン氏はこう答え

表4-4

億万長者の相談相手：投資アドバイザーと、その他のサービス提供者（母数=185）

投資アドバイザーの種類	投資アドバイス		その他の資金運営上のサービス	
	受けた	非常に有益だったと評価する	受けた	優秀もしくは良質だったと評価する
公認会計士	71%	75%	85%	87%
弁護士	67	78	81	84
税理士／税務コンサルタント	46	82	48	88
親友	38	61	23	72
仕事仲間／同僚	35	69	28	75
生命保険業者	29	32	35	66
不動産業者	25	28	35	69
民間金融業者	22	60	52	70
証券ブローカー	21	62	72	64
信託会社	18	55	55	50
親戚／配偶者	16	64	11	60
フィナンシャル・プランナー	15	70	15	65
投資／資産マネジャー	14	56	16	65

た。

そう……推薦できるような人は一人もいませんね。推薦するつもりもありません。私が証券ブローカーを雇うのは、指示通りの取引をさせるため、ただそれだけです。証券ブローカーから話を聞く気なんてありませんよ。今日は何曜日か、今何時かといった程度のことをいちいち聞かされたくありません……。口出ししないブローカー、推奨株を押しつけてこないブローカーがいいですね。こちらがやってほしいと思う仕事だけをやってくれるブローカーがいちばんです。

アルヴィン氏がブローカーに求める仕事とは、取引業務と、アナリストなどの専門家が作成する調査レポートの提供、この二つだけである。しかも今では、私が取材してきた「アルヴィン氏」たちの多くはインターネットを使って自分で投資情報を集めたり、取引を実際に手がけるようになっている。

それでは、アルヴィン氏はどうやって指図どおりに動く証券ブローカーを見つけたのか?

そのように働いてくれる証券ブローカーを「見つける」のではありません。そういうふうにやってくれるよう、自分でブローカーを仕込むんです。

アルヴィン氏は投資ポートフォリオに変更を加える前には、大量の調査レポートを読むばかりでなく、しばしば弁護士や会計士にも意見を求める。

アルヴィン氏は、自分の暮らす地域にある一流の法律事務所から一流の弁護士を雇うのがベストだと信じている。才能ある人間を雇うには、これが最も手っ取り早く、最も経済効果の上がる方法だという。だが、一流の法律事務所は、法外な料金を取るのではないだろうか？　アルヴィン氏によれば、ちがうのである。

私は長年、個人弁護士や小規模な法律事務所とつき合ってきましたが、概してそういう所は、ただ法律書を読んでいるだけでも労働時間として一時間数百ドルもの料金を請求するんです。それに比べ、規模の大きい一流の法律事務所に行けば、ありとあらゆる分野のスペシャリストがいます。たとえば、オフショア・ファンドの取引について知りたいと思ったら、それに通じた人間がちゃんといるといった具合です。

だから、そうした一流法律事務所のシニア・パートナーに電話して、こう言います。「チャーリー、オフショアに詳しい人間と話したいんだが」。すると、「わかりました。ぴったりの者がいます」という答えが返ってくる。そこで出かけていき、その専門家と数時間話すわけです。

こうしてアルヴィン氏は三時間分の適切な投資アドバイスに一〇〇〇ドル近くを支払う。

しかし、それから生み出された利益は彼にとって、その高い料金を払うだけの価値があるものなのだ。なぜなら、オフショアの専門家でもある税務担当弁護士は、アルヴィン氏に次のようなアドバイスまでしてくれるからだ。

アルヴィン、オフショアに本気で投資したいのなら、やってみるんだね。……もしそのために所得税法にひっかかって懲役を食らうことになっても、たとえ二〇年かかろうと必ず刑務所から出してあげるから！

勝算を上げる

あなたがいま、ベンチャービジネスを起こす企画を温めているとして、それが実を結ぶ確率はどれくらいだろう？　あなたは妥当な収益が見込めるなら、リスクに挑むタイプの人間だろうか？　ひょっとするとあなたは、自分には「ベンチャーする」勇気が欠けているのではないかと思うかもしれない。あるいは、勝算が低すぎはしないかと迷うかもしれない。だが、自分の勇気に疑問を抱く前に、次の事実を考えてみてほしい。つまり、リスクに挑む億万長者の大多数は、勝負に勝つ確率を高めるためにさまざまな手を打つということである。ここでは、それらの手段のいくつかを述べてみたい。

表 4-5

決定的な成功要因：
リスク挑戦者とリスク回避者（母数=1001）

成功要因	回答率[%] （ ）はリスク回避者
1 自分の事業に投資する	52（7）
2 賢い投資をする	56（12）
3 人が見逃しているビジネスチャンスを見つける	52（10）
4 高収益を見込める「市場の隙間」を見つける	42（10）

市場の隙間を狙う

一〇〇〇万ドル以上の純資産を持つ億万長者のほとんどは、蓄財に成功した要因を、自分が自営業であること、そして他人の会社に投資するのではなく、自分の事業に資金を注ぎ込んだことだと考えている。自分の事業なら自分でコントロールできるが、他人の会社はコントロールできないし、株価を決めることはおろか経営方針の指示もできない、と億万長者は語る。また、たいていのミリオネアは、ある特定の業種でなら、他の誰よりもうまく商売できると信じている。「ある特定の業種」というのが、ここでのキーワードだ。リスクを負って成功した人たちは、市場の隙間を狙ったのである。他人が手を出していない領域、あるいは競合相手がごく少数しかいない領域を市場にしたのだ。

リスク挑戦者と自認する億万長者を、それ以外の要因で成功したとする億万長者と比較してみると面白い。表4-5にあるように、リスク挑戦者たちは、自分の経済的成功を説明する際に、その他の要因も重要だったと評価する割合が格段に高い。リスクに挑戦する人々の大半にとって、本当に勝算を下げてしまう悪条件とは、他人の事業に投資することである。彼らの哲学によれば、最高のボスは自分自身である。さもないと、自分の望みや経済的な目標を慮《おもんぱか》ってくれるとは限らない人間に、人生をゆだねることになってしまう。

進んで経済的リスクを負ったことが成功をもたらしたと考えるのは、高所得層のなかでも、事業主がいちばん多い。二番目に多いのが会社役員で、次が医者、最後に弁護士と続く。これらリスク挑戦者たちの大部分が自営業なのである。

慣れ親しんだ業界でチャレンジ

億万長者を研究してきた二〇年の経験から、私は彼らが自営業に伴うリスクを減らすために多大な努力を払っていることを発見した。これだけ長年にわたって金持ちの研究を続けているにもかかわらず、次のようなことを口にする億万長者は、めったにお目にかからない。

単に自営業がよさそうに思えただけなんです……ただ単に掘削請負業者か、魚油の卸売業者か、サンドブラスト加工業者になりたいと思っただけですよ。

独力で億万長者になった人々を対象としたインタビューでは、ほぼ全員が、選択した業界で何らかの経験か技能を有していた。そして多くの人が、起業すると決断を下す前に、さまざまな業種の収益率を研究していた。いろいろな職業の収益率を検討したうえで起業家の世界に飛び込む割合は、リスク挑戦者のほうが、非リスク挑戦者の二倍近くに上る。各業種の将来性や収入の変化を理解している割合も非常に高い。要するに、リスク挑戦者が成功した要因の一つは、決断する前に宿題をたくさんこなしていることだといえる。また、どういった業種なら楽しんで仕事ができるか、という直観も働いているようだ。通常、そこには少なくとも二つの段階がある。リスク挑戦者たちは、まず自分が愛情を覚える仕事を選ぶ。それは資金云々の問題ではなく、その仕事に一体感を抱けるかどうかである。最初はただの従業員であることが多いが、しだいにその業界に愛着を覚え、この仕事でなら一生やっていけるという直観を抱く。

第二の段階として、リスク挑戦者は自分なりのビジネスの構想を温めるようになる。そこには、その業界に対する愛情、知識、技能、経験、そして潜在的顧客や納入業者などとのつながりといった人間関係が、大きく関わってくる。こうした諸条件がそろった場合、自営業を始める真のリスクとはどのくらいあるだろうか？　ほとんどの人が想像するよりもはるかに少ないリスクしかない。同じ業種内か関連業種間で従業員から自営業者への転身をはかるのは、まったく新しい業界の仕事を習得するのに比べれば、越えるハードルがずっと少ない。もしその業界、業種が好きで、その仕事に関わる人たちにも親しみを覚えるならば、成功するのはさらに容易になる。

リスクに積極的に挑む人は、それを避ける人に比べ、経済的成功の一因を「仕事への愛情」だとする割合が約二倍にのぼる。

いわゆる第六感——チャンスを知る

経済的リスクの挑戦者は概して、「他の人には見えないビジネスチャンスが見える」特別な感受性を持っている。それは、自力で億万長者になった人たちを取材するうちに浮かび上がってきたあるパターンから明らかだ。つまり、資産レベルが高い人ほど、周りの人が気づかないチャンスを察知できる能力が役に立ったと回答するのだ。

リスク挑戦者と呼ばれる人々は、失敗する危険性を減らし、成功する確率を上げる術を知っている。それは、他人が見過ごしているか避けているビジネス分野に投資することで、そうすれば競争相手は寄ってこない。ビジネスチャンスに対する感受性のちがいから、ふつうの人には、そこにある光が見えないのだ。億万長者がどうやってビジネスチャンスを選び取っているかは、次章「金持ちになれる仕事、なれない仕事」で詳しく論じたい。

もし素晴らしいアイデアがありながら、誰も相手にしてくれない場合には、どうしたらいいか？　どうやって自分のアイデアを売り込んだらいいのか？　億万長者のほとんどは、他人に「自分のアイデアを売り込む才能」を備えている。それは、成功した事業主や会社役員のトレードマークといってもいい。だが、同時に彼らは、自分のアイデアを売り込みやすい相手を見分ける方法も知っている。説得しやすい相手とは――勇気ある人たちなのだ。

チャンスを見抜く力と勇気が見事に一体化した好例は、レイ・クロック氏がマクドナルドのフランチャイズ権を売り込むときに用いた戦略に見ることができる。その戦略の根底には、勇気ある人間を探せ、という方針があった。信じられないかもしれないが、今やファーストフード界の王様とも称されるマクドナルドのフランチャイズ権も、当初は売ることが難しいと思われていた。しかし、クロック氏には先見の明があった――ふつうの人間には見えないものが見えていたのである。

クロック氏は秘書に対し、予約なしに訪問販売にやってくるセールスマンはすべてオフィスに通すように指示した。生命保険から聖書まで、ありとあらゆるものを熱心に売りたがる人種とは、どのような人間か？　クロック氏は、そうした販売のプロこそ勇気と度胸を備えた人たちだということを知っていた。予約を取らずにセールスに飛び込んでくる勇気があるなら、マクドナルドのフランチャイズ権を購入し、チェーン店を構える度胸もあるはずだと見たのだ。彼は正しかった。この、クロック氏の「販売のプロに売り込む」アイデアについては、ジョン・ラヴの優れた名著『マクドナルド――我が豊饒の人材』に詳述されている。この本は、先見の明とは何かを理解したいと思う向きには、必読の書である。

前向き思考を忘れるな

この国で経済的成功を収める人たちは、積極的にリスクをとる勇気を持っている。そして、勇気は幾度となく試される。たとえば、事業を始めるために、自分の財産すべてを抵当に入れたとき。あるいは、大成功を収めている法律事務所のパートナーの地位を捨て、独立開業に踏み切ったとき。あるいは、自社製品を別のものにがらりと切り替えるとき。こうした決断から生じる恐れや不安に、億万長者はどう対処しているのだろうか？

表４－１で示したように、彼らの用いる最も重要な手法の一つは「自分を信じる」ことだ。このフレーズは、ある有名な本の冒頭に掲げられた文句と似ている。ニューヨーク・タイムズ紙のベストセラー・リスト最長連続掲載記録を誇る、ノーマン・ヴィンセント・ピール著『積極的考え方の力』である。初版は一九五二年だが、いまだに版を重ねている名著で、これまでに二〇〇〇万部以上売れ、数多くの人々に影響を与えた。ピール博士の教えを取り入れたビジネスマン向けの講演やセミナー、激励のスピーチ、心療セラピーなどの数ははかり知れない。

聖書からの引用を多用したピール博士の教えは、億万長者のなかでも篤い信仰心を持った人々に、とくに好評である。しかし、それほど信仰心を持たない人も、ピール博士の教えの一部を、おそらく知らず知らずのうちに採用している。

ピール博士のアドバイスに共鳴する有名な専門家や著述家もいる。私はかつて一三年間、ジョージア州立大学のマーケティング学部で、デイヴィッド・シュワルツ教授とともに教鞭をとっていた。彼の著書『大きく考えることの魔術』はじつに三五〇万部以上売れたベストセラーとなった。大きなことを成し遂げたければ、大きな考え方をすることが大事だと説いた本である。

デイヴィッドに、彼自身の成功について尋ねると、常に前向き思考を忘れないようにしているという答えが返ってきた。絶えず成功することを思い、絶対に失敗は考えないようにしているというのだ。

なあ、トム、人は前向きにも後ろ向きにも考えることができる。でも、一度に考えられるのは、どちらか一方だけ……どっちを選ぶかは、当人しだいだ。きみは前向きな人間と後ろ向きな人間のどちらになりたい？　私はこれ以上前向きになったら、かえって精神の健康が心配になるほど前向きな人間さ。

デイヴィッドは全身から楽天的なエネルギーを発していた。たとえ恐れや不安を感じるようなことがあっても、プラス思考でそれらを圧倒した。デイヴィッドは他の成功者たちと多くの共通点を持っている。恐れや、それに類した消極的な感情をどう処理するかを心得ているのだ。『大きく考えることの魔術』にも書かれているように、彼は成功を願う人々に次のように助言している。

- 成功だけを考え、失敗は絶対に考えない。
- 自分を強く信頼する心を養う。
- 大きく考える。

億万長者たちは、こうしたデイヴィッドの指針に従っている。自らの思考プロセスをコントロールすることにかけて、億万長者はじつに巧みである。彼らは成功を引き寄せるようなやり方で物を考え、行動する。ひょっとして自分は劣っているのではないか、という気の迷いは捨て去る。デイヴィッド・シュワルツは、『大きく考えることの魔術』の締めくくりとして、古代ローマの劇作家プブリリウス・シルスの言葉を引用した。

賢者は己の心の主人となり、愚者は奴隷となる。

もし自分が成功するはずはないと思い込んでいたら、人はまず成功しない。他人に対して劣等感を抱いてはいないか？　経済的リスクをほんの少し負うだけで、体中の力が抜けるような恐れを覚えるのではないか？　この二つの質問に対して、今日、あまりにも多くの人からイエスという答えが返ってくる。恐れと不安は、劣等感と表裏一体なのだ。

リスクに挑む億万長者のほとんどは、ポジティブ・シンキングを実行し、不安や恐怖心を克服する術を身につけている。そうすることができる人が、財を築くことができるのだ。

自分を信じきる方法は——リスクへの挑戦者と回避者のちがい

調査した億万長者のほぼ全員が、恐れや不安を乗り越えて成功を収めるための重要な鍵は、次の心理プロセスだったと回答している。

自分を信じきる。

彼らとて、常に完全無欠な自信が持てるとは限らない。とくに、人生の大変革や一世一代の大きな賭けに挑もうとしているときにはそうだ。しかし彼らには、リスクを冒す際に自信を失わないためのノウハウや技術がある。

リスクに挑む人は、それに必ず伴う恐れや不安をどうやって減らしているのだろうか？リスクを避ける人とは、どう異なるのか？　この疑問に答えるために、私は調査対象者一〇〇一名全員の回答を分析した。このうち億万長者は七三三名で、残りは高所得を得ているものの億万長者ではない人たちである。リスクを最も嫌っていたのは後者、すなわち高所得・低資産の回答者たちのほうだった。わかりやすく言えば、彼らは浪費家であり、投資家ではない。
リスクへの挑戦者は、リスク回避者とは対照的に、恐れや不安を軽減する行動や思考プロセスをとる傾向がはるかに強い。リスク挑戦者は、自己への信頼を高めて勇気を強化し、最終的には経済的成功を収める確率を上げるシステムを我がものにしている。以下に、そのテクニックのいくつかを紹介しよう。

配偶者に相談する（リスク挑戦者の七一％、リスク回避者の五九％）

夫や妻となるべき相手を、リスク挑戦者はとくに慎重に選ぶ。これは疑いようのない事実である。統計から見ても、彼らは配偶者を選ぶ際に、ある種の資質に対してきわめて敏感だ。たとえば、思いやり、賢さ、包容力、自制心、安定度、温厚さ、道徳心、頼もしさ、地に足のついた性格、などである。リスク挑戦者はリスク回避者に比べ、結婚生活を成功させる秘訣は、謙虚で辛抱強く、陽気で非利己的な伴侶を持つことだと答える割合が著しく高い。

これらの資質は、投資が収入の一端を担っている家庭では、とりわけ重要である。現金収入や事業投資で得られる収益には浮き沈みもある。夫婦の投資への取り組みは、住居や車、休暇などよりも優先される。新婚時代はとくにそうだ。とはいえ、あらゆる人間がリスク挑戦者の配偶者にふさわしいわけではないから、億万長者の予備軍は配偶者選びには慎重にならざるをえない。詳しくは6章の「金持ちになるための配偶者の選び方」で触れたい。

欠かさず定期的に運動する（リスク挑戦者の六四％、リスク回避者の五三％）

スポーツで培った精神力を行使する（リスク挑戦者の五五％、リスク回避者の四三％）

歯科医のピーターソン氏は、高校、大学時代とスポーツをやっていたものの、その後は常にベストな体調を保っていたとは言いがたかった。そこで、自分の歯科医院を開業して五年ほど経った頃、心機一転して体力をつけようと個人トレーナーを雇った。

トレーナーが立てる運動計画に沿ってトレーニングを開始してからというもの、ピーターソン氏の体調はすこぶるよい。肉体の鍛錬と、リスクへの対応能力のあいだには深い結びつきがある、と彼は言う。リスク挑戦者を自認するピーターソン医師は、最新の医療機器や設備を導入するために、定期的に多額の投資を行っている。しかし、何百万ドルという資金が果たして全額回収できるかとか、次の設備投資の費用を捻出できるだろうかといった心配はめったにしない。

ピーターソン氏が毎朝ジムで行う運動のメニューは、若い海兵隊員が新兵養成所で課せられる訓練プログラム並みといっていい。このトレーニングを通して、肉体的な力だけでなく精神力も鍛えられた、と彼は信じている。前向きな気持ちを維持するのがずっと楽になったという。

ピーターソン氏は、不安やパニックは鍛錬不足の身体や精神から生じる、と強く考えるようになった。仮に彼が毎回、多額の事業投資を考えるたびに怖じ気づいていたら、どうなっただろう？　結局、投資をあきらめていたにちがいない。もしそうなら、ニューヨーク州ナッソー郡随一の収益を誇る医療ビジネスを経営することはなかったはずだ。

前向きな性格や勇気は、持って生まれたものだ、と主張する人もいる。だがピーターソン氏によれば、そうではない。トレーニングをせずに、ストレスに満ちた環境で健康的かつ前向きな精神状態を維持し、冷静さを失わないことは可能だと思うだろうか、と私は彼に尋ねてみた。「無理ですね」と、彼は答えた。「両親の性格はどうでもいいことです。運動による肉体的な疲労は、仕事がらみのストレスや金銭的なリスクにさらされている人たちの、消極的な部分を取り去ってくれるんです。軍隊の最精鋭部隊や一流スポーツ・チームのメンバーが、なぜベストの体調を保っていると思います？　毎朝少なくとも一時間は運動しなければ、私は引退するか、別の仕事を探さなければならなくなるでしょう。パニックを起こせばミスを犯します。この業界でミスを犯したら、長くやっていくことはできません」

不安を撃退する（リスク挑戦者の七四％、リスク回避者の五一％）成功をイメージする（リスク挑戦者の七六％、リスク回避者の五七％）

リスク挑戦者を私は「ペンとメモ帳」の人と呼んでいる。彼らは新規事業案のプラス面を紙の片側に、マイナス面を反対側にすべて書き出す。そして、マイナス側のリストをじっくり検討してから、プラス材料でマイナス材料を一つずつ潰し、不安を消していく。いかにリスク挑戦者といえども、プラス材料がマイナス材料を上回る場合にしか、行動は起こさない。

プラスとマイナスを天秤にかけるこの作業は、リスク挑戦者にとって、成功をイメージするという大切なプロセスも兼ねている。その事業で、どういったメリットがあるかを余さずイメージするのだ。リスク挑戦者は多くの場合、組織のリーダーでもある。自分自身で成功をしっかりとイメージできれば、部下にも同じ成功のイメージを与え、部下が抱いている恐怖を取り除いてやることが可能になる。彼らは壮大なビジョンを持った革新家であり、教師であり、売り込みのプロ、部下の励まし役である。そして何よりもまず、自分自身の励まし役でもある。

信仰と成功には密接なつながりがある

自分の資産を危険にさらす際の恐れや不安を克服する能力の源泉が、篤い信仰心にあると語る経済的成功者は多い。億万長者の一〇人に四人近く（三七％）が、そういった場合の大きな心のよりどころとなるのが「篤い信仰心」だったと述懐している。信仰心が高まるにつれ、自信も高まる。自信が高まれば、さらに大きな新しい挑戦やリスクに向かって足を踏み出すことができるようになる。

調査によれば、篤い信仰心を持つ億万長者の七五％は恐れや不安に直面したとき、神に祈る。それほど信仰心がないミリオネア・グループでは、祈る人はわずか八％にすぎない。比率にして、じつに九分の一以下である。

信仰心と密接なつながりを持つ成功の要素は、他にもいくつかある。それらを回答者の多かったものから順に並べてみよう。

- 誰に対しても正直である。
- 支えとなる配偶者がいる。
- 人とうまくやっていく。
- 自分の職業／事業を愛している。
- 肉体的に健康である。
- 強いリーダーシップを発揮できる。
- 賢い投資をする。
- 人が見逃しているビジネスチャンスを見つける。
- 妥当な収益が見込めれば金銭的リスクを冒す。
- よき指導者がいる。
- 自分の事業に投資する。
- 自分の収入の範囲内で生活する。
- 優秀な投資顧問がいる。

億万長者は、もっと自分にお与えください、と神に祈るのではない。神の導きを求めるのだ。神を信じることが自信につながったと語る人は多い。たしかに、今の職業が自分にいちばん合っていると心の底から確信することは、成功するための近道だ。神を信じる心は疑念をなくし、自分自身と自分の仕事を信じ、肯定する心を生む。信仰心の篤い億万長者の多くは、神を自分のよきアドバイザー、最高の師と考える。日頃から宗教書をよく読み、それらの書物から恐れや不安、心配事に立ち向かうための洞察力を学びとるのである。

神とパートナーを組む

トーロ社の会長兼CEOのケン・メルローズにとって、信仰は勇気の源であり、会社の経営再建のために苦渋の選択を迫られたときの精神的な指針となった。一九八一年、彼が一一年勤めた会社は混乱状態にあり、財政難に瀕していた。役員会で社長に任命されたとき、彼はこれから自分の手で何百人もの社員の生活を左右する、辛い決定を下さなければならないだろうと覚悟した。

「社員の解雇、リストラ、工場の閉鎖……私の性分とはまるで相容れない、難しい決断に踏み切るには、神というパートナーを信じる気持ちが必要でした」と、メルローズ氏は回想する。「多くの人々が職を失おうとしているのです。どうやって会社を引っぱっていけばいいのだろう、経営の立て直しを図ると同時に社員一人ひとりのことも親身に考えてやれる方法はないものかと、あれこれ模索したのを憶えています。当時、私はまったく途方に暮れていました」

そこで彼は、神に導きを求めた。コンピュータ端末のすぐ上に、次のような紙を貼り付けたのである。

おまえが今ここにいるのは神のご意志だ。

「その文句はとても鮮烈で、本当に力の源になりました」と、メルローズ氏は言う。「毎朝、神にお願いしました。今日この日を無事に切り抜けさせてください、あなたのお導きが必要なのです、私一人ではできません、と。この会社を苦境から救い出し、私を正しい決断に導いてくださるのは神しかおられないと信じていました」

メルローズ氏は結局、一三〇〇人の社員のうち五〇〇人近くを解雇する決断を下した。トーロ社は解雇によって空きビルとなった社屋の一つに、元社員の再就職を応援するワークセンターを設置し、無料で使える電話やカウンセリング、その他のサービスを提供した。その結果、会社が復興を成し遂げたあと、そのとき解雇した元社員の多くが社に戻ってきてくれた、とメルローズ氏は誇らしげに語る。

会社がどん底から這い上がり、存続の確証が得られるまでに約二年かかった。今では、メルローズ氏はキリスト教の教えを基に、トーロ社の硬直した上意下達式の社風を廃し、社員参加型の人間的な職場環境への転換を図っている。

真の発明家

成功した事業主であるヘンリーは、大変な金持ちであるばかりでなく、彼が通う教会で最も尊敬を集めている信徒だった。強いリーダーシップの持ち主で、教会の牧師たちにとって大事な相談相手である。教会建設の資金を募ったときには、惜しみない寄付をした。

ヘンリーの両親は小作人だった。子供たちに財産はほとんど残さなかったが、それよりもっと大事なものをヘンリーとその兄弟姉妹に贈った。この贈り物をヘンリーはうまく利用したのである。彼にこう尋ねてみるとよい。事業を経営していくうえでのリスクに、どう対処しているのか？　どうすれば、資産を危険にさらした際に湧き起こる不安を克服することができるのか？　そしてまた、高学歴者に対する劣等感をどう処理しているのか？　ヘンリーはこう答えるだろう。

篤い信仰心を持つことです。

篤い信仰心は、ヘンリーにとって恐れや不安の対処法として役立っただけではない。彼は機械にめっぽう強く、彼の会社の製品の多くは、彼が発明したものである。そのなかでもいちばんのヒット商品のアイデアを、彼はどこから思いついたのだろう？　ある晩、夢で見たのである。夢の中で神が現れ、アイデアを教えてくれたのだという。ヘンリーは自分がその発明者だとは思っていない。神が発明したのだから。

これはなにもヘンリーに限った話ではない。神との一対一のつながり、篤い信仰心――それらは極度の貧困や不利な学歴を克服した億万長者の大半が持っているものなのだ。

心を強くし、かつ勇《いさ》め。汝の行くところすべてにて汝の神、主の共にいませば、恐るるなかれ、おののくなかれ

——ヨシュア記第一章第九節

5 金持ちになれる仕事、なれない仕事

なぜメルは、資産一〇〇〇万ドル級の億万長者になれたのだろう？　理由はいろいろあるが、そのなかの一つがとくに注目に値する。それは、私がインタビューしたミリオネアの多くに共通していることだが、「適切なときに、適切な場所で、理想的な職業を選択した」ということである。

メルは若い頃に徴兵によって二年間の軍隊生活を強いられた。彼はそれまで自分を「都会っ子」と信じてやまなかったが、いざ南部の基地に送られると、そこでの生活もむだには過ごさなかった。仲間たちが軍の食事や田舎暮らしに不平不満を唱えるなか、メルは空き時間を利用して不動産物件を見てまわった。そして徴兵期間もいよいよ終わる頃、基地にほど近い、あるビルに目をつけた。それは抵当流れになった物件で、地元の保安官が七〇〇〇ドルで売りに出していた。

二四歳のメル以外に、そのビジネスチャンスに気づいた者は誰もいなかった。南部の小さな街のおんぼろビルに興味を示す人間などいなかったのだ。

非常に目先のきくビジネスマンだった父でさえ、「メル、その物件は買うな」と反対しましたよ。それでも、私は購入したんです。

メルの父親も東部生まれの都会人だったので、南部に対して偏見を持っていた。だが、メルは偏見のない、客観的な目で判断できる男で、今はサン・ベルトと呼ばれている地域は将来必ず発展すると信じて疑わなかった。いずれ、東部と南部の大都市を結ぶキー・エリアになると思ったのだ。さらに彼は、そのビルの周辺が産業化の波に洗われつつあるのにも気づいていた。

私のビルは大きな工場のそばにあって、そこでは約二万人の工員が働いていました。そこで、ビルを月一〇〇ドルで賃貸することにしたんです。それが今では月三〇〇〇ドルですよ。

最初のビルを賃貸したあと、メルは彼の考える「ゲーム」を開始した。

私は次の五年間に、そのあたりの土地や建物の所有者たちをまわって、だいたい七五〇〇ドルから一万ドルで物件を買い占めました。そして、そこに一五年間で店舗を五〇軒つくりました。そのどれもが利益を上げていて、おかげで私の年収は七五万ドルになりましたよ。現在、私はサン・ベルトに全部で一七万五〇〇〇ドル投資しています……。

最終的に、彼は三ブロックの土地を手に入れたが、その資金はすべて「他人の金」、つまり銀行からの借入金でまかなわれた。ローンの保証人には父親がなってくれた。メルは手に入れた物件をすぐさま貸し出した。二年間契約で懐に入る賃貸料は、元金の返済分と利益を大きく上まわり、創業当初からキャッシュフローは潤沢だった。

それからもメルは、計画的にじわじわと商業地の土地や建物を取得していった。好物件が見つかると、その都度銀行から金を借りて買い取っていったのだ。彼は複数の銀行を利用して、自分の金にはほとんど一ドルも手をつけなかった。今や文字通りの億万長者となったメルはときどき、軍隊で一緒だった仲間たちはどうしているだろうかと考えることがある。相変わらず「ド田舎の南部」を馬鹿にするだけなのだろうか。

メルはビジネスチャンスを見抜く才に恵まれていただけでなく、父親というよき指導者にも恵まれていた。父親はよく息子に、不動産投資で財を成した人たちの話をして聞かせた。人が気づかないようなビジネスチャンスに目をつけるのがポイントだ、という父親のアドバイスに従って、メルは二年間の軍隊生活を有意義に活用し、巨万の富への道を切り拓いたのだった。

メルは現在、引退を考える年齢に近づいているが、現役を退く気などさらさらない。すでに多くの土地を所有しているにもかかわらず、いまだにビジネスチャンスにアンテナを張りめぐらしている。メルは商用不動産にしか興味を持たず、一般向けのマンションやアパートなどは所有していない。「厄介な問題がありすぎてね」と、彼は言う。商業を営んでいる人のほうが、債務の履行に几帳面だという信念を持っているのだ。そして、メルにはもう一つ、長年の指針となってきた信念がある。

私は物心がつく頃から、土地は人が神から授かったものだと信じてきました。土地は今地球上にあるだけで、それ以上は誰にも増やせないのです!

メルは自分の職業を、「三ブロック独占地主」と言っている。

いちばん向いている仕事をどうやって見つけるのか?

私は億万長者たちに、どうやって適職を「発見」したか聞いてみた。彼らの話では、重要なファクターがいくつかあって、どれが決定的ということはないという。しかし表5-1のデータを見てみると、とくに重要と思われる要因があることがわかる。全体の約四割(三九

表5-1

億万長者の職業発見要因(母数=733)

職業カテゴリー別に見る、要因として〈重要〉と回答した億万長者の割合

	億万長者全体	自営業者／起業家	経営幹部	弁護士	医者
発見要因	100%	32%	16%	10%	9%
情報収集					
直観に導かれて	39%	46%	37%	30%	31%
その事業の利益率を調査して	30	39	33	15	23
業界誌などを読んで	14	16	15	2	8
偶然					
大きなチャンスに出会った	29%	31%	33%	13%	12%
数々の失敗を経て見出した	27	30	29	13	8
以前の仕事が合わなかった／職を失った	12	15	10	5	4
前の雇用主が見落としたチャンスに目をつけた	7	9	4	3	2
他人から					
就職斡旋所に勧められて	3%	2%	6%	1%	0%
就職フェアなどで知って	2	2	1	3	0

％）もの億万長者が、自分に合った職業が見つかったのは、直観が働いたからだと答えているのだ。私はこの「直観」という言葉を、四つの職業グループすべてから頻繁に聞かされた。億万長者の大部分（六七％）を占めているのが、この四つの職業グループなのだ。

ウェブスターの辞書には、「直観」とは「意識的思惟作用の結果ではなく、一見して直接に対象の本質や全体を把握すること。瞬時の洞察力」と定義されている。自営業者や起業家のほぼ半数（四六％）が、直観に導かれてそれぞれの「特定の」職業にたどりついたと答えているのは、注目すべきことだ。成功した自営業者の大半は、次の点を強調している。

私が経済的に成功した直接的な要因は、特殊なタイプの職業、あるいは職業カテゴリーを選んだことだと思いますね。

資産家が最も多い職業は自営業である。もちろん、自営業者の大半は億万長者ではないし、自営業者になればミリオネアになれるという保証はどこにもない。しかしながら、職業の選択を慎重に行えば、成功を手にする可能性がぐっと高くなることもまたたしかなのである。

人のがらくたは私の宝

リチャード氏の事例は、賢い職業選択を語るのに最適なケースである。アッパーミドルクラスに生まれ、私立学校に学んで、一八歳までニューヨーク市の中心部の高級住宅街で育った若者が、南部の片田舎の廃車置場を購入し、中古トラックの部品販売会社を経営するに至ったのには、どんな経緯があったのだろうか？　私は彼に聞いてみた。

リチャード氏の年収は七〇万ドル。いわゆる蓄財家で、蓄財優等生の典型といっていい人物である。年収の一二倍を超える純資産を持っている氏は、毎朝五時二五分には、笑顔を浮かべて目を覚ます。仕事に行くのが待ち遠しくてしかたないのだ。

著者　何があなたを毎朝変わらずやる気にさせるのでしょうか？

リチャード　お金のためじゃありませんよ。ただ、仕事がしたくてたまらないだけです。目標を達成しないと気がすまない性質《たち》でしてね。生活に不安があるわけじゃない。私は、財政的に不安のある人たちとはちがうんです。豪邸に住んではいるが、銀行の口座は空っぽ、といった人たちとはちがいます……。

とにかく、早く仕事場に行きたいんです。あれやこれや、やりたいことが山ほどある。毎日、何かをしたいという衝動に駆られて、それをやり遂げないと気がすまないんです。

長時間の労働をものともせず、早起きも苦にならない。リチャード氏をそんな気持ちにさせるのはいったい何なのか？　リチャード氏の「やる気のもと」は、経済的に成功した大半の人たちのそれと同じである。資産の多い階層ほど、次のように話す人は多い。

私の成功は、とにかく自分の仕事が心から好きだったから、そのせいだと思いますね

――まちがいなく。

２章の表２－５が示しているように、億万長者の四六％は仕事に対する愛情を〈非常に重要〉と答えているし、〈重要〉と答えた人も四〇％いた。これらのミリオネアたちは一様にこう語っている。

自分の仕事にとことん惚れ込むことができれば、成功の確率は非常に高まる。

とはいえ、ことは職業だから、出会ったとたんに一目惚れというケースはそう多くない。表５－２を見てもらいたい。その仕事が最初から好きで職業にした、と答えた億万長者は五五％にとどまっている。だが、２章で述べたように、仕事に対する愛情を経済的成功の根本的要因と考えるミリオネアの割合となると、数字はいっきに八〇％に跳ね上がる。また、彼らのすべてが、初めから自分の選んだ職業が大きな利益をもたらすと思っていたわけではないが、一方で三分の二（六六％）の人たちは「経済的に自立できるチャンス」だと思ったという。五八％の人たちは、仕事を選んだ理由として、「高利益／高収入の可能性」があったからと答えている。

リチャード氏のような自営業者・起業家は、職業の選択にあたって、とくに利益や収入の面を重視する。金持ちになる可能性が高く、経済的に心配のない生活を実現できそうな職業

表 5-2

億万長者の職業発見要因(母数=733)

職業カテゴリー別に見る、要因として〈重要〉と回答した億万長者の割合

	億万長者全体	自営業者/起業家	経営幹部	弁護士	医者
選択要因	100%	32%	16%	10%	9%
仕事に対する愛情					
自分の能力と資質をフルに活用できる	81%	83%	77%	87%	83%
肩書きがよい	62	52	63	65	83
職業/製品が好き	55	55	55	38	72
あこがれの仕事だった	30	33	19	43	63
独立を希望					
経済的に自立できるチャンス	66%	79%	53%	52%	85%
高利益/高収入の可能性	58	71	55	46	42
社長になりたかった	49	73	22	34	77
教育課程					
大学のコース	44%	36%	44%	53%	56%
指導者に勧められて	29	19	34	39	33
職業適性テストの結果	14	8	17	30	23
家族の影響					
両親の勧めで	20%	20%	11%	30%	38%
家業を継いで	13	24	8	11	6
コネ					
アルバイト先の仕事関連	13%	15%	10%	13%	4%
大学の就職課の勧めで	6	3	9	6	6

を探す。こうした人々は、肩書きにはあまりこだわらない。

しかし、自営業者を全体で見ると、過半数（五二％）が、職業を選ぶ際にその社会的なステータスを考慮するとしている（「肩書きがよい」）。医師や弁護士などの専門職の場合はその割合がもっと大きくなる。とりわけ医業に就いている億万長者は八三％が、その職業を選んだ理由の一つに、社会的ステータスを挙げている。

また、先に述べたように、職業を選んだ理由として億万長者の三分の二が「経済的に自立できるチャンス」と答えているにもかかわらず、巨万の富を築いたあとも引退する人はほとんどいない。リチャード氏もスーパーリッチの仲間入りを果たしたが、仕事に対する意欲は失っていない。この先二〇年以上、働かなくても快適に暮らせる貯えがあるにもかかわらず、夜明け前に起きて仕事に出かけるのが日課なのである。今でも彼は、事業をさらに繁栄させようと意欲満々だ。

リチャード氏のような人々がなかなか引退しないのは、ただ単に仕事が好きという理由からだけではなさそうである。ミリオネアの大半（八一％）が、それぞれの職業を選んだ理由として、こう答えているのだ――


私の選んだ仕事は、自分の能力や資質を最大限に活かせるのです。

しかし、このセリフを言える人は世間にそうはいない。あまりにも多くの人が、目の前の仕事に飛びついてしまう。だが、それは単なる仕事であって、心から愛せるものではないことが多い。

一方、億万長者の大半は、愛情を注げて、なおかつ誇りを持てるような「理想的な仕事」を見つけている。彼らは、単にラッキーなだけなのだろうか？　たしかに、運も多少関係するだろう。しかし、適職を見つけるには、まず自分自身をよく理解しなければならない。自分の長所と短所は何か？　何が好きで、何が嫌いか？　これらの問いに答えられなければ、自分にとって理想的な仕事はまず見つけられないだろう。

たとえ自分を理解していても、適職は簡単に見つかるものではない。億万長者にしても、ある日突然、ボールベアリングの製造業に目覚めたりするわけではない。リチャード氏を含む大半のミリオネアが、理想的な職業を見出す前に、他のやりがいのない、あまり楽しくない仕事を経験しているのだ。

著者　それにしても、あなたの生い立ちを考えると不思議なんですが、どんなきっかけから中古トラックの部品販売業を始めようと思ったんですか？

リチャード　私はこの事業を始めるまでに、八年間あれこれ迷いました。それまでは会社に勤めていたんですが、ちっとも金がたまらないんで、独立して事業を起こすことにしたんです。

著者　なるほど。でも、なぜ他の仕事ではなくて、中古トラック部品だったのですか？

リチャード　私は、ふつうの人とは全然ちがう考え方をするんです。大きな利益が期待できる、いわゆる隙間市場《ニッチ》に目をつけるんです。さもないと、誰もがみな同じことをやっていて、それは大変な思いをしなきゃならない。その生存競争にエネルギーがすべて行っちゃって、とても利益は上げられません。

たいていの人は職業を選ぶとき、リチャード氏とは正反対の行動に走ってしまう。彼の場合は、中古トラック部品という特定の商品を扱うニッチな市場にターゲットを絞って商売を始めた。その何年も前から、その市場に競争相手がいないのを確かめていたのである。リチャード氏はニッチ市場を見つけ、そこに企業努力を集中させる――まさにマーケティングのエキスパートなのだ。だから、自身と同じようにニッチ・マーケティングに優れた事業家はすぐに見分けがつく。たとえば、知り合いの「ドクター・ジョーズ」について、彼はこう語っている。

リチャード　私の友人は、私と同じことをまったくちがう形でやってますよ。もともと彼は歯科医で、顎に損傷を受けた患者の歯の治療を主にやってたんですが……それは彼が独自に開発した専門分野で、他にやる人がいなかったんです。そこで彼はメディカルスクールに入り直して医師の免許も取得し、医師としてまず顎の治療をし、次いで歯科医として歯の治療ができるようにしたんです。

著者　それで、今は繁盛してるんですか？

リチャード　他に誰もやらない、きわめて特殊な専門分野ですからね……もう大変な繁盛ぶりです。なにしろ、他にいないのだから。

ドクター・ジョーズと、私が取材した自営業の億万長者、とくに一代で富を築いた人々とのあいだには、二つの共通点がある。彼らは、ニッチ市場に的を絞って専門分野を開拓した「ニッチャー」なのだ。当然、競合相手もないに等しい。

さらに、大多数のミリオネアは、最終的に選んだ分野にそれ以前から、何らかの形で関わっている。顎と歯の治療を一手にやるというアイデアを思いつく前から、ドクター・ジョーズは歯科医として顎の治療に携わっていた。同じことがリチャード氏にも言える。自分で会社を起こす前から、彼はその業界で働いていた。そして、その業界での仕事が自分に合っていることを強く感じていた。

リチャード氏もドクター・ジョーズも、特殊なビジネスを考え出し、それを事業化して経営することに大きな喜びを見出している。現在、前者は中古トラック部品業界、後者は顎と歯の同時治療の第一人者として活躍している。二人とも地域限定型の事業展開をしているため、競争相手はまったく存在しない。

リチャード氏は二〇代後半の五年間、大手のトラック製造販売会社に勤めていた。まずまずの成績で大学を卒業し、なんとか生活していける程度の給料をもらっていたが、このまま会社勤めを続けていては、到底金持ちにはなれないと思い、焦りを感じていた。といって、どうしたらいいのかわからずにいたとき、興味深い出来事が起こった。

私はホワイト・モーター社に課長補佐として勤めていたんですが、ある日、上司から、廃車になったトラックを廃品業者に売ってこいと命じられて……なんとか五〇〇ドルで売ってきたんです。ところが、それから二週間ほどして上司から、もう一度その廃品業者のところへ行くように言われたんです。別のトラックに載せる中古エンジンが要るからって。連中［廃品業者］は、私が二週間前に売り渡したトラックからエンジンを外してきましてね。なんと五〇〇ドルと、さらに別の廃品エンジンまで請求してきたんですよ。

そのとき、リチャード氏の頭に何かがひらめいた。廃車になったトラックには、他にも値打ちのある部品がたくさんある。つまり、五〇〇ドルで売却されるトラックは、部品で売れば、その五倍から十倍の価値を生むのだ。そう思ったとき、リチャード氏にいわゆる「直観」が働いたのである。彼は即座に、自分が「がらくた《ジャンク》」と呼んでいた廃車の山に、とてつもないビジネスチャンスがあるのを知ったのだ。

リチャード氏は自営業者のミリオネアの典型と言えるだろう。リチャード氏同様、自営業者のミリオネアの約半数（四六％）が、「直観に導かれて」職業を選んだと答えている（表5－1参照）。さらに、三九％が、職業や事業を選ぶ前に、「その事業の利益率を調査して」

いて、三一%が、思いがけない「大きなチャンスに出会った」と述べている。

リチャード氏は、素晴らしいニッチを見出した瞬間を次のように語っている。

廃品業者の請求書を見ながら、思わず唸りました。「この業者はトランスミッション、ギア、タイヤ、ドア、ラジエーター、それにもう一個の廃品エンジンまで、たった五〇〇ドルで手に入れやがった」ってね。

ほんの二週間前に、こっちはトラックをまるごと一台、五〇〇ドルで手放した。ところが廃品業者は、そのエンジンだけで五〇〇ドルを請求してきた。さて、儲けているのはいったいどっちです？　うちの会社？　それとも廃品ディーラー？　私は思いましたよ。「廃品業ってのは、濡れ手に粟のぼろ儲けだ」ってね。

その「天啓」を受けて二週間後には、リチャード氏は独立して事業を起こしていた。以来、彼は中古トラックの部品販売業で「濡れ手に粟のぼろ儲け」をしてきた。廃車になったトラックを五〇〇ドルで手に入れ、その七倍の値段で部品を販売したのである。

リチャード氏のケースは、職業の選択が成功の鍵となった好例といえるだろう。アメリカにはじつに多くの職業が存在する。数年前の私の調査では、はっきり分別できる業種だけでも、二万二〇〇〇種類以上あった。また、アメリカには数十もの地域別市場がある。地域別市場の数と業種の数を掛け合わせると、アメリカ全土には何十万種もの事業が存在することになる。多くの億万長者が私に語ったところでは、彼らが経済的成功を収めたのは、その何十万もの事業のなかから、近くに競争相手がほとんどいない専門的な分野を選んだ結果なのである。

中古トラックの廃車置場と聞くと、人はガラクタしか思い浮かべないだろう。だが、そのガラクタこそ、リチャード氏にとって途方もない利益を生み出す宝の山なのだ。現在、彼の純資産は八桁に達する勢いで、昨年の年収は七〇万ドルを超えた。彼の会社でトラックの解体作業をしている機械工の班長の年収は一三万ドルである。これはちょっとした金額だ——アメリカの医師の平均年収に匹敵する。

われわれの多くは、リチャード氏のような直観のひらめきを経験することがあまりない。非常に優秀な頭脳の持ち主であってもそうだ。その結果、往々にして、熾烈な競争が繰り広げられる分野に身を投じてしまう。ハーバード大学の助教授たちを例に挙げてみよう。彼らはアメリカで最も知的なグループに入るが、その八割はハーバードでの終身在職権を得ることができない。だから、それらの助教授たちは他の大学に移って、そこでどうにか終身在職権を確保するのである。このことからもわかるように、キャリアの成功・不成功は職業の選択だけで決まるわけではなく、それをとりまく環境や競争の激しさにもかかっているのだ。

リチャード氏を取材した翌日、私は原稿をコピーしようとキンコーズに立ち寄った。すると、カウンターにいた男性店員が章のタイトルを見るなり、ぜひ読んでみたいと言いだした。自分の仕事に役立つかもしれないというのだ。よく聞いてみると、彼は開業弁護士だった。

私の街では弁護士というのはきわめて競争の激しい職業なので、収入を補うためにキンコーズでアルバイトをしなければならなかったのである。弁護士事務所を経営する身でありながら、生活費を稼ぐだけで精一杯なのだ。

私の街の職業別電話帳には、弁護士が七四ページにわたってリストアップされている。それでは、中古トラック部品販売業はどれくらいのページを占めているだろう？　この業種に割かれた紙面はたったの一ページ。しかも、どの業者も扱っているのは軽トラックの備品や部品のみで、大型トレーラーの部品を販売しているのはリチャード氏の会社だけだった。つまり、彼はこの地域の市場を独占しているのだ。一方、私がキンコーズで出会った典型的なインテリの彼はどうだろう？　ロースクールを卒業し、司法試験にまでパスしながら、数千人の弁護士のなかの一人に過ぎないのだ。

基本が肝心

職業の選択は、家を建てる作業に似ている。もし土台が粗悪な造りだったら、どんなに他のところに金を注ぎ込もうとも、悲しい結末が待っているだけだ。しまいには、家を見るのもいやになるだろう。同じことが職業の選択についても言える。選択を誤ると、その仕事が嫌いになりがちである。リチャード氏のような人たちが成功したのは、仕事が彼らにとって楽しみであり、情熱を注げる対象だったからなのだ。

それにしてもなぜ、仕事を心から楽しんでいる人は、こんなにも少ないのだろう？　それに、なぜほとんどの人がビジネスチャンスを手に入れられないのか？　その理由の一つに挙げられるのが肩書き、つまり社会的ステータスの問題だ。

あなたは親から、大学に行って社会的に尊敬される職業に就きなさいと言われはしなかっただろうか。はっきりとは言われないまでも、それとなく遠まわしに言われたことがあるのではないか。私の親は、大学卒にふさわしいのは、毎日会社にスーツ姿で出勤する職業だと繰り返し言っていた。だが、億万長者は全員がスーツを着用しているわけではない。リチャード氏はいつも従業員と同じ、コットン製のネイビーブルーの作業衣を着ている。

親はどうしても、息子や娘を自分の考えに染めてしまいがちである。「そうね、うちのジョニーには医者か弁護士か公認会計士になってもらいたいわ。もしだめなら、せめて一流企業に就職してもらわないと。まあ、教員や公務員なら許せるけれど……」といった具合に。その結果、職業を選ぶときに、肩書きや会社の知名度が重要なポイントになってくる。リチャード氏のような職業に就きたいと思う人はまずいない。

　私の母親だって、よくこう言いましたよ。「廃車置場なんて、誰にだってやれるでしょ。何のために大学に行ったの？　くず屋になるため!?」

もう一つの理由として挙げられるのは、中流クラスのなかには、ブルーカラーへの偏見を持っている人が多いことだ。そういう人は、リチャード氏のような億万長者には決してなれない。彼はアッパーミドルクラスの出身だが、従業員との気さくなつき合いを毎日楽しんでいる。

私は、自分の周りに、できる限り有能な人材を置くようにしています。そのほうが、何をやるにも断然楽ですからね。凡庸な人間ばかりに囲まれていたら、人生は惨めなものになりますよ。

リチャード氏は有能な人材であれば、生い立ちなど気にせずに雇う。うぬぼれ屋は決してやり手の起業家にはなれない。

リチャード氏はキャリアの選択に「敷かれたレール」の存在を指摘する。医師や弁護士、公認会計士といった社会的ステータスの高い職業には、それぞれに養成機関があって、優秀な学生はそのレールに乗り、誘導されるがままに職業に就くというのだ。だが、リチャード氏タイプの億万長者は自分で進むべき道を切り拓く。彼らはそれまでなかった新しいユニークな事業を考え出す。そのため、利益は非常に大きく、競争相手もいないのである。

ジム・Rを破産から復活させた「祖母の教え」とは

大学卒の学歴を持たずに一代で財を成したミリオネアであるジム・Rは、自分が裕福になったのには、いくつかの「成功の要因」とでも呼ぶべきものがある、と語る。ジムはゴルフ場をいくつも所有し、その経営者兼支配人でもある。いちばん重要なのは、自分の資質を存分に発揮できる理想的な職業を選んだことだという。彼にとって理想の職業とは、次に挙げる条件を満たすものだった――

- 自分の能力と資質をフルに活かせる。
- 経済的に自立できる確率が非常に高い。
- 自分に誇りを持てる。

自力で億万長者になった人の多くがそうであるように、ジムもまた若い頃にさまざまな仕事を経験した一人で、現在の彼の職業は「偶然がもたらした職業」に分類されるものである（表5－1参照）。彼には、事業を成功させた人物に特有の能力――私が「ハンターの鼻」と呼んでいる直観――が備わっている。チャンスを嗅ぎつけ、それが実際に市場で通用するかどうか見分けることができるのだ。とはいえ、ジムにとって億万長者への道は決して平坦ではなかった。一度は破産を経験している。それだけに、現在の成功は彼には感慨深いものがあるのだ。

フロリダ大学に入学したものの、落第して退学となり軍隊に入ったジムは、除隊後、大学生相手の「貸間管理業」を始めた。自分で一戸建て住宅やアパートを借りて部屋を学生に又貸しし、ついでに管理料を徴収して家賃の集金や家具の購入、光熱費の支払い、それに庭の芝刈りといった仕事をやったのである。この商売は大当たりし、数カ月のうちにジムは大学周辺の一戸建て住宅を二四軒と、アパートを幾棟か貸し出すほどになった。一時は五〇〇〇人以上の学生を顧客に抱えていた。

この成功にすっかり気をよくしたジムは、儲けた金を元手に、不動産開発会社を設立した。今度は資金調達が必要な事業だったが、これまた非常に順調なスタートを切った。ジムが二八歳になる頃には、五つの州に支社を構えるほどだった。

だが、いつまでも成功に酔いしれていると、正しい判断ができなくなる。とくに若いうちに成功した人はそうなりがちだ。一度も事業で挫折を経験したことのないジムは、多額の借入金に頼った経営展開をし、私生活も派手だった。

そして、ある日突然、金利が急騰し、若きジム・Rの帝国は音を立てて崩れた。

> 私は二八歳の若さで、フロリダ史上最大の個人事業破産者となった。しかし、それまでは最高の生活を送っていたのもまた事実だ。アカプルコに別荘を持ち、自家用のリアジェットも手に入れた……。一二の都市に自分のマンションを所有し、各地に恋人がいたもんだ。

一夜にしてすべてを失った彼は、ペントハウスから両親の家に舞い戻った。見かねた祖母が、自分の中古車を譲ってくれたほどだった。

だが、いつまでもそんな状態でいる彼ではなかった。彼は大手の商業不動産管理会社に就職し、そこでさまざまな知識を吸収していった。事業に失敗した経験もむだにはしなかった。やがて、地方の支店長に任命されて二年間勤めたあと、再び独立した。今度は不動産管理に専念した。

ジムの会社は順調に高収益を上げつづけ、数年後には大手の商業銀行から投資用不動産の管理を任されるまでになった。そして、二〇年ほど前、その商業銀行が担保として差し押さえていたゴルフ場を購入し、自ら運営に乗り出したのである。

人生のレッスン

最近、ジムの息子が大学を卒業し、父親の会社で働きたいと言ってきた。さて、ジムはなんと答えただろうか?

私は息子に、うちで働く前にまず、よそで三、四年経験を積んでこいと話したよ。

ジムは、今日の自分の成功は祖母のおかげだと言う。農場を経営していた祖母は、彼のよき指導者だった。六歳にもならない頃から、祖母はジムに自分でお金を稼ぐことを勧め、目の前のビジネスチャンスを見逃さない術を教え込んだ。

まず、彼女はジムに乳搾りの仕事を与えた。毎朝、牛の乳搾りをすれば、その牛の値打ちの半分とミルクの売上をやると言ったのだ。ジムはその仕事を見事にやってのけ、祖母は彼にボーナスを与えた——その牛が産んだ子牛が、彼のものになった。

つぎに祖母は、牛の糞にもビジネスチャンスがあることをジムに教えた。

私は納屋の牛糞を袋に詰めると、トマトを栽培する農家に売って歩いたもんだ。

さらに、自分に収入をもたらす資産を所有し、運営管理するメリットを彼に教えたのも祖母だった。

祖母の教えは人生のレッスンでもあったね。「この牛と子牛の世話をしてやりなさい……そうすれば、必ずお返しにミルクをくれるから」って具合だ。

そして祖母は、事業家として成功するための心構えを、何度も繰り返し話して聞かせた。

自分で金儲けの方法を見つけることができなかったら、あんたは一生人の下で働くことになりますからね。

こうした教育を受けてきたため、誰かの下で働くということは、ジムにとってはとんでもないことだった。彼は大学を卒業できなかったが、生計の立て方はしっかり修得していたのだ。それもこれも、祖母のレッスンのおかげに他ならない。

将来の仕事を決めれば、勉強はつらくない

ジョー・スミス氏のケースはまた別の職業選択の成功例だが、彼の場合は、他の億万長者とは少々異なっている。表5－2を見てみると、「大学のコース」で学んだことが職業を選ぶ決め手になったと答えた自営業者・起業家はわずか三六％しかない。

ジョーは現在、金物店チェーンのオーナー兼経営者で、彼の店はいずれも大繁盛している。では、金物の販売業について、大学では何を学べるだろうか？　それは、その学生がどれだけしっかり自身の進路を自覚しているかによる。

ジョーの父親は小さな金物店を経営していた。ジョーは父親の事業にほとんどノータッチだったが、父親は息子が大学に行くことで、事業を成功に導く能力を身につけられると信じていた。息子が大学を卒業しさえすれば、店の経営は難なくできると思ったのだ。父親はよくジョーにこう話した。

ジョー、おまえは大学に行って、店を大きくできるような経営のノウハウを学んできて

くれ。

だが、入学当初のジョーはやる気のない学生だった。大学に関心を持てず、講義内容を事業に結びつけることなど考えもつかなかった。初めの二年間は、事業に関する知識は何一つ学ばなかったという。

ところが、ジョーが三年に進級する直前、父親が他界した。ジョーは家業を継ぐことになったが、大学を卒業してほしいという父親の願いもかなえたかった。そこで彼は、定時制の州立大学に通うことにした。店を経営しながら四年間勉学に励んだのである。

店が繁盛するも衰退するも、すべてジョーの双肩にかかっていた。二〇歳そこそこの青年に、いきなり店の経営と家族への責任がのしかかったわけだ。ときとして、不安や逆境は人をやる気にさせる。ジョーの場合もそうだった。どのクラスでも、彼は決まって同じ質問を自分に投げかけた。

何を学べるだろう、どの知識が店の経営に役立つだろうと、私は常に考えていた。店の経済的生産性を上げるのに役立ちそうな知識はないか……。おかげで、たくさんのことを学び、卒業することができた。

店のために大学を最大限に利用しようと決意したジョーは、ひたすら「知識とアイデアの収集家」と化した。そして、会計学をはじめとするビジネスコースがいかに重要であるかを初めて悟った。英語も重要なコースの一つだった。なにしろ、経営者の仕事は、文書や報告書を書く機会が多い。やがてジョーはすべての教科でAをとるようになり、卒業するときはクラスの上位五％内の成績になっていた。ジョーは単に父親の事業を引き継いだだけではなかった。彼は店を全米でもトップクラスの小売りチェーンにまで育て上げたのだ。

早い段階で目標を定める

ここで、もう一度はっきりさせておきたい。大学を最大限に利用する学生は、その重要性を十二分に理解している。そういう人たちは、将来役立ちそうな知識をカリキュラムから目一杯吸収し、難なく試験をクリアしていく。大学院時代、私が選択した専攻コースには元教員や働いた経験のある人たちがいたが、彼らは専攻コースでやらされる学習やリサーチが持つ価値をじつによく理解していた。対照的に、そうした経験のない学生は、優秀な成績をとるのに四苦八苦した。「マーケティングの博士号をとるのに、なんで数理統計学からマクロ経済学、それにミクロ経済学まで勉強しなくちゃならないんだ?」という具合である。

自分が将来どんな仕事に就くのか、それがはっきりしていれば、ハードな勉強もそれほど苦しくない。じつは、私自身も教師の経験があり、有名大学の教授職を狙うなら博士号が絶対に必要であることを理解していた。だから勉強に励むことができたのである。

逆に、目標もなしに大学に通うのは、かなり辛い。早い段階で自分が何をやりたいのか、どんな職業に就きたいのかがわかっていれば、それだけ大学での訓練は楽で有意義なものになる。仕事の経験のある学生のほうが優秀な成績をとる確率が高いのは、そのせいなのだ。いい例がジョー・スミス氏である。

集めた情報の活用術

さて、あなたの仕事は、次に挙げる条件にいくつ当てはまるだろうか。

- 毎日が楽しく、やりがいに満ちている。
- 自分の能力と資質をフルに活かせる。
- 誇りを持てる。
- いつか経済的独立を確立できると確信できる。

もし、これらの条件をすべて満たしていれば、あなたは目標に向かって、高いレベルの生産性を発揮できるだろう。

ただし、生産性を上げるには、仕事に役立つデータや情報を徹底的に収集することが肝心だ。目標を持っている人は、新聞を一紙読むだけでも、仕事に役立つアイデアや情報をいくつもピックアップできるものである。二〇年もすれば、そうして集めた情報は貴重な財産になる。

一方、何も情報を集めない人たちというのは、大体において、自分の能力や資質をどう扱っていいのかがわかっていない。そういう人は新聞を何千紙読んだところで、一つの情報も得られはしないだろう。そんな具合では、一生自分に合う仕事にはめぐり会えないし、どんな仕事にも満足できないにちがいない。嫌いな仕事では、高い生産性を達成するのは不可能だ。

要は、自分の能力に適した仕事を見つけることなのだ。そうすれば、自然と仕事が好きになる。しかも、その仕事が富をもたらしてくれるのであれば、なおさらだ。

むろん、自分に適した理想的な職業を見つけるのはたやすいことではない。実際、大半の億万長者は、いくつかの仕事を経たのちに現在の仕事を見つけている。もし彼らが学校を卒業した直後に就いた仕事に甘んじていたら、あるいは、本当は気に入らなくて満足できない仕事を続けていたら、現在のような資産を築くことはできなかったであろう。

九回も転職して大富豪になった人

調査の一環として、私は一〇人ほどの億万長者に集まってもらったが、ダン・R氏はそのフォーカス・グループの一人で、年収が一億ドルを超える、アメリカで一〇〇〇世帯に一世帯の大富豪だ。しかも彼は三〇代のうちに億万長者の仲間入りを果たしている。

だが一方、彼は多くの失敗を経験していた。数々の経験を経て賢くなったダン・Rは、今の成功について、みんなの前でこう語った――

一に職業、二にも職業。

ダン・Rは、一代で巨万の富を築いた他の多くのミリオネアたちと同じく、成功の要因は何よりも、自分に完璧に合った職業を見つけたことだと話す。では、九度の失敗を乗り越えて一〇打席目で大ヒットを飛ばした彼の、成功までの道のりをたどってみよう。

- 最初の職　全米でもトップクラスのビジネススクールでマーケティングを学んで卒業した彼は、大手の小売業者に計算機と電子時計を卸している会社に就職した。「でも、まったくセールスのコツをつかめなかった。ほとんど売れずに、一年後に解雇された」
- 第二の職　次に就職したのは、大手のコンピュータ・ゲーム製造会社だった。だが、「そこでも、セールスのコツを身につけられず、一年半後にクビになった」
- 第三の職　三番目の就職先は、設立されたばかりのコンピュータ会社だった。しかし、九カ月後に、「一台もコンピュータが売れなくて」辞職した。
- 第四の職　次に採用されたのは、小さなコンピュータ会社。「ここでも、製品をほとんど売ることができず」数カ月で辞職。

・第五の職　五番目の就職先もコンピュータ会社。やはり販売のノルマを達成することができずに、またもやクビ。

・第六の職　ここでは、「非常にうまくいった。販売部門ではなくて、マーケティング部門に配属されたからだ。ところが、九カ月後、会社の資金が底をついて倒産してしまった」

・第七の職　七つ目の会社では、またセールスマンとして雇われた。「新しいコンピュータ会社で、最初の年は四万五〇〇〇ドルしか稼げなかったが、最後の年には、なんと二〇万ドルも稼いでいたんだ！　ところが、不景気風に吹かれて、会社が倒産してしまった」

・第八の職　ここでもセールスにまわる。だが「結局、会社は私の低い業績に満足できなかった」

・第九の職　レジのスキャナーを製造する会社に採用されたが「クビになった」

だが、ようやく一〇番目の会社で、彼のそれまでの苦労が実を結んだのだった。今から六年前、彼は自分の能力と資質を充分に活かせるユニークな仕事に行き当たった。肩書きは「セールス」だったが、それまでの会社とは仕事の内容が大きく異なっていた。

その会社で何よりも重要視されていたのは、上得意を大事にすることだった。ダン・Rはそこで、ただ大きな契約をとりつけるだけではなくて、入念なマーケティング計画を立てたり、個々の顧客のユニークな要望を調査したり、うまい売り文句を考えるといった仕事も任された。その仕事はセールスというより、むしろマーケティング・コンサルタントに近いものだった。

その会社に就職するとすぐに、ダン・Rはそれまでの九つの会社での仕事が、自分には向いていなかったことに気づいた。過去の仕事はいずれも単純な売り込みばかりで、そうした会社は、売上を上げるためなら訪問先の「ドアをたたき壊す」くらい強引なタイプのセールスマンを好んだ。最も成績優秀なセールスマンというのは、客を求めて手当たり次第、精力的に訪問してまわるような人間だった——彼らは前もってプランを立てることより、面会の予約をとるほうに重点を置いていた。

だが、ダン・Rは猛烈セールスマンではなく、頭脳派だった。よく同僚たちから「プランばかりで客のいないセールスマン」とからかわれたが、彼は単なる戦略プランナーですらなかった。大きなビジネスチャンスを見つけ出し、何億ドルもの利益を上げることのできる能力の持ち主だったのだ。しかし、自分にはどんな仕事が向いているのか、それを把握するのに、九つの会社を渡り歩かなくてはならなかった。

彼はそれまでの九つの会社でのセールスやマーケティングの経験を後悔したことは一度もない。その結果、自分にぴったりの職業が何かわかったからだ。ダン・Rによれば、およそ向いていない仕事をやったからこそ、真に自分に合う仕事を見る目が培われたというのだ。

もし最初から業績を上げていたら、いまだに時計や計算機を売り歩いていただろう……だが、私の場合はそうならずに、ビジネスチャンスや新しいニッチ市場を探し出せる目を養うことができたんだ。

行く先々でノルマを達成できずに解雇と辞職を繰り返していた男は、やがてアメリカでトップクラスの年収を稼ぎ、とてつもない利益を上げる男に変身した。ダン・Rは自分の成功の理由を知っている。

私は一七年間にわたって探しつづけた……。探すことにかけては優秀でね。私は常にどうしたらビジネスチャンスを見つけられるか、どうビジネスを進めていけばいいか模索していた。それと同じことを今もやっているだけだ。そして今の会社を見つけた。初年度の年収は二〇万ドルだったが、翌年にはその倍になった。

この成功によって、ダン・Rはついに自分のニッチ市場を見つけた、と確信した――小型コンピュータの製造、マーケティング、流通を手がけるその会社は、彼のマーケティング手腕を必要としていたのだ。

そしてこの一二月、それまで五年間通っても一度も注文をとれなかったホームデポ社から、なんと三五〇〇万ドルの契約がとれた……。六〇〇〇台のノートパソコンを買ってくれるっていうんだ。この取引の成功で、私の手許に入る手数料は一〇三万三〇〇〇ドルだ。

ダン・Rがこの話をすると、出席者全員から拍手喝采が沸き起こった。誰もが自力で億万長者にのし上がった人たちなので、似たような経験をしているからだ。ダン・Rの成功までの道のりは、とても他人事とは思えなかったのだ。

常に高い生産性を維持しなければならないとなると、誰でもストレスで参ってしまいがちなものだが、ダンはそんなことはないようだ。億万長者の大半が、ストレスというのは、自分の能力に合わない仕事で無理に努力するために生じるものだと言う。自分に向かない仕事をすると、心身ともに強い重圧を受ける。その仕事が向いていないと自覚しているなら、なおさら悲惨である。そのうえ、その仕事では裕福にはなれないことがわかっていたら――ストレスは計り知れない。

ふつうの人にはなぜビジネスチャンスが見えないのか？

ビジネスチャンスの問題を、別の観点から見てみるとしよう。七〇年代のアメリカでは、年収一〇万ドル以上稼ぐ世帯は、一〇〇〇世帯に一四世帯以下の割合でしかなかった。しかしなかには、その比率が突出しているグループもいくつかあった。たとえば、当時の国勢調査のデータを分析したところ、年収が六桁の韓国系移民世帯の比率は、アメリカ人世帯平均のじつに三倍だった。

韓国系グループに成功した人たちが集中するのには、それなりの理由があった。彼らはアメリカ人が気づかないビジネスチャンスを見つける能力を持ち合わせていたのだ。さらにその経歴を考えれば、その成功率の高さは驚異的である。これらの韓国系世帯の多くは、アメリカに移住してきた一世たちで、大学教育も受けていない。また、英語は彼らにとって外国語であり、遺産を相続した者はほとんどいない――彼らの収入はすべて、額に汗して働いた結果なのだ。

では、いったいなぜ、アメリカにやってきたばかりの人々には見える大きなビジネスチャンスが、アメリカに生まれ育った人には「見えない」のだろうか？

そこで私は自分の大学の学生に、数年間にわたってある実験を行った。対象としたのは、私のクラスの学部在学生、大学院生、ＭＢＡを取得した優等生たちである。私は全員に次の質問をぶつけてみた。

アメリカで収益率がトップクラスの中小企業を一〇社挙げよ。

何度やっても結果は同じで、学生たちは誰一人として正しい答えを出せなかった。この実験によって、非常に優秀な生徒でさえ、アメリカにおけるビジネスチャンスに無関心であることがはっきりしたが、だからといって、彼らの知性に問題があるわけではない。これには、いくつかの理由が考えられる。

第一の理由は、学生のほとんどが、自分で事業を始めようと考えていないからだ。みんな大手企業に就職するつもりなので、中小企業の収益率など気にかけてもいない。そして第二の理由は、教える側が、さまざまな職業が持つ固有の収益性の問題など、授業に取り上げないことである。おそらく教材の作成者や教授は、利益の数字などは「学生の専門的知識を高めるものではない」とでも考えているのだろう。

だが、移民には見えるビジネスチャンスがアメリカの学生には見えない根本的な理由は、もっと他の面にある。チャンスを見つける能力は、経験と訓練、そして意欲によって培われるのである。職業の種類は星の数ほどあるが、どれが儲かり、どれが儲からないかを知りたいと切望するのは、高い教育を受けて自信に満ち、どこにでも簡単に就職できるアメリカ人か、あるいは韓国系移民一世か、いったいどちらだろうか？

答えは言わずもがなだろう。韓国系の移民たちは裕福になることを夢見てアメリカにやってきた。その夢を実現させる方法はただ一つしかない——自分で商売を始めて一生懸命働くというのが、彼らに開かれている唯一の道なのだ。

多くの韓国系移民一世は、高収益率を上げられる、つまり成功する確率が非常に高いビジネスを上手に選んでいる。彼らには、ビジネスの情報交換ができる商業組合や文化団体が多数あるし、事業に成功した人たちが、これから事業を始めようとしている人に個人的にアドバイスしたりする私的な口コミのネットワークもある。どうやら、それらのアドバイスはきわめて的確だったようだ。

七〇年代のアメリカで最も羽振りのよかった職業の一つに、ドライクリーニング業がある。韓国系移民が経営するドライクリーニング店は非常に多く、英語版と韓国語版の二種類の業界専門誌が発行されていたほどだった。

韓国系移民たちが目をつけた、収益率の高い職種はほかにもたくさんある。八百屋や靴の修繕屋、コンビニエンス・ストアなどがその代表例で、その分野において彼らの力は今や絶大なものになっている。韓国系移民は、高品質の商品や質の高いサービスを低価格で提供すれば、必ず事業は成功することを知っている。そして彼らはまた、それが富の蓄積に、引いては経済的自立につながることを、よく知っているのだ。

見つけるだけでは充分ではない

しかし、ビジネスチャンスを見つけたからといって、それが自動的にドルにつながるとは限らない――一代で財を成した多くのミリオネアたちは、そう口をそろえて言う。この方程式には、まだ別の要素があるというのだ。四つの会社を起こし、一代で億万長者になった若き起業家のドンは、こう語る。

とにかく、まず目を皿のようにしてチャンスを見つける。そしてチャンスを見つけたら、

自分には絶対にやれると信じることだ。

絶対にやれるという自信は、たしかに、何かをしようとする際の大きな土台となる。このことは第4章の「チャンスとリスク、勇気と恐怖」で、すでに詳しく述べてきた。

ところで、なぜほとんどのベンチャー企業は、二年以内に潰れてしまうのだろうか？　一つだけはっきりしていることがある。失敗した人のほとんどは、自分の選んだ事業の成功の確率が本当のところはどれくらいか、まったくといっていいほど把握していないということだ。どんなに長く、いろいろと大学で学んだところで、その内容がずれていたり、それがビジネスに実際に活用できなければ、まったく意味をなさない。まず成功の確率を把握してから仕事を始めるのと、そうでないのとでは、雲泥の差なのだ。何も知らずに成功の確率の低い職業を選んでしまったら、大学の学位など何の役にも立たないのである。

ドンはさらに、モチベーションも重要だと言う。選んだ職業で絶対に成功するぞという、強い意志が必要だというのだ。

何が何でも成功してやるという、心の内に燃えるようなものがないとね。そのうえでビジネスチャンスをつかみ取るんだ。そうしたら、もうこっちのもんだ。

「何が何でも成功してやるという、心の内に燃えるもの」は、自分にぴったりの職業が見つかったときに自然と生じる感情だとドンは言う。つまり、言い換えれば、そのような感情が湧いてこないような職業はその人間には向いていないのであり、そうした場合、どんな仕事をしても生産的ではありえないというのである。

アメリカの市場はまったく民主的である。ドンのようにそのニーズに対応できる人物を歓迎し、身長や体型、性別や肌の色はまったく気にしない。これはとくに起業家に限った話ではなく、完全歩合制のセールスマンのような人たちにも言えることである。

市場は、余計なことはまったく気にしない。たとえ大学に通ったことがなくても、英語をあまりしゃべれなくても、アメリカ生まれでなくても別にかまわない。たとえ過去に九回も転職した経験があろうが、大学の成績がオールAでなかろうが、エイミー・ヴァンダービルトのエチケット本を読んだことがなかろうが、そんなことは問題にならない。そのことについて、億万長者の一人は、次のように語った。

なんとも皮肉なのは、ここにいる全員が、きちんとした服装を要求される連中［会社員］のような格好をしておらんということだよ。

企業がしばしば元大使を幹部として迎えることは、ドンも認めている。彼らは、容姿も育ちも文句なく、高い教養を身につけ、いつもパリッとした服装に身を包んでいる。また、しっかりした政治観を持ち、人に好印象を与え、歯切れのいい話し方をする。しかし、ドンによれば、彼らはドンのような「熱烈な意欲」や、斬新なアイデアを世に送り出してやろうという志とは無縁な存在だという。

そういうドンも、大企業というものに対して、かつては今とはまったく異なるイメージを抱いていた。

私はブルーカラーの家庭で育ち、大学では応用物理を専攻した。卒業するとすぐに大手企業に就職した。子供の頃からずっと、出世の階段を昇りつめて重役になることを夢見ていたんだ。

ところが、入った会社の重役連中ときたら、まったく期待を裏切るような人間ばかりだった。連中がやってることを間近で見て、私は心底失望した。だから自分で会社を始めたんだ。二九歳のときだ。

会社勤めをしたおかげで、ドンは企業経営のノウハウを学べたが、それよりもっと貴重だったのは、大企業の一員として働いても、情熱がかき立てられることが決してないと確認できたことだった。それで、彼は自分にとって理想的な職業とはどういうものであるかを悟ったのである。もし大企業での経験がなかったら、ドンは一生、自分で事業を起こそうなどという気にはならなかったかもしれない。

6　金持ちになるための配偶者の選び方

ロッキー・ブライアーが破産した理由

事情通によれば、毎年、各種団体が開く大会のなかでとくに盛大なものが五つあって、そこでの講演を依頼された人間は、講演者として超大物というランクづけがされるらしい。だから、そうした大会の一つ、通称「ＭＤＲＴ（百万ドル円卓会議）」に招かれたときは、私も少々緊張した。ＭＤＲＴは生命保険業者の世界大会なのだ。

当時、私はジョージア州立大学で教鞭をとっていたのだが、ウォールストリート・ジャーナル紙の私についての記事が、講演者選考委員会の委員長の目にとまり、億万長者に関する専門家に話をしてもらうのも面白いだろうということになったらしい。自分が超大物講演者の仲間入りをするなど考えたこともなかったのに、故ケネディ元大統領の妹ユーニス・シュライバーやクライスラー元会長リー・アイアコッカなどのスーパースターと並んで、私は一万四〇〇〇人の聴衆を前に壇上に立った。

この日のもう一人の講演者は、ベトナム戦争での負傷を克服し、スーパーボウルに四度も出場したアメリカン・フットボールの元スーパースター選手、ロッキー・ブライアーだった。明るい性格で抜群に話のうまいロッキーは講演者としても引っ張りだこで、仕事を厳選し、しかも高額の講演料を取っているということだった。プロのスポーツ選手としてあれだけ素晴らしい活躍をしたあと、まったくちがう分野で再びスターになるのは並の人間にはなかなかできない。おそらくロッキーは飛び抜けた才能の持ち主で、終生成功者でありつづけるだろう、と私は思った。

しかし、次に私が彼の消息を知ったのは、なんと地元の新聞に載った〈ブライアー破産〉という記事からだった。大金を稼ぐ才覚のある男が、どうして破産などしたのか。記事は明快だった――

ベトナム戦争での負傷から立ち直ってスーパーボウルに四度出場したロッキー・ブライアーは、連邦破産法第七条による破産を申請した……スーパーボウルのチャンピオンシップ・リングを売却した二日後のことで、その売却代金は連邦税の支払いの一部に充てられることになっている。

記事はさらに続いた――

ブライアー氏の元妻は、破産申請は家の売却代金のうちの八三万七九四八ドルを自分に支払うのを避けるためであるとし、訴訟を起こした。

ロッキー・ブライアーは提出した破産申請書の中で、彼はすでに「元妻に現金などで総額一三〇万ドルを支払った」と述べていた。となると、彼が突き落とされた経済的苦境は離婚が原因だったのだろうか。

離婚は個人資産に破壊的なダメージを与える。それは金持ちでも、そうでない人でも同じだ。ところで、全米の億万長者世帯の九二％が既婚カップルであり、その離婚率は、億万長者でないカップルの三分の一以下でしかない。この事実から、億万長者の特徴がまた一つ明らかになる。それは、適切な配偶者を選択する能力だ。離婚したとしても、億万長者への道が即座に閉ざされるわけではない――ただ、それが恐ろしく困難になるだけだ。ロッキー・ブライアーが痛烈に思い知ったように。

結婚するだけでも金持ちになれるの？

結婚の継続年数と資産のあいだに関連性があることは、いくつもの調査で明らかにされている。なかでも、一万二〇〇〇人以上を対象にアンケートを行ったジャネット・ウィルモスとグレガー・コーソーの研究はとくに注目に値する。二人は、「長く同じ相手と結婚生活を続けている世帯では、総資産額のかなりの増加が認められる」と述べている。逆に、結婚生活が長く続かない人たちが生涯に蓄積する資産は、低いレベルにとどまる傾向が見られるという。

そこでは、長期の結婚生活のいったい何が資産に影響を与えるのだろうか？　ウィルモス、コーソー両氏の調査によれば、結婚には、資産形成を容易にするいくつかの利点があるという。とくに重要なのは、夫婦間の労働の分業が可能になるということである。また、二人が一緒に生活することで、一種のスケール・メリット――規模の利益も生じる。この傾向は、教育程度や所得に関係なく、アメリカのすべての人々に当てはまる。

金持ちは異常に離婚率が低い

仮に、アメリカ中の億万長者の夫婦が今この瞬間に全組別れたらどうなるだろうか？　なんと、億万長者の総数は三分の一に減少してしまう。なぜなら、離婚によって資産は分割されるはめになるし、そのうえけっこうな額の弁護士費用がのしかかってくるからだ。といっても、他の人たち同様、億万長者も経済的な損得を考えて離婚しないのではない。億万長者とその予備軍が離婚しないのは、ある種の資質を備えた結婚相手を選ぶ、独特の能力を持っているからなのだ。配偶者の資質には、幸せな結婚生活の基盤となるものもあれば、もっと直接的に、資産の蓄積に役立つものもある。

結婚相手と終生連れ添う人たちは概ね、自己中心的でなく思いやりがあり、寛容で分別があり、自制心に富み、曲がったことをしない実直な性格である。そんな夫婦が、共通の関心事や意見を持ち、同じ活動に従事した場合、二人の絆はさらに強まる。

それじゃ、愛は関係ないのか、とおっしゃる向きもあるかもしれないが、幸福な結婚は、まず例外なく、愛と慈しみに支えられているものである。ただ、熱い想いはときとして判断を狂わせる。我慢強さや理解力に欠ける相手を、そうとは知らずに熱烈に愛してしまったら？　結婚したいと思うあまり頭に血がのぼって、彼、あるいは彼女に大甘の点数をつけてしまうことだろう。そして、あとになって現実にぶちあたり、破局を迎える頃にようやく、相手の欠点が見えてくるのだ。

この点で、私がインタビューした億万長者たちは、まるで早期警戒システムを備えているように見える。彼らは異性と恋に落ちる前に、思いやりがあって物事の是非を心得ている相手かどうかを見分ける不思議な能力を持っているのだ。そうでなければ、なぜ億万長者の離婚率が非常に低いのか説明がつかない。二五年、三五年、いや五〇年ものあいだ、同じ相手と夫婦でいる典型的な億万長者たちに聞いてみよう――

あなたの配偶者はどんな人か教えて欲しいんですが。

ミリオネアたちがまず最初に口にした配偶者像は――

しっかり者。　私の精神的な支え。
自己中心的でない。　辛抱強い。
伝統的価値観を持つ。　理解がある。

もっと突っ込んだ質問もしてみた。

出会った当初、今の配偶者のどこに惹かれたのですか？

当然、相手の容姿を挙げる回答が多くなるが、外見の美しさだけで結婚した人はまずいない。大多数が、配偶者となる人のなかに、前述のような資質を感じとっている。

ここで、三つの会社のオーナー経営者である夫婦、バーバラとフォレスターのケースを考えてみよう。二人の結婚生活は三五年を超え、四人の子供はすでに成人している。

バーバラはコロラド州との境に近いカンザス州西部の小さな町で育った。フォレスターはジョージア州南部の農場出身である。二人ともさほど裕福でない家庭で育ったが、どちらも非常に聡明で、高校の成績は抜群によかった。双方の親は苦労して大学の学費を確保し、子供たちはさらに奨学金の援助も受けた。そして、フォレスターはＭＩＴに進学し、バーバラはウェルズリー・カレッジの学生となった。

フォレスターによれば――

最初に彼女を見て思ったのは、着ている服が手作りだな、ということでした。

パーティーで初めて会った瞬間から、フォレスターはバーバラに夢中になった。バーバラが愛らしくてチャーミングだったのも事実だが、まずフォレスターの心を捉えたのは、彼女の着ている服だった。母親の手作りだったその服からは、慎ましい生活を送りながら全米屈指の名門女子大に娘を入学させた両親の姿がはっきりと見てとれた。バーバラも彼女の両親も正しい優先順位というものを持っている、とフォレスターは感じた。一方、バーバラは農場育ちの質実さを持ったフォレスターに心を揺さぶられた。

二人には理想的な伴侶を選ぶ嗅覚があり、その選択が正しかったことは、三五年の歳月が過ぎた今、明らかである。バーバラとフォレスターは似合いの夫婦であり、事業を経営していくのにも打ってつけのコンビだった。結婚すると早い段階で、二人は高価な消費財を買いそろえることをやめ、ビジネスへの投資を優先させる生活を始めた。ビジネスこそ二人の最優先課題だったのだ。今日、二人が経済的成功を収めているのも当然なのである。

服や新車などの高価な消費財に収入の大半をつぎ込んでいる世帯が裕福になったためしはない。ステータス・シンボルの消費財を手に入れることに夢中になって、自分の事業や株式などへの投資を怠っていては、誰もミリオネアなどにはなれはしない。バーバラとフォレスターはそうした現実を、倹約家の両親から学んでいたのである。

結婚の誓いと洗車業の秘密――夫婦に共通の関心事

共通の関心事を持つ夫婦は別れないという傾向があり、結婚生活の長さは純資産額に大きな影響をおよぼす。しかし、いくら共通の関心事があって、結婚生活を長く続けても、それで自動的に資産が蓄積されるわけではない。たとえば、稼いだだけ使うのが好きな浪費家の夫婦がいたとしよう。この夫婦はショッピングという共通の関心事を持っているわけで、結婚生活は長続きするかもしれないが、経済的に成功する可能性は少ない。

つまり、蓄財の鍵となるのは、「夫婦の関心事」の中身なのだ。「家計費の予算を立てる」「投資を計画・実行する」「経済的な目標を設定する」「事業を起こして運営する」といった、蓄財に役立つ共通の関心事かどうかが大きな意味を持つのである。そうしたことに関心を持つ夫婦なら、億万長者への道のりも遠くない。そうしたカップルは、新たに車を買うときは所得ではなく、賢い投資から生まれた利益をそれに充てる。彼らにしてみれば、それが当然で賢明なやり方なのだ。

私は最近、モーターボートを二万三〇〇〇ドルで買ったばかりだという古くからの知り合いに偶然出会った。彼の話では、ボートの購入代金は一〇年前に買った株の配当金のごく一部なのだという。彼には一二年連れ添っている妻がいる。二人ともボートが趣味なのだが、同時に、一緒に家計を切り詰める工夫をし、投資の研究をし、長い目で見た経済的目標を立てるのも大きな楽しみにしている。この夫婦にとって、ボート遊びは、なんの経済的犠牲も伴わないから、いっそう楽しいものとなるのである。実際、そのモーターボートは二人の自分たちへの褒美だった。貯えるべき資産の目標額を超えたから、自分たちに褒美を与えたのである。

このように、資産形成に共通の関心を持つことが、金持ちになりたいカップルにとって重要な鍵となるが、蓄財の最も一般的な方法は自営業者になることである。たとえば、ファーガソン夫妻がそうだった。夫妻はどちらも大学を出ていないが、大方の大卒者より裕福な資産家になった。夫婦は、ふつうの人より早く引退できるような経済的基盤を築くことを目標に据えて、勤勉に働いてきた。そんな二人は、自分たちの目標を達成するには、自営業者になるのがいちばんの近道だと考えた。そして、どんなビジネスに乗り出すのがベストか、じっくり検討した。まず、高い収益率を上げている職業カテゴリーを探し、そのなかで、他の人が儲かる商売だとは思わないような業種を選んだ。事実、二人の選んだ商売には、ほとんど競争相手がいなかった。ファーガソン夫人は私にこう言った——

あなたが前の本で、一代で財を成した億万長者のビジネスの一つに、洗車業を入れてくださらなかったことに感謝しています。誰も気がつかなければ、それだけ都合がいいもので……。本当のところは、洗車業をやって一代で億万長者になった人はいっぱいいるんですよね。

人はよく私に、事業を始めるにはどのくらいの資金が必要かと質問する。ほとんどの人が、かなりの大金がいると考えている。億の金を稼ぐには億の金がいる、という具合だ。しかし、ファーガソン夫妻はそうは考えない。小さくとも効率のよい事業から始めればよく、多額の資金は必ずしも必要ではない、という考えなのだ。再び、ファーガソン夫人によれば——

夫が二六歳、私が二九歳のときに、私たちは潰れかかっている洗車場をリースで手に入れました。設備一式が完備されて、たった五〇〇〇ドルでね。リース代の五〇〇〇ドルは夫の両親から借りたんです。

なんと、二人はわずか五〇〇〇ドルで洗車業に乗り出したのだ。これは賢明な投資だった——なにしろ一三年後、夫妻はその洗車業を七五万ドルで売却しているのだから。そう、ファーガソン夫妻は誰もが見過ごしていた金鉱を掘り当てたのだ。「潰れかかっている」洗車場など、誰も買おうと思わないにちがいない。洗車業は社会的ステータスが高い商売ではないし、儲かりそうな仕事でもない。だが、ファーガソン夫妻はそんなことはまったく気にしなかった。顧客のほとんどが二人のことを「根っからのブルーカラー」と見なしているのにも無頓着だった。

夫妻の信念は、二人を支える強い力となっている。たとえば、二人のどちらかが、洗車業という仕事を選んだことに疑問を抱き、それを口にすると、必ずもう一人がこう反論するのである――

洗車場の経営者はだいたい（私たちを含めて）、いい大学を出たお客さんたちよりもずっと裕福なんじゃない？　それはいろいろと大変だけど、長い目で見たら絶対にそれだけのことはあるから。

ファーガソン夫妻は大学に行かなかったというデメリットを逆手にとって成功したのである。自分たちが高学歴で身なりのよい上層クラスの顧客たちよりも多くの資産を貯えているという事実を忘れずに、倹約を怠らず、利益をあげようと努力しつづけたのだ。雨が何日も降りつづき、お客が一人も来ない苦しいときでも、二人は目先の困難にくよくよせずに、はるか先を見据えてがんばった――こう思いながら。

きっと最後には、もっと裕福になって引退できるから！

金持ちが結婚相手に求める五つの要素とは？

なぜ、これほどまでに億万長者の結婚に対する考え方が興味を惹くのだろうか？　アメリカの億万長者の平均結婚期間は二八年にもおよび、四組に一組は三八年以上も夫婦でいる。現在のアメリカ全体の離婚率を考えてみれば、これは驚くべき数字である。億万長者の結婚に対する考え方を探ることは、正しい人生の伴侶を見つけるための指針を与えてくれるにちがいない。いったい、何が結婚を成功させる秘訣なのだろうか？

億万長者が億万長者たりうるのは、彼らが人生のさまざまな大問題に対して正しい決断を下しているからだ。そして、その一つが配偶者の選択なのだ。結婚の年数と純資産額のあいだには、かなり顕著な正比例の関係が見られる。だが、もし離婚ということになれば、資産は大きなダメージを受ける。

したがって、結婚が長続きしている理由として、億万長者が配偶者の「容姿の魅力」を第一に挙げていないのも不思議ではない。もっとも、さまざまなインタビューでも、「容姿の魅力」は回答者のほとんど全員が要因の一つには挙げていたし、それが結婚を長続きさせるプラス因子であることも事実である。だが、それを重視しすぎることはないのだ。回答者の一人は、配偶者の外見の美しさについて、こう語っている――

理想を言えば、知的で正直で、思いやりがあって柔軟な適応力を持っている……そんな女性に肉体的な魅力が備わっているのがいちばんいいんだがね。

この発言こそ、大多数の億万長者の「容姿の魅力」に対する考えを代弁するものである。つまり彼らは、「容姿の魅力」だけで結婚しようなどとは考えないのだ。

億万長者が配偶者を選ぶ際には、知性が重要な位置を占めるが、他にも重要視されている資質がいくつかある。後に億万長者になった人たちは未来の配偶者を、誠実か、朗らかか、信頼できるか、情が細やかかといった点を見て、ふるい分けているようなのである。いったいミリオネアたちは、こうした選択能力を、どこでどうやって身につけるのだろうか？　3章で述べたことをもう一度思い返してみよう。学生時代のさまざまな体験のなかで、未来の億万長者たちに、その後の経済的な成功を収めるうえで最も大きな影響を及ぼしたのは何であったか？

他の人間を的確に見抜く判断力を身につけたこと。

つまり、ほとんどの億万長者たちが、学生時代の経験から人間の資質について敏感になったということだ。その結果、この人は本当に誠実だろうか、信頼がおけるだろうか、といった判断が、配偶者選びの重要な部分を占めるようになるのだ。

世の親御さん、あなたは子供たちに、ボーイフレンドあるいはガールフレンドのなかには誠実な人もいればそうでない人もいるから、そのちがいに注意するように言い聞かせたことがあるだろうか。その場合、チェックすべき大事な点は、その友だちが誰に対しても誠実であるかどうかである。いい印象を与えたい人にだけ見せる態度から判断してはならない。本来の性格や躾《しつけ》からにじみ出る誠実さが感じとれるか？　それとも、自分の利益になるときだけ誠実そうにしているのか？　それを見極める必要がある。

知性的な人たちのすべてが、他の重要な資質も備えているとは限らない。というより、回転の速い頭脳は欠点を隠すように立ち回りがちなので注意が必要だ。求婚者の頭のよさに心酔してしまうのは、相手の外見の魅力にころりと参って何も見えなくなるのと同じである。知性ばかりを重視して、他の重要な資質——誠実さ、明朗さ、信頼性、道徳など——を見落としてはならない。

重要な資質

なぜ、億万長者の多くは離婚しないのだろうか？　ミリオネア・カップルは夫も妻も、結婚を成功させるにはどんな資質が必要か、それをしっかり心得ていることはまちがいない。しかも億万長者の場合に特徴的なのは、夫も妻も、配偶者の持つそれらの資質をまったく同じように評価している点である。

たとえば、男性回答者のほぼ全員（九九％）と女性回答者の大部分（九四％）が、配偶者

表 6-1

億万長者の結婚生活の成功を支える配偶者の資質　上位5位

重要だと答えた割合

配偶者の資質	億万長者全員	男性(625名)	女性(73名)	顕著な違い*1
正直	98%	99%	94%	なし
責任感がある	95	96	92	なし
情愛豊か	95	95	95	なし
有能	95	95	96	なし
協力的	94	94	91	なし

*1 5%以上の差

の「正直」さを重要な資質としている（表6－1参照）。他の四つの資質を重要と見なす割合も、男女ほとんど同じである。九六％の男性と九二％の女性が、自分の配偶者は「責任感がある」と考えている。男性・女性とも同率（九五％）の人が、配偶者を「情愛豊か」だと思っている。そして、男女とも大多数の人が、配偶者を「有能」で「協力的」だとも思っている。こうした資質のすべてが、結婚を順調に長続きさせる重要な要素なのだ。

こうしたミリオネア・カップルのお互いに対する高い評価は、これらの資質だけにとどまらない。億万長者に経済的成功の理由を尋ねると、夫からも妻からも決まって同じ答えが返ってくる。どちらも、それを可能にしたのは配偶者の力だと、互いに褒め合うのである。

事業主であるS氏はグループ・インタビューの席上、三八年間連れ添った妻の協力なしではとても成功できなかっただろうと、重ねて強調した。

家内には、頭が上がりません。もし家内がいなかったら、ここまではやってこられなかったでしょう。子供は五人いますが、私は、家内や子供につき添って病院に行ったことさえ一度もありません。家内が全部自分でやってくれたんです……。何もかも全部やってくれました。

億万長者たちの大部分はS氏の意見にうなずくはずだ。サクセス・ストーリーはそれぞれちがっても、そのほとんどすべてに共通の特徴がある。大多数の億万長者が、自分の配偶者は大変協力的だと述べ、協力的であるためには、正直で責任感があり、情愛豊かで有能であることが必要だとしている点である。それが、億万長者たちの長続きする結婚を支える土台なのだ。

一代で億万長者となった起業家、ドン・D氏は、協力的で責任感があり、かつ有能な彼の妻の素晴らしい話を聞かせてくれた。二九歳のとき、ドンは事業を起こす計画について妻の意見を求めた。事業を始めるとなると犠牲はつき物だ、と彼は説明した。まず、高給を払ってくれている今の会社を辞めなければならない。ビジネスを始める際の資金調達の問題もあった。「もしかすると、一切合切売ることになるかもしれないが」

すると、家内は私に「うまくいかなかったらどうするの?」って聞いた。「そうだな、他の職を探すさ」って言うと、家内の答えは「いいわ」だった。

しかし二年後、ドン・D氏の事業は行き詰まった。一緒に働いてきた妻は一度も不平をこぼさなかった。ドン・D氏は会社員に戻った。五年後、彼は会社を辞め、再び独立した。妻の祝福と励ましを受けて挑んだ二度目のベンチャーは、一九七六年の創業以来順調に行っている。そして現在までに彼はさらに三つの事業をスタートさせている。

ドン・D氏は「有能で責任感のある」妻の協力をどう評価しているだろうか？　彼の妻は家庭内の仕事をほとんど全部こなしただけでなく、それ以上の働きをした。夫のように物理学の専門知識はないものの、自分も進んでビジネスについて研究し、その運営に必要なテクニックを学んだ。今日、ドン・D氏が始めた四つの事業のうち二つは妻がオーナーとなり、見事な経営者ぶりを発揮している。

「結婚して三〇年になるが、家内は変わらない。昔のまんまです。家内がいなければ何も始まらなかったんじゃないかね……私は頑固で融通がきかないんで。その点、家内は冷静で、落ち着いた人間だから。

ドン・D氏は、自分たち夫婦は完璧なコンビだと言う。お互いに相手の性格や能力を認めて高く評価する。生産的かつ長続きする関係に不可欠な五つの資質を、夫婦ともたっぷり持

表6-2

億万長者が配偶者となる人の資質の中で最初に惹かれた点　上位5位

重要だと答えた割合

配偶者の資質	億万長者全員	男性（625名）	女性（73名）	顕著な違い[*1]
知性的	96%	95%	99%	なし
誠実	95	95	95	なし
明朗	92	93	83	あり
信頼できる	92	92	91	なし
情愛豊か	91	92	88	なし

*1　5%以上の差

ち合わせている。二人とも正直で、責任感があり、情愛豊かで、有能で、協力的な人間なのだ。

容姿の魅力は別にして、億万長者たちが配偶者となる人に最初に会ったときに心を惹かれる資質もやはり五つある。知性的で、誠実で、明るく、信頼でき、情愛豊かなところだ。求愛の初期の段階で相手のそうした資質を感じとる億万長者たちのセンサーは、どれだけ正確なのだろうか？　ほとんどの億万長者が、相手の重要な資質としてまず「知性的」であることを挙げる（表6－2参照）。しかし、「知性的」とはどんな意味なのか？　億万長者世帯では、夫の九〇％、妻の八五％が大学を卒業している。とくに妻たちは成績がよく、約八〇％が上位四分の一に入る成績を収めている。

他の資質についてはどうだろうか？　表6－2にあるように、夫も妻も九五％が、相手の誠実さに惹かれたと回答しているが、この点に関しては、ミリオネアたちの判断は正しいようだ。回答者たちによれば、誠実であるということは正直だということであり、それが結局、彼らの結婚を長続きさせた重要な要素だという。

回答者の億万長者はほとんどが、三〇年近くに及ぶ結婚生活で、配偶者に対する最初の評価が正しかったかどうか、充分判断できたはずだ。おそらく今は、相手の本質を確実に理解しているにちがいない。つき合いはじめた頃に信頼できると思った結婚相手は、ただ信頼がおけるだけでなく、責任感もあることがわかった、とミリオネアたちは言う。信頼は責任感を呼び起こし、これも結婚を成功させる要因の一つなのだ。

裕福であることは結婚を成功させるのか？

恋人の心をつかみ、結婚を成功させるうえで、経済力はどんな役割を果たしているのだろうか。配偶者の資産と所得に関しては、億万長者カップルの夫と妻のあいだに、考え方にちがいが見られる。

配偶者の「高収入を得る」能力は結婚を成功させるうえで重要な要素となると答える妻の数は、同じように答える夫の四倍以上になる。妻のほぼ半分（四九％）が、収入が高いことは重要だと答えているのだ（表6－3参照）。まったく対照的に、配偶者の収入が結婚を成功させるうえで重要だとする夫は、全体のわずか一二％である。

これまで再三述べてきたように、収入イコール資産ではない。また、お金で幸福は買えな

表6-3

億万長者の結婚生活の成功に対する配偶者の資質の貢献度　男性・女性比較[*1]

重要だと答えた割合

配偶者の資質	男性(625名)	女性(73名)
高収入を得る	12%	49%
裕福	12	37
道徳的	88	71
几帳面	69	55
利他的	86	74
明朗	88	80
魅力的な容姿	88	80
礼儀正しい	91	84
倹約家	46	39
正直	99	94

*1 倹約家についての回答を除いて、全項目で有意差が認められる。有意水準5%。

いというのもよく言われることだ。しかし、「裕福」であることが結婚を成功させる鍵であると信じる妻（三七％）は、夫（一二％）の三倍強もいるのである（表6－3参照）。

もちろん、これらの数字は必ずしも、アメリカの多くの億万長者夫婦が破産しても仲睦まじく結婚生活を続けるということを意味するものではない。大部分のミリオネア・カップルが言わんとするところは、たとえ収入がずっと少なくても、また資産が何分の一かであっても、結婚は成功させられるということなのだ。億万長者の夫や妻の多くは、資産や収入以外の条件、配偶者のさまざまな資質のほうに関心があるのである。いかに相手が正直で、責任感があり、情愛豊かで、有能で、協力的であるかのほうが重要なの

表6-4

億万長者が配偶者となる人の資質の中で最初に惹かれた点　男性・女性比較*1

重要だと答えた割合

配偶者の資質	男性(625名)	女性(73名)
高収入を得る能力	13%	59%
野心的	48	82
服装の趣味がいい	80	60
道徳的	79	61
裕福	9	23
自制心がある	71	82
倹約家	34	23
安定性がある	71	81
明朗	93	83
励ましてくれる	87	80

*1 全項目において有意差が認められる。有意水準5%。

である。

概して女性は男性より、配偶者の収入と資産という要素を重く見るが、それには充分な理由がある。億万長者世帯の妻は、伝統的価値観を持っていて、家庭の収入は男が主になって得るべきだと思っているケースが多く、男性の側も大多数が同じ考えなのである。億万長者世帯の夫でそうは考えない人は八人の一人(一二%)と少数派なのだ。

表6－4は、億万長者世帯の夫と妻の考え方の主なちがいを示している。夫(一三%)に比べてかなりの割合の妻(五九%)が、最初に相手の「高収入を得る能力」に惹かれた部分が大きいと答えている。他の経済的ファクターはどうだろうか?「裕福」であるということに対しては、妻(二三%)も夫(九%)

もわずかしか関心を示していない。しかし、この点でも、それを重要視する妻の数は夫の数よりも倍以上多い。

興味深いことに、「裕福」であるという条件に比べて、「野心的」であるという資質を重要だとする割合は、妻（八二％）も夫（四八％）も多くなっている。「自制心がある」や「安定性がある」といった資質は、女性に人気がある。男性は女性より、「服装の趣味がいい」異性に目を奪われる傾向がある（男八〇％、女六〇％）。その他、「道徳的」（男七九％、女六一％）、「明朗」（男九三％、女八三％）、「励ましてくれる」（男八七％、女八〇％）といったところが目につく。

結婚後に億万長者となった男性の配偶者となった女性は、先に挙げた五つの主な「魅力的」資質（知性的、誠実、明朗、信頼できる、情愛豊か）の他にも、プラスアルファを持っている相手に惹きつけられている。こうした女性に選ばれるには、男は野心的で、しかも高収入を得る能力も併せ持っていなければならない。約五人に四人の女性が、相手が「結婚前から裕福であるかどうか」は重要なポイントではなかったと答えている。

男性も最初に配偶者候補の女性を評価するときには、女性同様五つの基本的な資質を判定基準にするが、多くの人は金銭、収入、資産などの面で妻と競いたがらない。したがって、未来の配偶者が知性的であってほしいと思うが、「収入を得る能力」や「野心的」といった資質に関心を向ける人はごく少数である。が、幸か不幸か、半数以上の妻は夫が家計の担い手となることを伝統的に了承している。

一般人が結婚相手に求めるものは何か？

それでは、なぜ一般人の多くが、あまりにも多くの人が、億万長者のように結婚相手を正しく選択できないのだろうか？　それは、億万長者とはちがう基準で配偶者を選択しているからだ。

カリフォルニア大学ロサンゼルス校のベリンダ・タッカー博士は、一八歳から四五歳までの三四〇七人の一般人を対象に、配偶者の選択に関する大規模な調査を行った。そしてその調査結果をアメリカ心理学会の一九九七年度全国会議で発表した。

タッカー博士の調査によれば、男性は肉体的魅力を最も重視し、経済力（給料と収益能力）を二番目に重く見る。これを億万長者の場合と比較してほしい。億万長者が配偶者選択の基準にした、結婚を成功させる資質は何であったか？

正直、責任感がある、情愛豊か、有能、協力的

たとえ美人で高給を稼ぐ女性と結婚したとしても、彼女が不正直で、無責任で、冷淡で、無能で、非協力的な人間だったら、決して結婚はうまくいかないだろう。

タッカー博士の調査は、女性が結婚相手を選ぶ際に最も重視する基準も明らかにした。こちらは経済力が、容姿、学歴、職業をおさえて第一位になった。やはり、億万長者の女性が伴侶を選ぶ際の基準とはまったく異なっている。億万長者の妻は、結婚を長続きさせるには、夫の経済力よりも正直、知性的、野心的といった資質のほうが大事だとしている。

億万長者と一般人の配偶者選択基準を比較すれば、一般人の離婚率が非常に高い理由も見えてくるはずである。タッカー博士はこう述べている――

配偶者の経済力に満足するかどうかは、夫婦の関係をどう感じているか、ずっと夫婦でいたいと思っているかどうかが大きく影響してくる。

タッカー博士によれば、一般人の場合は男女を問わず、結婚相手が失業すると離婚を考えるケースが多いという。この傾向も、億万長者や億万長者予備軍とは決定的に異なる。億万長者といえども、資産を築くまでにはしばしば長い苦難の日々を送ってきたことを忘れてはならない。生活費をぎりぎりまで切りつめて、資金をすべて将来のための投資に回すことも珍しくないのである。だから、一代で財を成した億万長者がこう述懐するのも珍しくない――

会社をクビになったあとすぐに事業を始めたんですがね。それまでの貯金を残らず注ぎ込んで……妻の収入で最初の数年間は食いつないだんですが、それがもう何十年にも感じられましたね。

夫と共に事業を始め、夫をオーナーとする会社を支える億万長者のある女性はこう語る

——

徹底した倹約生活をしてますが、私たちはケチなんじゃありません。根っからの事業家なだけです。私たちは……うちより年収の多いご近所の人につられて、浪費に走らないよう気をつけています。私たちは資産をもっと蓄えてから引退するつもりですから。

タッカー博士の調査からは、こうした女性たちが今日のアメリカでは稀な存在だということがわかる。彼女たちは、夫の収入が低いからといって離婚しようなどとは夢にも思わない。いいときも悪いときも、たとえ何年ものあいだわずかな収入しかなくとも、夫婦でがんばってきたからこそ億万長者になれたのである。

また、タッカー博士の調査では、結婚相手を選ぶ際、男性は相手の容姿を最も重視するとしている。「美貌も皮一枚」という金言は忘れ去られてしまったのだろうか。億万長者や億万長者予備軍たちにとっては、容姿は数ある資質の一つにすぎず、最重要ポイントではないのだ。

おそらく、一般人の離婚率が高いのは、多くの男性が相手の美しさにばかり目を奪われる

からではないだろうか。そうしたケースでは、妻の容貌がやがて衰えたら、夫の気持ちは離婚に傾かざるをえない。ここに、あまりにも多くの結婚が破綻の道をたどるアメリカの現実がある。タッカー博士によれば、妻が容姿の魅力と収入手段をほぼ同時に失った場合、夫から離婚を切り出される割合がぐんと高くなるという。

しかし、そんな夫と別れることができて、妻としてはかえって幸いと言えるだろう。そういう男性は短命の結婚に飛び込んでは同じことを繰り返す性分だから、決して資産家にはなれないし、いつも不満だらけの人間なのだ。

それでも金持ちと結婚したかったら

ある雑誌に私の書いた記事が掲載されてから一週間ほど経った頃、自力で一〇〇〇万ドル級の億万長者になったという男性が電話をかけてきた。その億万長者は私の記事を三度読み返したと言い、次の個所を何度も口にした――

資産は多くの場合、たゆまぬ努力と辛抱と、そして何よりも自己鍛錬の賜物である。

アメリカの億万長者はほとんどが一代で財を築いた人物で、かつ倹約家だという事実に、電話の主はとくに関心を持っていた。私は彼に、親や親戚縁者から経済的援助を受けた人は、ほとんどの場合ミリオネアにはなれないという事実を話した。すると、彼はいきなり私をさえぎった。「どうしても先生の記事のコピーが欲しいんです。送っていただけますか?」

彼は私の書いたものを三人の青年に読ませたいのだと言った。その億万長者には三人の娘がいて、長女はロースクールの学生、次女は名門の大学を卒業したばかり、末娘は大学の最上級生で、三人とも結婚を前提に付き合っているボーイフレンドがいるのだそうだ。

父親の見るところ、その青年たちは少々啓蒙してやる必要があった。三人の若い求婚者たちは、娘の父親が大金持ちであることを当然知っている。だから、私の書いたものを読ませることによって、「娘たちと結婚したとしても、金はやらんぞ!」――つまり、経済的援助は一切なしだと伝えて、彼らの本心を確かめようとしたのだ。もし、急に娘への関心を失ったら、その男はただの金目当てだったことがわかるからだ。

アメリカには、裕福になるためのシンプルなルールがある。

金持ちになるためには、決して他者の金をあてにしてはいけない。

このルールを無視した人たちはとんだ目にあう。とりわけ、結婚によって金持ちの仲間入りをしようと願う「金持ち志向型人間」の場合はそうだ。次の事例を見ればわかるだろう。

ペギーは労働者階級の家庭に育ったが、一流大学を卒業した。チャーミングでとても魅力的な女性である。彼女の両親は金持ちを尊敬していて、ペギーにも尊敬するよう教え込んだ。

ペギーも両親も、尊敬される職業についている人たちは、それに見合った資産を持っているものと思い込んでいた。医者、弁護士、会計士、会社役員などはみんな金持ちというわけである。それで、不運なことに、ペギーは金持ち志向型人間の厳守すべきルールを破ってしまった。

ルール1——裕福な家の娘や息子と結婚したければ、まずその家が正真正銘の資産家なのかを確かめる。リッチな生活も見かけ倒しの場合があるからだ。

ペギーの選んだ相手は、有力者を輩出している名家の息子だった。彼の父親はその地域で名の知れた事業家で、一家はさまざまな市民運動や慈善事業に熱心に取り組んでいた。大邸宅に住み、それぞれが豪奢な車に乗っていた。両親は名門会員制クラブのメンバーで、妹は女子青年連盟に入っていた。

しかし、シェークスピアが言っているように、「光るものすべてが金とはかぎらない」。残念ながら、ペギーは本物の金とまがい物を見分けられなかった。彼女は相手の青年のリッチさにまず惹かれ、最後には結婚した。しかし、先に挙げた表向きのリッチさは、青年の家の実情を正確に示しているものではなかった。

ペギーがようやく真実を発見したのは、結婚したあとだった。夫の両親は何年ものあいだ、ペギーたちが結婚する前から、経済的に苦しい状況にあった。羽振りのよさを装っていただけだったのだ。ペギーの思惑では、彼女と夫は家をもらえるはずだったのだが、家はおろか、経済的援助は一切与えられなかった。それどころかペギーは夫から、働くように申し渡される始末だった。

ペギーの結婚生活は三年と持たなかった。離婚した彼女は、今度こそ金持ちと結婚してみせると固く心に誓い、結婚相手のいっぱいいそうな「漁場」を求めて、大手の信託会社に就職した。そして、その信託会社の裕福な顧客と出会い、結婚した。ペギーより何歳も年上の相手だが、今度はペギーも正しい選択をした。彼女は本物の金鉱を掘り当てたのだ。新しい夫は億万長者だった！　現在、夫は働いているが、ペギーは働いていない。夫が金を稼ぎ、それを彼女が使う。危なっかしい綱渡りだが、一応バランスはとれている。果たして、新しい夫の経済力はペギーの浪費癖を支えきれるだろうか？　それは今後のお楽しみである。

ルール2——たとえ義理の両親・親戚が大金持ちであっても、あなたや配偶者が一ドルの相続財産や経済的援助も受け取れない場合もある。

すべての億万長者が、結婚した娘や息子の世帯に経済的援助をするわけではない。子供たちにまったく資産を残さない人さえいる。事実、億万長者の子供の四六%が親からまったく資産を受け取っていない。

ある調査によれば、金持ちの家の息子と結婚した女性の約三人に一人が、夫の親族から三〇年間で平均四〇万ドルの経済的援助を受けている。結婚年数で考えると、一年につき一万三三三三ドル程度になる。この金額について、頭の回転の速い人がこうコメントした。「マクドナルドで三〇年間働いたほうがよっぽど楽な暮らしができるね」

この発言には同意できない向きがあるかもしれないが、結婚相手の親の金をあてにして結婚する女性たちのほとんどが、期待はずれで呆然とするのが現実だ。多くの金持ちの親たちは、自分の息子やその配偶者などへの経済的援助は、野心を鈍らせると考えているのだ。

では、金持ちの家の娘と結婚した男性の場合はどうなのだろうか？　このタイプの男性で、経済的援助や相続財産をまったく与えられていないのは、三人に一人だけである。親の世代から、平均約七〇万ドルの経済的援助を受けている。

金持ちの息子と結婚した女性よりも、金持ちの娘と結婚した男性のほうが経済的援助に恵まれるのはなぜだろうか？　答えは次のルール３のなかにある。

ルール３——富裕層に属する親は、子供の収入が低ければ低いほど経済的援助をし、収入が高ければ経済的援助をしない傾向がある。富裕層を親に持つ娘は、結婚すると約二分の一が専業主婦になる。そして専業主婦は、富裕層の親から経済的援助を受ける率が最も高いグループに入る。

あなたの結婚相手が富裕層の子供だとしよう。その相手の年収が高くなればなるほど、あなたが経済的援助を受ける確率は低くなる。つまり、選択肢ははっきりしているのだ。資産と結婚するか、それとも収入と結婚するかで、資産と収入の両方と結婚するというのは幻想にすぎない。

ルール4――富裕層の親は、嫁や婿よりも孫に経済的援助を与えたがる。

金持ちの子供と結婚しても、義父母の資産はまず手に入らないと考えるほうが、感情的にも精神衛生上も望ましい。

図書館のリサ

この章で述べた理想的な配偶者の資質について、もう一度考えてみたい。野心的、知性的、理性的、魅力的といった資質だ。こうした資質を備えた人たちには、どこで会えるだろうか？　大学である。大学は最高の「花婿・花嫁学校」なのだ。

億万長者の多くが、現在の配偶者とは大学で出会ったと私に語っている。知性的な配偶者を求めているのならば、キャンパスに行けば見つかる確率が高い。上質の人間は上質のグループのなかにいる――正しい出会いの場所を選べば、あなたのもとにどれほど大きな幸運が転がり込んでくるか計り知れない。「図書館のリサ」のケースを見てみれば、それがわかるはずだ。

大学で教えていてしみじみ喜びを感じることの一つが、非常に優秀で能力のある学生たちと共同で研究を行うことだ。リサはそうした優秀な学生の一人で、学部ではすべての課目でAの成績を収め、大学院進学試験とMBA適性試験も高得点をとった。そのうえ彼女はチャーミングで魅力的で、関心の幅も広く、課外活動も進んで行っていた。

リサは四年生の秋学期に、私の担当する学部コースの一つを受講した。その二週目に、リサと三人のクラスメートが私の研究室にやって来て、マーケティングで私が研究を進めている分野についてもっと学びたいと言ってきた。リサはその学生たちの代表格だった。四人は、グループで調査を行い、その調査に基づいて研究論文を書きたいのだが、と私の意見を求めた。たとえその調査活動で単位がとれなくても、それによって四人は新しい分野の知識が得られるだろうし、結果次第では大学院進学のための好材料になるのではないか、という心づもりのようだった。

私は賛成し、その学期のあいだ、毎週月曜日の朝、一時間か二時間、四人と顔を合わせることにした。四人は調査プロジェクトの進捗状況を報告し、私は指示や読むべき資料を与えた。そして、その学期がほとんど終わりかけるまで、四人のプロジェクトはすべて計画通りに進んでいたのだが、ある日、思いがけないことが起きた。あと二週で学期が修了するという月曜日、リサが初めて欠席したのだ。

彼女はそのほんの数週間前、私のところに大学院への推薦状を書いてほしいと依頼してきた。リサの進学の手助けができることを喜んで、私は推薦状を書いてやった。私は無邪気に、

「リサはどこ?」と聞いた。

お聞きじゃなかったんですか？　リサは結婚するんです。大学院には行かないんですよ

婚約したことなどリサからまったく聞いていなかったので、私は驚き、学生たちにあれこれ尋ねたが、みんな私同様ほとんど何も知らなかった。リサの代わりにグループのまとめ役になった学生が、リサはみんなで進めてきた研究プロジェクトにそれ以上参加するつもりはないことを伝えた。リサがこのプロジェクトをやってきたのは、大学院の入学申請を有利にするためでもあったのだが、それも必要なくなった——もう、結婚するのだし、大学院にはこれっぽっちも未練はないというのである。

リサは医学部の最終学年の医者の卵との結婚を決意した。彼とは、つき合いはじめるとすぐ婚約していた。リサが大学院という大きな目標を捨てたことに、私たちは一様に驚きの反応を示した。しかし、リサの事情を伝えてくれた男子学生によれば、じつのところ、大学院はリサにとって、万一医者と結婚できなかった場合の滑り止めだったというのだ。

また、第一目標を達成するためにとったリサの秘密の行動についても、その学生は教えてくれた。リサは母親の助言に従って、毎晩医学部の図書館で勉強していたのだ。彼女の母親はリサに、医者と結婚すれば働かずにすむし、お金の心配をしなくていい、と話した。さらに母親は、医学部の図書館はそうした医者と出会える最高の場所だともつけ加えたのだった。

6
金持ちになるための配偶者の選び方

顔には出さなかったものの、私はそのニュースにショックを受けた。リサは独力で経済的に成功する能力を充分に持っていた。そんな彼女が社会に出る前に第一線を退いてしまうのが、私には信じられなかった。なぜリサの母親は頭脳明晰な娘を医学部の図書館に押し込んで、医者と結婚するようけしかけたのだろうか？

しかし、富裕層に関するデータが集まってくるにつれ、私はしだいにリサの母親の考えを理解するようになった。

今日、六桁の年収を得る層の男女比は、男五人に対し女一人だ。七桁の所得層になると、もっと女性の割合は低くなり、女性はその層の一〇%に満たない。しかも、女性は高給取りの専門職に就いた場合でも、同じ専門職の男性の約五五%しか稼いでいない。私がしばしば述べているように、女性は経済的に不利な立場にある。

大衆紙は女性の金持ちが増加しているという記事を書き立ててきたが、私の調査では、ここ二〇年余りのあいだ、さしたる変化は認められない。アメリカの億万長者人口の九〇%以上は既婚世帯で占められているが、そこで決定権を持っているのは八〇%以上の確率で男性である。

こうしたデータから考えれば、リサの母親が娘に与えた忠告は当を得ていたのだろうか？悲しい話だが、リサの母親は娘が将来直面する経済的に不利な現実を鋭敏に感じとっていたのだと思う。しかし、それでも私は、リサがその有り余るほどの能力でそれを充分克服できたにちがいないとだけは言っておきたい。

ミスター・ミートのおいしい結婚話

ジョンは自分の番がくるのを辛抱強く待っていた。私は約一〇〇名の会社役員を前にして二時間のセミナーを終えたばかりだった。私が演壇を離れようとしたとき、参加者たちが多数近寄ってきた。列に並んだジョンが自分の後ろの人たちにどんどん順番を譲るのに、私は気づいていた。とうとうジョンだけが会場に残った。どうやら彼は私と二人だけで話をしたかったらしい。

ジョンは大会社の副社長で、年収は三〇万ドル以上あった。一代で億万長者にもなっていた。ジョンの両親は裕福ではなかったが、金銭以上のものを彼に与えた。ジョンは常識と野心、曲がったことの嫌いな性格、勤勉を美徳とする労働観を、父母から受け継いだと思っている。

じつはジョンは社会人になる前、抗しがたい申し出を目の前に突きつけられた体験を持っている。彼は結局それを断ったが、その決断を決して後悔したことはない――ジョンは常に主体性のある男だったし、今でもそれは変わらないのだ。

ジョンが有名州立大学の四年生になったとき、彼には同学年の恋人ベッキーがいた。ジョンによれば、ベッキーは明るい性格で、魅力的であるだけでなく、この章で述べた望ましい資質も多く持っていた。ベッキーは誠実で、堅実で、知性的だった。その学年の秋学期のあ

6
金持ちになるための配偶者の選び方

いだ、二人はお互いに愛情を深め合っていった。そして、クリスマスの機会にジョンがベッキーの両親に会いに行くのがいいだろうという話が二人のあいだでまとまった。

ベッキーの父親は精肉加工処理会社を起こし、オーナー経営者として非常な成功を収めていた。母親は専業主婦で、ジョンの話では、ベッキーの家族はみんなじつに気持ちのいい人たちだった。一家はジョンをくつろがせようと気遣い、温かく迎え入れてくれた。そういう雰囲気のなかで、ある申し出が彼の前に持ち出された。しかも、それは並の提案ではなかった。どうやらベッキーの両親はジョンが大いに気に入ったようだった。

クリスマスの長い一日が終わって、ベッキーと母親は寝室に退いた。ベッキーの二人の姉と夫たちも、すでに近所にある自宅に帰っていた。その結果、ジョンとベッキーの父親だけが書斎に残って、二人で話をする形となった。ベッキーの父親はアメリカのサクセス・ストーリーそのものだった。恵まれない家庭環境に育ち、教育もろくに受けなかったが、そのハンディを乗り越えて億万長者となったのである。今や彼はアメリカの精肉業界を代表する人物で、「ミスター・ミート」として知られていた。

ベッキーの父親は、アメリカの青年なら誰だろうと「ミスター・ミート」の下で働き、いずれ会社を継ぐ地位につくチャンスを喉から手が出るほど欲しがるものと思い込んでいた。ジョンはそのうち「ミスター・ミート・ジュニア」になるだろう、と。ミスター・ミートは自分の提案を示す前に、ジョンに誘い水をかけるように尋ねた。「ジョン、君とベッキーは一緒になることを真剣に考えているんだろう?」ジョンはベッキーと「真剣な仲」になっていることを認めた。その後二時間ほど、ミスター・ミートはノンストップでしゃべりつづけた。

最初に、ベッキーの父親は自分の受けた試練と苦しみがどんなものだったか語って聞かせた。話はもっぱらジョンの「今回の好機」と、裸一貫からミスター・ミートのような地位までのぼりつめることがどれだけ稀であるかということに終始した。ベッキーの父親は延々と自説を繰り広げた。ジョンは座って、入念に準備されたらしい提案の内容を礼儀正しく聞いていた。その話は、ベッキーの姉たちと結婚した二人の青年にも提示されたものと同じ内容にちがいなかった。

ミスター・ミートの提案は単に雇用に関わることだけでなく、もっと込み入った話だった。それは要するに、すでに出来上がったライフスタイルを受け入れてくれ、ということだった。ジョンは私の前でミスター・ミート役を演じながら、その提案を一項一項わかりやすく言い直してくれた。ウォールストリート・ジャーナル紙の広告のような中身だが、ここにジョンが話してくれた通りを記してみる。もしこれと同じ申し出があったら、あなたならどうするだろうか?

就職と新しいライフスタイル——娘婿兼上級幹部求む

多大の成功を収めている精肉加工会社のオーナー、「ミスター・ミート」は、その娘ベッキーと結婚する優秀な男性を求めている。応募者はベッキーの指名と同意が得られなければならない。野心的で、信頼でき、知性的で、正直で、自制心があり、容姿のすぐれた男性をベッキーは好む。応募者は成績優秀で、つい最近大学を卒業もしくは現在最終学年に在籍していることが最も望ましい。ベッキーの選んだ志願者は、さらに雇用に関して次の条件を満たさなければならない。

1 義父となるミスター・ミートの下で喜んで働く。選ばれた応募者には将来副社長の地位が与えられる。合意と結婚がなされたあと、職務が割り当てられる。与えられる俸給は、同等の学業成績の新卒者に比して格段に多い額となる。

2 ミスター・ミートならびにその家族、ベッキーの姉たち夫婦の近くに住むことを承諾する。選ばれた応募者とその妻ベッキーには、二人の選んだ家が与えられる。

3 ミスター・ミート一族全員とともに、毎夏の休暇を楽しく過ごすこと。選ばれた応募者とその家族はミスター・ミート所有の豪華ビーチハウスを無料かつ無制限に使用できる。選ばれた応募者は二週間の夏期休暇を与えられる。夏のあいだ中、彼の妻と子供たち（生まれた場合）はミスター・ミート一族と共に過ごす。休暇が終了したあとも、選ばれた応募者は週末ごとに家族に加わる。ミスター・ミートの他の娘たち家族も同様に過ごす。

4 ミスター・ミートと他の二人の娘婿と緊密に働くことを喜びとする。選ばれた応募者はミスター・ミートを長とする経営執行委員会のメンバーになる。ミスター・ミートが引退したときに引き継ぐ可能性を考えて、選ばれた応募者には会社の所有権の一部が与えられる。その詳細については、後日ミスター・ミート及び重役たちと協議が行われる。

これはライフスタイルと生涯にわたる義務の提示であると同時に、一生に一度あるかないかの破格の申し出である。選ばれた応募者のなかの、ミスター・ミートの条件に同意する男性にのみベッキーは手渡される。これにやぶさかな者は応募無用。

ジョンはこれらすべてに耳を傾けた。それから、ミスター・ミートはセールスマン心得一〇一の大原則のなかで謳われる「相手の気持ちの代弁」をやってのけた。つまり、「君の考えていることはよくわかっとる。こう思ってるんだろ? 〝ジョン、お前は途方もなくついているじゃないか〟ってね」。ミスター・ミートの思惑がゆらぐわけはない。結局、ミスター・ミートにとって、一足す一は二以外にないのだ。

その晩、ジョンはミスター・ミートの話に対して意思表示するいとまも与えられなかった。早々と、ミスター・ミートはもう一人娘婿を採用した気分になっていた。翌日、ジョンは自分の親の家に帰った。ベッキーとは、次の学期が始まるまでに数回電話で話をした――彼女はミスター・ミート同様、自分の一族の「ファミリープラン」に夢中になっているようだった。

二人が大学に戻ったとき、ジョンは自分の気持ちを初めて打ち明けた。そして結局、婚約指輪が交わされることはなく、結婚話は立ち消えになった。ベッキーは恋人の望みよりもミスター・ミートのほうに忠実だった。本当は、ベッキーもジョンを愛していたのだろうが、親たちが築き上げたライフスタイルの外に彼女を連れ出そうとする男と結婚するのは気が進まなかったのだ。

人生最大のチャンスとも呼べる申し出を、なぜジョンは断ったのか？ 要するに、ジョンは自分の足で立っていなくては我慢できない人間だったのだ。人からライフスタイルを押しつけられるのは、彼には屈辱でしかなかった。ミスター・ミートの惚れ込む精肉業にも、ジョンはいささかも愛着を感じなかったし、ミスター・ミートの経営スタイルのどこを見ても少しも感銘を受けなかった。

ジョンは自分の能力に大きな自信を持っていた。難しい州立大学で優秀な成績を収め、トップクラスの上場企業にリクルートされることに照準を当てていた。そこに入れば、レベルの高い幹部候補訓練システムがあるし、頭のよい野心的な者たちには大いにチャンスがあると考えていた。

ミスター・ミートの提案には別の問題があった。娘の結婚相手を重役に据えることが果たして生産性向上につながるかどうか、ジョンは疑問に思った。二人の娘婿たちがどうしようもない人間だったら、誰が経営のてこ入れをするのか？　常識から判断して、ジョンは縁故によって会社幹部を選び昇進させるのは最良の策ではないと考えた。とくに考えただけでも頭に血がのぼったのは、将来起こりかねない家庭のいざこざだった。ジョンとベッキーがもしミスター・ミートから家をもらったとしたら、その譲渡証書には誰の名前が記されるだろうか？　夫婦喧嘩が始まったら、どうなるか？　ベッキーがこう言うのは目に見えている――

ジョン、ここは私の家よ。父が買ってくれた家なんだから……私のやり方が気に入らないのなら、出て行って！

もちろん、ミスター・ミートの義理の息子が家を出るのは難しいだろう。家を出るということは、単にベッキーのもとを離れるというだけではなく、ミスター・ミート王国の重役のキャリアを捨てることも意味するからだ。そのような状況では、ジョンは自分の家庭の主にはなれないと悟った。ジョンの野心と強い自立心を考えれば、彼はまちがいなく正しい決断を下したと言える。今日、彼は会社役員として成功を収め、独力で億万長者となった。人間を強くするのは、ゴールをめざして苦闘することであり、成功に至る道を自分で切り拓いていくことだとジョンは気づいている。世の「ミスター・ミート」たちから援助金をもらうような人は、他人に頼ってばかりいる人間に成り下がってしまうのだ。もし「ミスター・ミート」が突然死んでしまったらどうするのか？　もし、実は「ミスター・ミート」には事業を義理の息子たちに与えるつもりがなかったことが分かったとしたら、どうするのか？　いや、それどころか、「ミスター・ミート」はただ餌をまいて、どうにでも自由になるイエスマンを探していただけだったら？

　私の調査データでは、相手が裕福だからという理由で配偶者を選んだ人の多くが、失望する結果に終わっている。相手の家柄や資産によって配偶者を選ぶのと、相手への愛と尊敬と夢のために結婚するのと、どちらがよいかはもはや言うまでもないだろう。

7 買い物上手こそ金持ちへの道

億万長者は、資産を築き、順調に事業を経営し、高収入を得ることだけに長けているわけではない。家計のほうも上手に切り詰めて、経済的生産性を高めようと努力している。これは大多数の人が驚かされる事実だが、じつに多くの億万長者が、家計支出を抑えるために、次のようなことを実行している——

- 家具は新調しないで修繕して使う。
- 長距離電話会社を料金の安い会社に替える。
- 電話によるセールスで物を買わない。
- 靴は底を張り替えるなどの修理をする。
- 買い物にはクーポンを使う。

7
買い物上手こそ金持ちへの道

・日用品はまとめ買いする。

こういう話をすると、億万長者なのになぜクーポンなど使うのか、とよく質問される。これは、とりあえず五〇セント節約できるばかりではない。大局的に見ると、一生のうちにいくら貯めて投資に回せるか、という問題になるのである。アメリカにおける典型的な資産家の家庭では、生活費が週に二〇〇ドル以上かかる。年間に換算すると一万ドル以上である。大人が一生のあいだに使う生活費を現在のドルで計算すると、四〇万ドルから六〇万ドルになる。このうち五パーセントだけ、つまり二万ドルから三万ドルを節約してその金をトップランクの株式投資信託に回せば、過去数年間の利益率からすると、五〇万ドル以上の収益が得られるのである。

大半の億万長者は、将来まで視野に入れて物事を考える。節約の可能性があるいろいろな行動について、それを一生続けると損得はどうなるのか、と考える。こういう考え方が資産形成につながるのだが、それはどんなことにも倹約を心がける億万長者の一面にすぎない。

つまり、こういうことである。現在、アメリカでは食料品店で買い物をする人の三分の二以上が衝動買いをする。買い物リストも作らず、これといって買いたいものもないままスーパーマーケットに出かける。何の予定もなく店内をうろつくので、めぼしいものを探しているだけでどんどん時間が過ぎてゆく。店内にいる時間が長びけば長びくほど、たくさん商品を買ってしまうことになる。これは、今まで幾度も証明されてきた事実である。そのうえ、買い物リストを持っていかないと、実際は使わないものまで買ってしまうことが多い。億万長者はふつう、使用人に買い物に行ってもらうのだろうと思われがちだが、大多数の億万長者は自分で買い物に行く。

では、スーパーでの最も賢い買い方とはどんな方法なのか？　私が取材調査した、ある億万長者夫妻は理想的な方法をとっていた。よく行くスーパー二店の店内見取図を作り、食料品の名前と場所を種類別に書いておく。この見取図を何枚も作り、それを使って毎週の買い物リストを作ったり、買い物計画を立てたりする。食料品を何か切らしたときは、見取図内のその食料品の名前を丸で囲む。料理の材料をそろえるときも、同じようにして買い物プランを立てる。当然、クーポンやセールによるお買い得品を使った献立になることが多い。

これは一見面倒な作業のようだが、決してそんなことはない。というより、この億万長者夫妻はもっと別の見方をする。もし買い物リストも作らず、何を買うか決めてもいなかったら、果たしてどうなるか？「いくらお気に入りのスーパーだからって、二〇分も三〇分も貴重な時間をむだにしちゃった。ああ、もったいない！」ということになる。週に三〇分という時間を一生に換算すると一〇四〇時間から一三〇〇時間、つまり六五日間から八一日間をむだにすることになる。

一生のうち一三〇〇時間をスーパーで浪費するのは、あまり有益とはいえまい。それより、その時間を使って投資計画を立てたり、子供のソフトボールの試合を見に行ったり、休暇を余分に取ったり、運動をしたり、事業の生産性を上げたり、あるいは本を書いたりしたほうが賢明ではないだろうか？

子供の経済的教育のためにもクーポンを使う

多くの億万長者が食料品買い出しのために細かいリストを作るのには、もう一つ重要な理由がある。子供や孫が買い物の一部始終をすべて見ていれば、物事がきちんと整理されている家庭とはどういうものか、いずれ理解するようになるからだ。ミリオネアたちが食料品を買うときにクーポンを使うのも、同じ理由だ。

アメリカの典型的な億万長者夫妻の邸宅のキッチンの様子を想像してほしい――今まさに「ゲーム」が繰り広げられている。幼い子供たちが新聞や広告をめくり、両親が買い物に使えるようなクーポンを目を皿のようにして探している。いいクーポンを見つけると、よくやったねという親たちの笑顔と、それにもまして貴重な報酬を得る。子供たちはそうすることで、大人になってから役立つ大事な知恵――クーポンの探し方や整理方法のイロハを実地で学んでいるのである。母親はクーポンをしまっておくためのＡＢＣ順の見出しつきフォルダーを持ってきて、クーポンをきちんと整理しておく方法を子供たちに教える。

こういう経験を通して、子供たちは価格に対して厳しい目を持つようになり、貯金を減らさないための上手な自衛策を学ぶのである。自分の貯金の守り方を学ぶのに、早すぎるということは決してない。また、子供たち自身がクーポンをそろえ、広告に載っているセール品をチェックして買い物リストを作ることもできるようになる。整理すること、計画を立てること、情報をきちんとまとめることを幼いうちから教えれば、それは必ずや将来大いに子供たち自身のためになるはずである。

一代で財を築いた億万長者の大半は、きちんと計画を立てて考えをまとめておくことは経済的成功の非常に重要な要因だとしている。それだけではない。おそらく、自分の両親（とくに母親）も、何事においてもきちんとプランを立てて準備を整えておくのが得意だったと言うにちがいない。4章の「チャンスとリスク」で述べたように、億万長者の五分の四が、計画性と大きな問題にきちんと頭を整理して対処する能力があれば、自分の仕事、取引、あるいは資産が危機に直面しても不安や恐怖心を乗り越えられると信じている。

子供たちが、親のあなたから言われたとおりにいろいろなクーポンをそろえ、それを利用して買い物リストを作るところを想像してみよう。子供たちは、いかに効率よく資金を配分するべきか、どのメーカーの製品を選ぶべきか、戦略を練っている。そこで、スーパーの店内の商品の位置を詳しく書いた見取図を作らせてみるのもいいだろう。ひょっとすると、子供たちは自分たちで必要な品物をチェックし、まるで家長のようにあなたに見取図を渡して、さあ、買い物に行ってきて、と言うかもしれない。

クーポンを集めてもそんなに金は貯まらないし、買い物リストを作るのは個人的にはむしろマイナスだと思われる向きもあるかもしれないが、子供たちと一緒に計画を立ててリストを作ること自体が、将来必ず子供たちのためになるのである。家計簿をつけ、家族の日常や家事の状況を毎日詳しく記録しておくのもいい。それには、大人にも子供にも月めくりカレンダーが最適だ。こういうカレンダーには、子供でも書き込めるほどの余白がある。

子供が自転車に乗れるくらいの年齢になったら、さっそく月めくりカレンダーを利用して、計画を立てるのがどれほど有益か教えてやるべきだ。専用のカレンダーを与えて、それに自分で記録させるといい。まずは日課を記入することから始めればいいが、バースデー・パーティーなどの楽しい行事も書き入れるといいだろう。

要は、手際よく、規律正しく物事を処理する親の姿を見せれば、子供もそれに倣うということである。反対に、あなたが家庭環境を無秩序にしておけば、子供も同じようにするだろう。自分はできないのに子供にはきちんとやれと言うよりは、親自らが範を示すほうがはるかに効果的なのだ。

私が大学教授時代に数年間受け持っていた、戦略的マーケット・プランニングという講座では、企画書作りが必須課題だった。学生の成績評価の五〇%は、この企画書の出来ばえによって決めていた。学生は各自、地元市場で営業する実在の企業の企画を練らなければならない。大方の学生にとって、この課題のいちばんの難所は、企画の進行に応じて、毎日の予定を立てるところだった。私は学生たちに月めくりカレンダーを買わせ、日ごとの進展を鉛筆で記入させることにした。始終プランに訂正や変更が加わるので、ペンではなく鉛筆で書かせたのだ。何か実行したり、進展があったり、問題が持ち上がるたびに、市場の動向とともに、八×一三センチのカードに書き出させた。カードは一〇〇枚から二〇〇枚に達した。

そして、持ち上がった問題をカレンダーにまとめさせた。

私は学生たちに、そういう作業をしたことがあるか聞いてみた。答えはほとんどの場合、「ノー」だった。どの学生もきわめて優れた分析能力の持ち主ではあったが、物事を体系的に考えたことはほとんど、あるいはまったくなかった。たとえ考えをまとめる能力に欠け、計画を立てる訓練を受けたことがなくても、教授に言われたことを言われたとおりにすれば――勉強し、課題図書を読み、試験に受かれば――それだけで学位がもらえたのである。すべて教授が案を練ってくれるのだから、自分で体系的に物を考える必要があまりないわけだ。しかし、実社会で成功するのは、自分の頭でプランを立て、物事をきちんとまとめられる人間なのである。

「何でも自分でやる」は倹約ではない

あなたはたった今、新しい給湯器を配管工に取りつけてもらったところだとしよう。プロの配管工の時間給は、あなたが考えていたよりもずっと高いので、プロに頼まずに自分でやるべきだったかな、とあなたは思っている。しかし、ガス給湯器を取りつけられるのは、資格を持っている配管工のみ、と法律で定めている州もあるくらいだし、一から配管の勉強をして資格をとりたいとはあなたも思わないだろう。これについて、私が取材した億万長者ならば、どんな助言をするだろうか？

億万長者やミリオネア予備軍は、「最初のコスト」はあまり気にしない。むしろ、製品の耐用年数のあいだにかかる維持費にこだわる。「最初のコスト」はまた、プロの配管工を頼まずに自分で給湯器を取りつけた場合に節約できた金額も示すものでもある。それを見て人は、自分でやれば一五〇ドルの節約になったと思う。だが、それは錯覚だ。

配管工の請求額には、給湯器が効率よく働くという保証が含まれている。素人のあなたがいろいろな製品を物色した結果、高性能機種と同じ性能の給湯器を低価格で買って（これも初期コストに含まれる）、それを耐用年数いっぱい使ったとしても、配管工に取りつけてもらった給湯器のほうが、結局一五〇ドル以上も運転コストを節約できるのである。それだけではない。プロに取りつけてもらった給湯器のほうが長持ちするし、早く湯を沸かせると推定されている。自分で取りつけるとなると、設備に対して最後まで何の保証もないことになる。取りつけ方をまちがえて、装置が壊れてしまう可能性は大きい。悪くすると、ガスが漏れて一家全員中毒死といった惨事を引き起こしかねない。最初のコストで何ドル節約できたか考える前に、運転コストや維持費ばかりでなく、こうした要素も天秤にかける必要があるのだ。自分や家族の命はいったいどれくらいの価値があるのか？　それは、この計算式の中では、値段のつけようのない要素なのだ。

要は、どちらを取るかという問題である。給湯器を自分で取りつけながら、同時に職場で自分の仕事をするのは不可能だ。もちろん、配管工の一時間の料金はあなたの時間給よりずっと高い。だから自分でやれば安上がりだと思う。だが、そう思うのは、長期的に見た場合のちがいを考えないからである。億万長者的な発想でいくと、こうなる——自分で給湯器を取りつけるとなると、設備一式を買える店を探し回らなくてはならない。それには時間も労力もいる。この時間と労力を、自分の専門技術を高めたり投資を研究したりするのに使うこともできるはずだ。新しい顧客を探すのもいい。新しい顧客を一人獲得すれば一五〇ドル以上の利益になる。それに、自分で配管するとなると、給湯器の取りつけ方法について勉強し、専門の工具もそろえないといけない。工具をレンタルするにしても買うにしても、これまた時間と金がかかる。だいたい、一生のあいだにいったい何台の給湯器を取りつける機会があるだろうか？　そもそも、一五〇ドル節約するために初めての配管工事の苦労を味わったら、もう二度と給湯器を取りつけたいとは思わないのではないか。配管工になるつもりでないのなら、なぜ配管の勉強をする必要があろうか？　こういう問題をすべて考慮してから、実際に何ドル節約できるか考えるべきである。耐用年数などすべての要素を含むコスト・便益分析によれば、選ぶべき選択肢は一つである。即ち、配管工を呼ぶべし！

　これまで何度も、億万長者は倹約家であるという話をしてきたが、倹約イコール「自分でやること《ドゥ・イット・ユアセルフ》」と思っている人は多い。億万長者が倹約するのは、生産性の向上に本当につながる場合である。ウェブスター辞典によれば、「倹約」とは「資産の消費をむだのないように切り詰めること」である。ここでのキーワードは「資産」であって、これは単に、最初のコストに充てられる資金や財産を意味するのではない。何かを購入するなどの経済的行為は、当人のさまざまな資産に長期にわたって関わってくるのである。大多数の億万長者は、ドゥ・イット・ユアセルフ主義者ではないのだ！　自身の本来の仕事によって収入を得、その金でプロの塗装業者や大工、配管工を雇ったほうがより高い生産性が得られると考えるのである。

以前、漫画と絵画とイラストを描いて高収入を得ている人物から、図らずもこの「ドゥ・イット・ユアセルフ」問題に対する意見を聞かされたことがある。そのとき、私は彼の自宅にいた。ハドソン川の渓谷が見渡せる英国チューダー様式の大邸宅だった。話をしながらふと外を見ると、大勢の塗装業者が屋敷の周囲に足場を組んでいる。私はこんなに大きな屋敷を塗装するには、いったいどれくらい費用がかかるのかと思い、家の主に聞いてみた。彼の言った金額があまりに大きかったので、つい私は、「あなたは絵描きなんだから、ご自分で塗ってみては？」と言ってしまった。

彼はすぐさま、塗装業者に家の塗装をしてもらう代金より、自分の絵の値段のほうが高いから、と至極真っ当な答えを返してきた。そして、さらに、まったくごもっともと思われることをつけ加えた——

もし自分でペンキを塗っているときに、梯子から落ちたらどうするんです？　死ぬかもしれないし、一生体に障害を負うかもしれない……そうなったらもう満足に生計も立てられませんからね。

この漫画家も、ほとんどの億万長者と同じく、「安物買いの銭失い」はごめんなのだ。

億万長者は経済的生産性を高めるために、生活費の節減をはじめ、さまざまなことをするが、それらはすべて、ライフサイクル全体を視野に入れて損得を考えてのことなのである。慣れない梯子を登ったりしたら、今後何百万ドルも稼げる自分の仕事ができなくなる恐れがある。そうなるよりは、自宅の断熱材の張り替えとか、給湯器やエアコンの取りつけはプロにやってもらったほうがずっといいのだ。忘れてならないのは、億万長者の多くは同じ家に二〇年以上住みつづけるということで、家の補修や設備に金がかかっても、長く住んでいれば結局採算がとれるのである。

本を書くべきか、通勤すべきか

私はよく執筆意欲を起こすために、自分の仕事を分析してみる。前の本を書き上げるまでにどれだけの時間がかかったか？　原稿を書くのに費やしたのは約一八〇日で、平均して毎日四時間、つまり一日二四〇分のペースで書きつづけたから、計四万三二〇〇分である。大変多くの時間とエネルギーを要する作業と思われるかもしれないが、私は別の見方をしている。私は単に四万三二〇〇分の時間を費やしたというだけではなく、ボールペンで書いた一五〇万個の文字を残したのだ。私は自分の仕事に対して、高い生産性を上げている億万長者たちと同じような見方をするようにしている。そういう人たちは自分のやっている仕事を、他のいろいろな時間の使い方と比べて、それに対する意欲をかきたてるのである。

だから、前作の執筆を考えたとき、私は自分にこう言い聞かせた。

トマス、これまでの一三年間に車で大学と家を往復するのに費やした通勤時間の合計に比べたら、この原稿を書く時間のほうがずっと短いぞ。

本を書くよりも、通勤という日常的な作業のほうが、時間もかかるし心身のエネルギーも消耗する。ところで、通勤に対して印税が支払われるだろうか？　のろのろ運転をマスターすれば、私のキャリアの生産性が上がるだろうか？　残念なことに、何百万もの人が、そういう非生産的なことをして心身のエネルギーを浪費しているのである。

そこで、あなたの生産性を高めるために、毎月何分か使って一つの方法を試してもらいたい。時間の使い方について、自分にいくつかの簡単な質問をしてみるのだ――

- いろいろな仕事を自分がするのにかかる時間を一生に換算すると、それぞれどのくらいになるか？
- そのそれぞれの時間配分を減らす方法はあるか？
- いつも習慣的にやっている作業の時間の、もっと有効な使い道は他にないだろうか？
- 何か一生のあいだ利益をもたらしてくれるような仕事に就くことはできないだろうか？

一度しか報酬をもらわない仕事は損である

先日、D・D・トンプソンという大工の棟梁と話をした。棟梁一家は住宅建築の大部分を請負い、高級住宅の建築を家業にしている。

トンプソン棟梁は私のような物書き連中を評して、こう言った。「気楽なもんだねえ。大工があの家を一軒建てるには、釘を二五万本打たなきゃいけないんだよ。先生方はただ机に向かっているだけでしょうが」

彼のコメントを愉快に思った私は、「となりの芝生は青いっていうじゃないか」と切り返した。「私だって、自分の手で一五〇万個も字を書いて原稿を仕上げたんだよ。それに、字の選択にはおおいに気を遣わなきゃならないからね」

棟梁は私の反撃を面白がっていたけれども、完全に理解していたかどうかは定かでない。釘を打つのも、文章を書くのも、どちらも努力が必要なのだが、両者のあいだには大きなちがいがある。文字を記した紙は、そのあとベストセラーになるかもしれない。いわば、一つ一つの文字が、金のなる木になる可能性を秘めているのだ。一方、棟梁は材木に釘を打って、その報酬をもらったらそれで終わりだ。建築工事では報酬をもらうのは一度きりであって、打った釘に対して印税が支払われることはない。

それに、棟梁は宅地開発業者から注文を受けて家を造っている。棟梁の取り分はその住宅の販売利益の約二〇%で、残りは宅地開発業者の収入なのだ。これではまるで、一律料金をもらうだけで印税は払われないゴーストライターのようなものである。棟梁が自分で宅地開発もやって家も建てれば、現在より収入は増えるはずで、アパートを建てて賃貸すれば、もっと大きな収益が得られるだろう。そうすれば、打った釘で老後の収入も期待できる。だが、棟梁には自分のアパートの建築費に回す資本もないし、将来宅地開発業を始められるくらいの資金を蓄えておこうという強い意欲も展望もない。

調査してみると、大学卒業者で釘打ちのような単純作業をする職業に就く人がけっこういることがわかった。たとえば、アメリカの公認会計士のほとんどがそうだ。公認会計士は、毎年膨大な数の納税申告書を作成する、知的で勤勉な税務のプロだ。ところが、納税申告書自体に資産価値はない。申告書は毎年新たに作成しなければならないからだ。

少数ながら、申告書作成などの単純作業以上の仕事をする公認会計士もいる。彼らが開発した税務関係のコンピュータ・ソフトは、いわば金の卵を産むガチョウのように、著作権使用料などの収入を生みつづける。こうしたソフトウエアの素晴らしさは、資産としての価値を持っている点である。納税申告書を作成しなくても、ソフトの制作者は定期収入を得られるのだ。

要するに、同じように努力を要する仕事にも、二通りあるということである。一度しか報酬をもらえない仕事もあれば、何度も利益をもたらしつづける仕事もある。決めるのはあなたなのだ。トンプソン棟梁のような人生を歩むのなら、一つの仕事につき、支払いは常に一回きりだ。

プロスポーツ選手の高収入についてどう思うか、意見を聞かれることがよくある。スポーツ選手はたしかに大金をもらう価値のある仕事をしていると思うが、私は少しも羨ましいとは思わない。多くの選手は、現役での活躍期間がごく短い。何度ゴールを決めても、何本ホームランを打っても、何度タッチダウンを上げても、それ自体が利益を生みつづけるわけではないことを理解している選手もいる。ヒットを打って、さらに収入が増えたとしても、それが単純労働であることに変わりはない。今日やった仕事で何ドル稼いだかは、あまり重要ではない。真に重要なのは、今日努力した結果、将来何ドル懐に入るかということなのだ。

マスコミは、どこそこの若い野球選手がいくらで契約したというニュースを好んで伝える。しかし、その選手は現役を引退したら年金をもらえるだろうか？　保証は何もない。プロスポーツ業界のなかで最も賢明なのは、チームのオーナーとエージェントなのである。

とりわけ漁夫の利を得ているのが、スポーツ・エージェントだ。自分自身は大した運動能力も持っていない――走りもしなければ、キックもブロックもしないし、ゴールも決めない。歌も踊りもできない。それなのに最後まで仕事に不自由することはない。もしあなたがフットボール界のスター選手だったらどうだろう？　高校のときは全米代表選手に選ばれ、大学でも一軍で全米代表になり、今年ランニングバックとしてドラフト一位でプロ入りしたが、膝を故障してしまった――ジ・エンド。他方、あなたのエージェントはあなたのような成長株の選手を他にも大勢かかえているから困らない。エージェントの仕事はリンゴの木を育てるのに似ている。いったん、エージェントのリンゴ園に植えられてしまったら、その木はずっと彼のためにリンゴを実らせることになる。もう実らなくなった朽木は、引っこ抜かれてしまう。そのあとには、まるで交換のきく機械部品のように、代わりのリンゴの木が植えられるだけなのだ。

ポイント夫人の一石二鳥の蓄財法

ポイント夫妻はテキサス州オースティンの高級住宅街にある、四寝室の立派な邸宅で引退生活を送っている。夫妻は七桁にのぼる純資産を所有しているが、二人とも倹約家で、金の使い道には非常に気を配っている。ポイント夫人は「主人も私も大恐慌時代に育ったから、お金に関してはとても慎重なんです」と語る。今住んでいる家は、購入後に評価額が上がって今では八〇万ドルになり、充分元は取り返しているという。

蓄財優等生型の金持ちが金の使い方にとくに「慎重」になるのは、家や住む場所を選ぶ場合である。彼らは家の購入費用は惜しまず、多額の固定資産税を払うのもいとわない。正しい選択をすれば、元が取り返せるばかりか、お釣りがくることまであるからだ。ポイント夫人は家の購入について、こんな意見を持っている——

私たちはとにかく市内のいちばんいい区域に住むことにしてるんです。なんといっても、立地条件が大事ですね。高級車なんかなくても平気だけど、家はできるだけ立派なものにするべきです、絶対に。

もちろん、ポイント夫妻ほどの資産家なら、何でも楽に買える。住宅の他に高級車や高価な服を買ってもびくともしないほどの資産はある。だが、そうするのはポイント夫妻のライフスタイルではない。ポイント夫人は夫妻の価値観について丁寧に話してくれた。

ポイント夫妻の考えでは、買ったとたんに価値が目減りするような消費財については、価格にこだわることが非常に大事である。そのような品物は、価格がどんどん下落してしまうからだ。たとえば衣服。今日買った高価なスーツやドレスは、次の日のガレージセールでいくらで売れるだろうか？　おそらく、購入時より五%か一〇%は安くなるはずだ。ポイント夫人は衣服には大金は注ぎ込まない。衣服はあっという間に価値が下がってしまうし、衣服代がかさめば純資産に穴をあけてしまいかねないからだ。とはいえ、いつも身なりはきちんとしていたい。ポイント夫人はこの問題をこうやって解決している――

いつもの店で、中古のオートクチュールの服を買うんです。あそこで売っている服のほとんどが、某一族［英国でも指折りの大富豪一族］から寄付されたもので――イヴ・サンローランからアルマーニ、ヴァレンティノ、オスカー・デ・ラ・レンタ、グッチ、ディオールと何でもありますから。私、これでも着道楽なんです。服を集めるのが趣味と言って

もいいくらいで、バレンシアガの服だって持ってますよ。

買ってきた服が自分の体にしっくり合わないときは、ポイント夫妻は、一〇人中四人の億万長者と同じ解決方法を用いる。すなわち、新しい服は買わずに、仕立て直すのである。ポイント夫人は中古衣料品店で服を買い、浮いた金を、評価額が確実に上がるようなものの購入に充てている。

今は、医学に奇跡が起こるかもしれない時代でしょう。だから私は、医療関係の株に投資してます。

ポイント夫人は、株の購入は純資産を増やすことになるが、高価な服を小売値で買うのは逆に減らすことになると考える。かといって、ポイント夫妻はケチなのではない。それは明らかで、ただ経済的に常に自立していたいだけなのである。同時に、家族の他のメンバーのことをいつも念頭においている。行く行くは六人の子供たちに充分な遺産を残すつもりなのだ。

ポイント夫人の流儀をもう一度考えてみたい。夫人は将来評価額が上がりそうな家を買うのはいいが、買ったあとの価値が元値以下になってしまう衣服などを小売値で買うのは賢明ではないと考えている。それより、安定性と将来性のある医療関係の株に投資したほうがいいと思っている。

ポイント夫人が医療関係の株に投資するのには、もう一つ理由がある。夫人は健康には大変気を遣っているので、医療に関する本や記事を読んだり、健康と医療をテーマにしたセミナーや講演会にもよく出かける。ポイント夫人の蓄財法はまさに一石二鳥といえる。健康食品や新薬、売薬に関する記事を読んで詳細に調べることによって、自分自身の健康維持に役立てるとともに、資産も増やしているのである。

ところで、食料品の多くは腐りやすい。では、ポイント夫人は資産を減らさないために食費も極力節約しているのだろうか？

体にいいものを食べて運動することが何よりだと思っていますよ……でも、やたらに食べ物を買いすぎないようにはしてます。それに、買うときはクーポンを使うし、料理も自分でつくってますよ。

オートクチュールの服を着てはいても高級車には乗らず、クーポンを使うけれど超高級住宅街の豪邸に住んでいる……どうもポイント夫人のやっていることは矛盾しているようでよくわからない、と思う人も多いだろう。なかには、ポイント夫妻はひょっとして経済的にかなり無理をしているのではないか、と思う向きもあるかもしれないが、人は見かけによらないものである。

土地を持っていますし……鉱山会社も石油の採掘権もね。お友達にはうちの資産の話はしないいんです。おつき合いしてる方たちは大概、うちほど資産を持っていらっしゃらないから。

家具や調度品の購入についても、ポイント夫人は他の億万長者と同じ考え方をしている。買うのは、いつまでも品質の落ちない高級品だけである。熱いコーヒーをこぼしただけで取り返しのつかないようなことになってしまう「壊れやすい」家具がポイント家に置かれたことは一度もない。

うちは質のいいものを買って長持ちさせる主義です。だから、一八世紀のアンティーク家具を買うんですよ！

ポイント夫人のような資産家は、いつまでも値打の変わらない家具などに、ことのほか多額の資金を注ぎ込む。アンティークのテーブルと椅子に一万ドルも出すのは、この家具が家具以上の働きをする——座ったり食事をしたりするのに使えるだけではなく、投資にもなるからなのだ。

だから、億万長者の大半はアンティーク家具展示会に定期的に通うのである。億万長者のほとんどは一代で財を築いた人たちなので、両親は金持ちでない場合が多い。それでも、ミリオネアの両親や祖父母には、物持ちのいい人や収集家が多いと私は見ている。そういう特性は、情愛豊かな、家族関係の良好な家庭で、代々培われるものである。したがって、億万長者の家には、「お祖母ちゃんが大事にしていたチェスト」だとか、「ひいお祖母さんの手回し式シンガーミシン」だとか、「お祖父ちゃんが南北戦争前に愛用していたウィンチェスターM70ライフル」とか、「ビル叔父さんのコインのコレクション」といった、歴史を感じさせる品々がよくある。

一方、「お古」は「屑」と考える人も世間にはいる。そういう人にとっては、新品に優るものはない。新品は成功の証しなのだ。彼らは、古いものは経済的失敗と挫折の象徴と見なす。ところが、ポイント夫人のような億万長者はそうは考えない。夫人は自分自身にも自分の蓄財法にも強い自信と誇りを抱いている。広告に躍らされることもない。新しいものにするか古いものにするか、無垢材にするか合板にするかという問題について、ちゃんと自分の意見を持っている。だから、ポイント夫妻は裕福なのである。

高価な靴のほうが安上がりである

金持ちというのは、商品をせっせと買っては使い捨てにしているのではないか？　物を修繕して使う、とくに靴を靴底の張り替えによって長持ちさせるなど、考えただけでぞっとするにちがいない。だが意外にも、億万長者に関する私の全国調査の結果は、そのような仮設とは遠くかけ離れていた――取材調査した億万長者の七〇%は、靴底の張り替えをしているのだ。しかも、この数値は実際より低めになっているはずである。というのは、億万長者の約二〇%はすでに仕事から引退しているから、ふだんはスーツを着ることがなく、したがってビジネスシューズも履かないのである。

調査した男性の億万長者の八割は、オールデン、アレンエドモンズ、ジョンストン&マーフィーといったブランド品の高級紳士靴を履いている。この種の靴は、アメリカの一般家庭のクロゼットにあるような代物よりもずっと高価で、二、三〇〇ドルはする。なぜ彼らは、高価な高級靴を好むのだろうか？

一般の人たちが靴を買うときに値段を決め手にするのに対して、億万長者は購入時の値段はあまり気にかけない。靴の値段ではなく、品質を重視するのである。彼らにとって品質のよし悪しとは、製品の寿命を加味したコストによって決まるものである。私はオールデンのタッセルローファーを一〇年以上履いているが、靴底を張り替えた（靴底全面を取り替えた）のは二回だけだ。しかも、この靴は流行に左右されることがなく、履き心地も抜群にいい。だからこそ高価なのだ。

調査に協力してくれたある億万長者は、いわゆる安物紳士靴について苦い経験を語ってくれた――

安い靴は、靴底よりも人間の足のほうが擦り減るよ！

では、「製品の寿命を加味したコスト」について、もう少し具体的に考えてみたい。私はオールデンの靴を一〇年間愛用している。日数にして、およそ一六〇〇日履いたことになる。購入当時の価格は一〇〇ドルで、靴底の張り替えを一回五〇ドルで二回している。したがって、これまでのコストは二〇〇ドルである。それに、上等の靴型に費やした二〇ドルを加えると、総数二二〇ドルになる。高級靴の寿命を延ばすためには、靴型はきわめて重要なのだ。

二二〇ドルを一六〇〇回で割ると、一回あたり一四セント以下になる。参考までに、私の大学生の息子が靴にどれほど金をかけているか打ち明けよう。息子はナイキやアディダスのスポーツシューズを——履きつぶしたり、流行遅れになって履かなくなったりして——一年にだいたい六足買う。妻の計算によると、息子が靴を履く回数は、一足につき八〇回から一〇〇回ぐらいである。値段は一足六五ドルから八五ドルで、長くもって一〇〇回履けたとしても、寿命を加味したコストは、一回あたり六五セントである。

これらの数値を考慮すると、靴に余計に金をかけているのは、三〇〇ドルのカーフスキン・ローファーを買う大金持ちの重役だろうか、それとも八五ドルのスポーツシューズを買う大学生だろうか？　外見はあてにならないものである。同様に、製品の最初のコスト、つまり購入価格も、それだけでは本当に安いかどうかはわからない。ショッピングの際には、買おうとする製品の「寿命を加味したコスト」を考えてから購入するほうがよい場合が多いのだ。

金持ちがアンティークな家具を好む理由

億万長者の家のなかを見たら、あなたは驚くかもしれない。おそらく誰もが、最新デザインの家具や調度品がいっぱいの、豪華きわまりない屋内を想像するだろうからだ。そんな、世間の描くミリオネア像は、この際捨ててもらわなくてはならない。億万長者がどんなインテリアを選び、どのような家具を購入するかは、映画やテレビでは本当のところはわからない。ハリウッドの映画スターが夫や妻をしばしば替えるように頻繁に家具を替えるわけではないのである。

億万長者のほとんどは、古風な一戸建て住宅に住んでいる。多くはコロニアル風のどっしりとした屋敷に住んでいて、なかには英国チューダー様式の邸宅も見られる。インテリアはやはりクラシックな家具で占められ、なかでも植民地時代様式のものが最も多い。つまり、最新のモダンな家具は買わないのだ。

ミリオネアたちが好むのは、決して流行に左右されることのない、高品質の古風な家具なのである。億万長者の家具には、もう一つ、注目すべき特徴がある——材料は本物の木材で、オガクズを接着剤で固めたまがい物の素材でもなければ、チップボードに高級木材の薄い板を貼った合成板でもない。億万長者は無垢材でつくった家具か、そうでなければ高級硬材に上質の合板を貼った家具を選ぶ。また、正真正銘の「古い」アンティーク家具や骨董品を所有している億万長者も多い。

億万長者の目から見ると、そういう家具こそ真に高品質といえるのであって、この「高品質」という評価には、家具の作りのみならず、耐久性も含まれる。極上の家具は、最低限の手入れをするだけで一世紀以上はゆうにもつ。この物理的な長寿が大きな特徴なのである。

ここ数年の価格の推移を見ても、品質のよい家具の評価額は上がりつづける傾向にある。ところで、われわれの買う消費財の中で、今日買って明日になったら値上がりするものがいったいいくつあるだろうか？　四年前に三万ドルで買った自動車はどうか？　昨日五〇〇ドルか八〇〇ドルで買ったスーツは？　参考までに、ほんの一例を挙げよう。一〇年前、あるいは二〇年前に買ったヘンケルハリスやベイカーの家具は、現在では買値の二倍以上の値段で売れる。

当然ながら、億万長者には収集家が多い。おそらく親たちも収集家で、その性質を受け継いだのであろう。両親も祖父母も、値打のあるものは手放さない人たちだったにちがいない。とにかく、「物をむだにするな、新品を欲しがるな」が、ミリオネアたちの多くが実践しているモットーなのだ。彼らは本能的に、あとで資産価値が上がりそうなものを収集して大事にとっておくことの大切さを知っているのである。

しかし、単に資産価値が増すという予測だけが、ミリオネアたちがそうした品を求める動機ではない。一代で財を成したミリオネアであれ、彼らの息子や娘である二代目の世代であれ、子孫のことを考えて買い物をする傾向がある。彼らは、将来若い世代に譲りわたすことができるような家具を買おうとする。つまり、億万長者の定義では、そういうものこそ良質の家具ということになるのである。そういう家具は持ち主が一生使ったあとも子孫に受け継がれ、いつまでも魅力が失せることなく、しかもそのうえ、おそらく財産価値も上がるにちがいないからだ。

では、億万長者たちが実際に家具を選ぶ場合、どんなふうに品定めをするのだろうか？彼らは、自宅に家具を置くなら、良質のものが結局いちばん得であることを知っている。だから、オガクズを固めて作ったまがい物の木製家具ではなく、その何倍も値の張る上等のチェストやドレッサーを買い求める。オガクズ材に薄板を貼っただけの安物のチェストなら、とても五〇年はもたない。表面に水やコーヒーを少しでもこぼしたら、薄板とオガクズ材が剥がれてしまうかもしれない。そうなったら、億万長者の一人が言うように――

オガクズには鉋《かんな》はおろか、やすりだってかけられないからね！

良質の家具なら、何度も仕上げをやり直すことができる。金持ちはなぜ家具の仕上げをやり直すのか？　家具を消耗品――非耐久財とは考えていないからだ。古い家具にちょっと傷がついたからといって、すぐさま新品を買ったりはしない。最新の全国調査に協力してくれた億万長者のうち約半数（四八％）が、こう回答している――

家具は新調せずに、仕上げをやり直したり表面を張り替えたりしている。

資産数百万ドルの億万長者のクローリス・レクター夫人も、「家中の家具」の仕上げ直しと表面の張り替えをすると私に語っている。

だって、そのほうが簡単だし、ずっといいんです。いろんな店を回って、何時間も家具を探し回ったところで、結局値段が高いだけのガラクタしか見つからないんだから！

レクター夫人は腕のいい家具の修理業者と張り替え業者のリストを持っている。

電話をかける。材料の見本が送られてくる。家具を取りにきてくれる。ショッピングセンターを歩き回ることも、なんの面倒もなし。

レクター夫人がよく家具の張り替えを頼む業者は、じつに多種多様な布地を用意しているそうである。彼女の話では、それでも新しく家具を選ぶのに比べたら、布地選びはずっと楽だという。夫人はお気に入りの寝椅子の表地をこの三〇年のあいだに五回、その店で張り替えてもらっている。

最近、ウォールストリート・ジャーナルに家具探しにまつわる記事が掲載された。ジェームズ・R・ハガティーとロバート・バーナーの両記者はそのなかで、人々が買いたい家具を見つけるのにいかに苦労しているか、その実態を詳述している。何時間も探し回ってようやくいい家具を見つけたとしても、それが自宅に届くまで何週間も、ときには何カ月も待たされる。現代は、家具のデザインや色があまりにも豊富なので、目の肥えた客でもどれを選んでいいのやらわからなくなるというのだ。両記者の記事によると、ソファーと革張り椅子の色とデザインに、一七億通りもの組合せを用意している業者もあるという。生地やデザインの種類がそんなに多くては、ミリオネアたちが新しい家具を探し回ったりせずに、手持ちの家具の仕上げ直しや張り替えのほうを選ぶのも不思議ではないのではないだろうか?

電話会社を替えることも大切

人のある種の行動を調べると、その人の家庭についていろいろなことがわかる。金持ちの家庭にどんな特徴があるか調べはじめたとき、それを示す二〇〇以上の行動や習慣が浮かび上がってきた。その一部は、これまで数多く実施してきたグループ調査や一対一のインタビューで浮かんできたもので、本書のために行った今回の全国調査では、最終的にそのうちの一三の行動について回答を求めることにした(表7-1参照)。

なぜ一三の行動しか取り上げなかったか? それは、これらの行動に対する回答を見れば、おのずと別の行動に対する回答が予想できるからである。これら一三の行動は、大きく四つに類別することができる。まず表の1の「製品の寿命を延ばす」ためにとる行動を見てみると、億万長者たちの約半数（四八％）が、家具の再仕上げや張り替えをしていると答えている。この項目にイエスと答えた人たちは、「靴底の張り替え／修理をする」と「服の修繕／仕立て直しをする」の項目にもチェックマークを入れる傾向があった。

次に2の「毎月の負担を減らす」ためにとる行動を見てみよう。概して、この見出しの下にくる三つの行動に対する回答と、「製品の寿命を延ばす」欄の行動に対する回答のあいだにはあまり関連性がなかった。つまり、「長距離電話会社を料金の安い会社に替える」と「家具は新調しないで布の張り替え／塗装の塗り直しをする」の両項目への回答には、あまり明確な結びつきは認められないということである。

億万長者をより正しく理解するためには、はっきりとした回答パターンをいくつか分析する必要がある。ミリオネアたちに比較的顕著に見られる行動には、すでに見てきた表7－1の1と2の他に、3の「賢く買う」と4の「ディスカウントストアを活用する」に類別されるものがあるが、これら全項目のなかで、億万長者たちの家計に対する考え方を知るうえで、とくに重要な目安となる行動は二つである。億万長者を理解するための手がかりとなる行動とは、次の二つである――

- 長距離電話会社を料金の安い会社に替える。
- 家具は新調しないで布の張り替え／塗装の塗り直しをする。

表7-1

家庭の出費を減らす／貯蓄を増やすために 億万長者が実行していること

億万長者の割合(母数=733)

1　製品の寿命を延ばす	
靴底の張り替え／修理をする	70%
家具は新調しないで布の張り替え／塗装の塗り直しをする	48
服は新調しないで修繕／仕立て直しをする	36
2　毎月の負担を減らす	
夏場／日中はエアコンの設定温度を高めにしている	57%
長距離電話会社を料金の安い会社に替える	49
住宅ローンを早めに完済する／完済した	48
3　賢く買う	
電話セールスで物を買わない	74%
食料品を買いに行く前に買い物リストを作る	71
食料品は割引クーポンを使って買う	49
『コンシューマー・リポーツ』で上位にランキングされた家電製品や自動車を買う	44
買い物が済んだらすぐにデパートを出る	36
4　ディスカウントストアを活用する	
日用品はサムズやコストコなどの大型ディスカウントストアでまとめ買いする	49%
手形割引を扱う金融業者とよく取引する	25

これらの項目の回答から、億万長者は二つのタイプに大別される。第一グループは、長距離電話の契約会社を替えたり家具の張り替えや再仕上げをして倹約に努める人たちで、第二グループは、どちらの行動もとらない、家計支出を抑えることに熱心でないミリオネアたちである。

第一グループの「倹約派」の億万長者は、「非倹約派」の億万長者とどこがちがうのだろうか？　この二つのグループの蓄財方法にはきわめて顕著なちがいがある。倹約派の場合、金持ちになったのにはいくつか理由がある。家計支出を抑えようとさまざまに努力するのはもちろんだが（表7－2参照）、非倹約派に比べて家を購入するにあたっても慎重で、投資の研究と計画にもずっと時間をかけるからである。

非倹約グループはどうだろうか？　家庭では倹約に努めていないのに、なぜ億万長者でいられるのだろうか？　彼らはあまりに収入が多いので、むしろ裕福にならないでいることのほうが困難なのだ。ここで、両者の対照的な考え方がよくわかる一つの事例を取り上げてみよう。

オークス氏とオトゥール氏のバランスシート

オークス氏はおよそ七五〇万ドルの純資産を持っているが、倹約派には属していない。オークス氏は、鍵となる二つの行動をとったことがない。つまり、長距離電話会社を料金の安

表 7-2

倹約派家庭と非倹約派家庭の比較：家庭の出費を減らす／貯蓄を増やすために億万長者が実行していること

実行している人の割合

	倹約派（母数=182）	非倹約派（母数=190）
1　製品の寿命を延ばす		
靴底の張り替え／修理をする	81%	55%
服は新調しないで修繕／仕立て直しをする	62	17
2　毎月の負担を減らす		
夏場／日中はエアコンの設定温度を高めにしている	76%	36%
住宅ローンを早めに完済する／完済した	7	44
3　賢く買う		
電話セールスで物を買わない	77%	74%
食料品を買いに行く前に買い物リストを作る	84	57
食料品は割引クーポンを使って買う	65	33
『コンシューマー・リポーツ』で上位にランキングされた家電製品や自動車を買う	58	31
買い物が済んだらすぐにデパートを出る	50	26
4　ディスカウントストアを活用する		
日用品はサムズやコストコなどの大型ディスカウントストアでまとめ買いする	57%	41%
手形割引を扱う金融業者とよく取引する	35	13

いほうに変更もしなければ、家具の張り替えや再仕上げもしない。一方、オトゥール氏のほうは約五〇〇万ドルの純資産を有し、表7－2に挙げた行動をほとんどすべて実行している。これは蓄財戦略とライフスタイルのちがいから来ている。

オークス氏の年間所得は八二万九〇〇〇ドルで、弁護士として長時間集中して働き、全精力を仕事に注ぎ込んでいる。法曹界でトップの座を保ちつづければ、富はおのずと蓄積されていく、という考えなのだ。オークス夫妻は、表に挙げられた行動のほとんどは、貴重な時間と労力の無駄遣いだと思っている。オークス氏は、自分の優れた頭脳をもっぱら法律の仕事に使うことこそ、金持ちになるための唯一で最良の戦略だと固く信じているのである。

オークス氏は一流大学もロースクールも首席に近い成績で卒業し、その後すぐに一流の法律事務所に就職した。まもなく、その法律事務所の共同経営者になり、週六〇時間から七〇時間、ときには八〇時間働くこともある。働くときは働き、遊ぶときは遊ぶ主義だ。家庭での出費を減らすためのさまざまな方法をどう考えるかという質問に、案の定オークス氏はこう答えた――

一文惜しみの百文損。

家計の節約は一セント、二セント単位の話、というのがオークス氏の持論だ。真に大金を残そうとするなら、依頼人が一億ドルの和解金を勝ち取れるように自分の頭脳をフル回転させる必要がある、と彼は言う。もしその依頼人が勝訴すれば、オークス氏には弁護士報酬が転がり込み、翌年の所得は一〇〇万ドルを超えることになるのだ。だから、オークス氏は雑誌に載っているストーブや洗濯機の価格表には、ほとんど見向きもしない。いちばん高価な――したがって理論的にはいちばん上等な――品物を買うだけである。

一方、オトゥール氏はまったく対照的だ。彼は屑鉄などのリサイクル業を営んでいて、年間所得は五四万四〇〇〇ドルで、純資産は推定で約五二〇万ドルである。純資産額がオークス氏よりも少ないのは年収に差があるからで、もし家ぐるみで倹約に励んでこなければ、とてもこれほどの資産は蓄積されなかったはずである。実際、結婚して二五年あまりというもの、オトゥール夫妻は常に倹約を心がけてきた。そうしなければ、到底ビジネスを成功させることはできなかったにちがいない。

「非倹約派」のオークス氏と、「倹約派」のオトゥール氏。両氏のあいだには、興味深い相違点がいくつかある。成功の要因についての質問では、両氏の回答にはいくつかの共通項が見られた。二人とも成功の要因として、自己鍛錬を積んだこと、勤勉、協調性、競争心などを挙げている。しかし、高収入の弁護士オークス氏は、さらに次のような要因も並べた――

- IQが高い／優秀な頭脳を持つ。
- 一流大学に行く。
- クラスを首席か、それに近い成績で卒業する。

オトゥール氏のほうは、いかにも「倹約派」らしい成功要因をつけ加えた。

- 自分の事業に投資する。
- 支えとなる配偶者がいる。
- 妥当な収益が見込めれば、金銭的なリスクを冒す。

さらにもう一つ、オトゥール氏が非常に重要と考えている成功要因がある――

自分の収入の範囲内で生活する。

倹約派の億万長者のうち半数以上（五三％）が、この要因を〈重要〉もしくは〈非常に重要〉と回答している。一方、非倹約派で同じように考えている人は三人に一人だけだ。オトゥール氏に代表される倹約派の人たちは、オークス氏ら非倹約派の人たちとはライフスタイルを異にする。倹約派の億万長者のほうが、以下のことをする傾向がかなり顕著に見られる――

- 礼拝に出る。

- 聖書を読む。
- ウォルマートやKマートなどのディスカウントストアで買い物する。
- マクドナルドやバーガーキングで食事する。
- 日曜大工のようなDIY仕事を好んでする。
- インターネットで買い物をする。
- 自宅の芝は自分で刈る。
- 庭の手入れをする。
- アンティーク家具の展示会やセールに行く。
- 投資アドバイザーに相談する。

一方、オークス氏ら非倹約派のミリオネアたちはよく――

- メジャーリーグのスポーツを観戦する。
- 寄付金集めのパーティーに出る。

倹約派のライフスタイルでは、買い物と投資は切っても切れない関係にある。倹約派の人たちが積極的に家探しをするのは、家を投資対象と見なしているからだ。非倹約派では、そう考えない人が多い。倹約派の八一％が最高の物件が見つかるまで「何週間も、ときには何カ月もかけて最良の物件を探す」が、非倹約派で同様の努力をするのはわずか五二％である（表7－3参照）。

これは決して、どちらかのグループの、現在の持ち家の買い方が経済的に誤りだったというのではない。どちらも家を購入したのは、概ね一九八八年前後で、今では非倹約派が購入した住宅の評価額は、平均で二倍以上になっている。オトゥール氏ら倹約派はもっといい買い物をしている。現在の評価額が購入価格の三倍近くに跳ね上がっているのだ。倹約派のミリオネアたちは、熱心に家を探すほうが得をすると思っている。そして、両グループとも高級住宅街に立派な家を買っている。これはきわめて賢明な行動だったといえるだろう。ただ、オークス氏ら非倹約派のほうは、最高の物件を見つける努力はほとんどしていない。たしかに、大多数が立派な邸宅を買ってはいるが、それは質のよさを金で買ったということである。オトゥール氏ら倹約派は、いい物件を探しに探し、見つかるまで辛抱強く待った。根気よく値引きの交渉をしたり、抵当流れで急に売りに出される物件を探したりした末、相場よりも安い価格で立派な家を手に入れたのである。

オークス、オトゥール両氏とも、住宅市場においては勝ち組である。どちらかというと倹約派のほうが得をしたわけだが、それは非倹約派に比べ、家探しにずっと多くの時間と労力をかけたからである。高収入の弁護士オークス氏は、そもそも買い物が嫌いだし、「一〇年に一度の掘り出し物」を探す暇など全然ないのだ。

したがって、オークス氏のような人たちは高級住宅街の豪邸を買うしかないのである。家

表 7-3

家を購入するにあたって行ったこと：倹約派億万長者と非倹約派億万長者の比較

実行している人の割合

	倹約派	非倹約派
1　計画と検討		
絶対に最初の提示価格で家を買わない	91%	80%
取引がどんな段階であれ、キャンセルする覚悟でいる	84	77
近辺の住宅の最近の売値を調べる	89	72
何週間も、ときには何カ月もかけて最良の物件を探す	81	52
家の購入を急がない	64	44
2　物件探し		
近くに優秀な公立学校がある土地を探す	80%	74%
余裕をもって買える家にする	66	53
維持費が安く、エネルギー効率のよい家を探す	42	20
抵当流れ、離婚による財産整理、不動産競売などで「安売り」になっている家を探す	45	14
固定資産税額が妥当な土地を探す	39	21
3　交渉		
大幅に低くした価格を提示してみて、売主の反応を見る	55%	36%
売主が価格を下げやすくするために、不動産業者に仲介手数料を値引きしてくれるように頼む	35	27
土地を買ってから、建築業者に家を建てさせる	27	25
建築業者（売主）に、原価（原価に近い価格）にしてくれるよう要求する	21	13

探しは一流の不動産仲介業者に任せる場合がほとんどで、業者に「一カ月以内に豪邸を見つけてくれ！」と命じるのである。結局、そうして買い求めた家の評価額が上がったし、今後も上がりつづけるはずだ。となると、オークス派の原則はこうなる――

時間がない場合は、高級とはいえない家を安く買うよりも、高い値段で豪邸を買ったほうがいい。

純資産と収入の関係から、非倹約派と倹約派のちがいを見出すことはむずかしい。オークス氏ら非倹約派の年間所得は平均八三万ドルで、対するオトゥール氏ら倹約派は五四万四〇〇〇ドル、純資産額は、非倹約派が平均七五五万ドル、倹約派は平均五二〇万ドルである。これらの数字から、所得一ドルに対し、蓄積された純資産はどれくらいになるかを計算すると、倹約派が九・五六ドルで、非倹約派は九・一〇ドルになる。倹約派のほうがいくらか生産性が高いとはいえ、約五％のちがいしかない。

本質的には、両グループとも高収入を上げ、それに見合う高額の純資産を有している。どちらのグループも、自分の能力と好みに合った蓄財戦略を採用しているといえるだろう。それが大切なポイントなのだ。

超高収入の弁護士オークス氏とリサイクル業者のオトゥール氏が自分の蓄財スタイルを変えたら、いったいどうなるだろうか？　おそらく、両氏とも収入と純資産ががた落ちになるにちがいない。

決して、自分の能力や適性に合わない経済的志向を抱いてはならない。

倹約派、非倹約派両グループの約八〇%の人が、現在の職業は自分の資質と才能を最大限に活かすものであるとし、家計支出に対する各自の方針も同様である、と回答している。

8　金持ちの家をのぞいてみよう

前章では、億万長者たちが家庭での支出に対してどのような考え方を持っているか、いろいろな事例を見てきた。では、ミリオネアたちが住んでいる家そのものはどうなのだろうか？　億万長者はどんな地域のどんな家に住み、どのように家を売買しているのだろうか？　この章では、私の調査を基にそうした疑問への答えを探り、アメリカの富裕層の実態をさらに明らかにしていきたい。まずは億万長者の一人に、家について「本人の言葉」で語ってもらおう。

億万長者の住む地域へようこそ

私はブライアン・エイベルという者で、まあ、典型的なミリオネアといえるでしょう。

住んでいるのは蓄財優等生が多い地域の一つで、近所には億万長者が「密集している」といってよいほどたくさん住んでいます。住民の八割近くが純資産一〇〇万ドル以上の金持ちです。アメリカの約一億世帯のうち、一〇〇万ドル以上の資産を持つのはわずか五%ほどですから、かなりの集中度です。つまり、私たちの地域に住む億万長者の割合は、アメリカ全体の平均と比べて、ゆうに一六倍も多いということになります。

私たちが家を買ったのは一二年ほど前で、それ以来ずっとその家に住んでいます（表8－1参照）。購入価格は五六万ドル弱でした（表8－2参照）。今なら低めに見積もっても一四〇万ドル近い値で売れるでしょうから、資産が八〇万ドル余り増えたことになります。年間あたり約七万ドルの値上がりです。このように、私たちの多くは、家というものに対して昔ながらの観念を持っています――いったん住宅を購入したら、長いあいだ手放さずにそこに住みつづける傾向があるんです。対照的に、アメリカでは毎年、全世帯の約二〇%が引っ越しをしています。同じアメリカ人でも、私たちはちがいます。ミリオネアの半数以上（五三%）は、過去一〇年間に一度も引っ越しをしていません。一回引っ越しをした人もほぼ四人に一人（二四%）だけで、その約八〇%は、同じ地域内での転居です。全体的に見て、私たちは同じ地域にとどまる傾向がとても強いですね。

引っ越しをほとんどしない理由の一つは、私たちの多くが自営業を営んでいるからです。クライアントや患者、顧客あるいは主要な仕入先から離れることは、事業にとってマイナスだからです。

表8-1

億万長者が現在の家を購入した年（母数=733）

年	左の年より前に購入した人の割合	左の年よりあとに購入した人の割合（その年を含む）
1968	10%	90%
1977	25	75
1986	50	50
1993	75	25
1995	90	10
1996	95	5
1998	99	1

表8-2

億万長者の家：購入価格と現在の評価額との比較（母数=733）

購入価格	左の価格で購入した人の割合
300,000ドル以下	29.7%
300,000〜399,999ドル	7.8
400,000〜499,999ドル	9.2
500,000〜999,999ドル	28.1
1,000,000ドル以上	25.2
現在の評価額	**左の評価額の家を持つ人の割合**
300,000ドル以下	0.6%
300,000〜399,999ドル	2.0
400,000〜499,999ドル	4.9
500,000〜999,999ドル	31.2
1,000,000ドル以上	61.3

表 8-3

億万長者の家：建築された年（母数=733）

年	左の年より前に建築された家の割合	左の年よりあとに建築された家の割合（その年を含む）
1922	10%	90%
1935	25	75
1958	50	50
1978	75	25
1989	90	10
1993	95	5
1997	99	1

ですが、このところ妻と私は、億万長者仲間の引っ越しパターンに一つの変化が見られることに気づいています。不動産市場の値上がりに乗じて、自分の住宅を「グレードアップ」しようとする人たちが増えていますね。一〇年前に五〇万ドルで買った家を一四〇万ドルで売る。そして地元の、さらに高額な住宅へ移るんです。もちろんこれは、新しく買った物件が、これまでの家よりも値上がりが早いことを見越しての住み替えです。

この「グレードアップ派」の多くは、その地域の不動産市場についてかなりの情報を得ています。こうした「グレードアップ派」は南部や南西部、それに西部の新興都市に多く見られます。その他の地域の大半、とりわけ中西部や北東部では、家を購入したら長く手放さずに住みつづける人たちが今でも主流ですね。

私たちが住んでいる家で最も多いのは、一九五八年に建てられたものです（表8－3参照）。さらに、三分の二以上の人たちは、一九七三年以前に建てられた家に住んでいます。それに対して、建築後五年以内の家に住むのは、じつに約二〇人に一人だけです。

私たちの大半は、落ち着いた雰囲気の、古くからの住宅地での暮らしを好みます。私たちの家は、住む人間を反映しています――つまり、大部分が保守的な造りなんです、私たちのライフスタイルと同様にね。

何百万ドルという資産を持ってはいても、ほとんどの人は、あまり大きな邸宅には住んでいません。夫婦に子供二人か三人というのが、私たちの典型的な家族構成です。寝室が八室以上ある大邸宅で暮らすのは、一〇〇人のうちわずか二人ほど（一・七％）です。寝室が私たちの家の半数以上（五二・一％）は、寝室が四室以下なのです（表8－4参照）。同様に、八つ以上もバスルームがある豪邸に住む人は二・三％。半数近く（四六・六％）の家には、バスルームは三つ以下しかありません。

億万長者の住む地域の変化

最近、エイベル夫妻は、近くに住む人たちが多少変わってきたことにも気づいた。近所で家が売りに出されると、そこに自分たちとはちがうタイプの人々が引っ越してくるようになったのだ。ではここで、典型的な蓄財劣等生、スティーヴ・アダムズ氏とその夫人に登場してもらおう。

このところ、億万長者が多く住む地域で、所得は高いが資産がほとんどない人たちが家を

表8-4

億万長者の家：寝室と浴室の数（母数=733）

〈寝室〉

寝室数	割合	左の寝室数以下の割合の合計
1または2	2.1%	2.1%
3	14.1	16.2
4	35.9	52.1
5	30.2	82.3
6	11.8	94.1
7	4.2	98.3
8以上	1.7	100.0

〈浴室〉

浴室数	割合	左の浴室数以下の割合の合計
1または2	12.7%	12.7%
3	33.9	46.6
4	28.2	74.8
5	15.8	90.6
6	5.5	96.1
7	1.6	97.7
8以上	2.3	100.0

表 8-5

億万長者の家：ローン残額（母数=733）

ローン残額	割合	左の額以下の割合の合計
0ドル	39.9%	39.9%
100,000ドル以下	10.2	50.1
100,000〜299,999ドル	15.9	66.0
300,000〜499,999ドル	13.0	79.0
500,000〜999,999ドル	16.3	95.3
1,000,000ドル以上	4.7	100.0

買う傾向がある。スティーヴは三五歳の株式仲買人で、昨年の年収は五〇万ドルを超えた。その大半は株取引の売買手数料である。夫婦とも大金を手にしたことですっかり舞い上がってしまい、一四〇万ドルの住宅を購入した。ちなみに売り手は一五年前にその家を購入したとき、四〇万ドルも払っていない。

スティーヴは家を買うにあたって、一二〇万ドルという巨額の住宅ローンを組んだ。隣人たちで一〇〇万ドル以上のローンを抱えるのは、二〇人に一人だけである（表8－5参照）。だが、スティーヴと同じような職業と年代の人たちが、莫大な額のローンを組んで一〇〇万ドル以上の住宅を購入するのは珍しくない。実際、私の調査データによれば巨額の抵当流れを出した人たちのなかで、三〇代から四〇代前半の高所得層が異常なほど高い割合を占めている。

スティーヴに代表される人たちは億万長者ではない。蓄財優等生の大まかな定義、すなわち年間所得入に頼って暮らしていないことを悟るにちがいない。近所の人たちの大半はしっかりした資産を築いていて、売買手数料のような不定期の歩合収の最低一〇倍以上の純資産など、とても持っていない。スティーヴは引っ越しの翌日にも、

決して、短期間の所得をあてにして、長期間のローンを組んではならない。

スティーヴにできるのは、株の売買手数料が目減りせず、固定客から見捨てられないようにと祈ることだけだ。もし株式市場が下落したら、スティーヴは破産してしまう。その場合、大幅に値下げされた彼の家を買うのはどんな人か？　おそらく蓄財優等生の金持ちだろう。まとまった額の余剰資金を持つ唯一のグループであり、しかも「木から落ちる巣」を見つけるのが得意だからだ。この人たちはたとえ所得が増大しても、有頂天になって馬鹿げた、ただ高いだけの買い物に走ったりは決してしない。

現在の歩合収入が今後も続くものとして巨額の住宅ローンを組むのは、株式仲買人だけではない。やはり現在高収入を得ている三〇代から四〇代前半の、いわゆるプロのセールスマンと呼ばれる人たちも、億万長者層の居住地に住宅を求め始めている――が、不動産価格はすでにピークに近く、遅きに失していると言えるだろう。その購入価格はこの一〇年ほどの間に二倍から三倍になっているのだ。セールスマンたちの自宅購入のタイミングが遅れるのは、景気が充分に上向くまで待たねばならないからである。歩合収入は取引が成立したあと

で初めて手に入るものであり、売上高が増えるのは好況になってからなのだ。一方、不動産価格は経済の好不調をダイレクトに反映する。経済界が好景気に沸き、それに伴って株式市場が急騰すれば、富裕層の住む地域の住宅価格もすぐさま急上昇してしまう。

だが、好況時を除けば、プロのセールスマンが高額の家を買える財政状態にあることはほとんどない。高収入を得られる好景気のときでさえ、目一杯借りては目一杯使うから、残る金額はわずかである。

これとは対照的に、億万長者の大半はまず資産を築き上げ、キャッシュフローが確実で安定したものになってから、初めて家を買う。ここで、あなたが億万長者の多い地域で長年暮らしてきたとして、ちょっと考えてみてほしい。一〇年ちょっと前、株式市場が低迷していたあの不況の時期に、近所の家を買ったのは次のような人たちではなかっただろうか？

- 葬儀社のオーナー／経営者
- 金属スクラップ業者
- 駐車場のオーナー／経営者
- 心臓外科医
- 大手法律事務所のシニア・パートナー
- 廃棄物処理企業のオーナー／経営者
- 会計事務所のシニア・パートナー

こうした富裕層は、自分には家を買う経済的余裕が充分あると判断した時点で、無理のない価格の住宅を購入している。

「理想の家」の見つけ方

今までに家を探し回ったことはあるだろうか？　インタビューに答えてくれた億万長者の多くは、家を探していて苛々したことがある、と語っている。物件は常に市場に出回っているが、重大な欠点のあるものばかりに思える。何カ月も売りに出されたままの住宅も多い。真に「理想的な」家は、いったいどこで売りに出されているのだろうか？

「理想的な」家は、たいていの場合、一瞬にして売れてしまう。ここでいう「理想的な」家とは、申し分ない状態に維持され、趣味のよい内装で、高級住宅地の一角にあり、周囲の環境にも恵まれ、近くにレベルの高い公立学校があるような住宅を意味する。こうした物件の多くは、不動産業者のリストに載ると何日も経たないうちに売れてしまう。リストが公になる前に買い手のつく場合さえある。なかには、不動産業者などの第三者の手を経ずに売れるものもある。

不動産業者を通じて家を探す場合、最も賢い客は次のように依頼する。

- 急いで買うつもりはありません。だから、待つのはかまいませんが、私たちは本気で家を探してるんです。
- 理想的な家が見つかったら、できるだけ早く連絡してほしいんです。でも、こちらの条件をお忘れなく。ちゃんとした地域にある、最高の状態の物件でなければだめです。

億万長者の大半はこのような方法で家を探す。調査対象となったミリオネアの大多数は次のように回答している。

短期間で家を購入したことはおろか、しようとしたことすらない。

これは、希望どおりの家が買えるチャンスがあってもグズグズしている、ということではない。億万長者たちは、自分たちに最適の物件が見つかるまで待つことの大切さを知っているのだ。条件を満たさない住宅を購入せざるをえないような立場には決して陥らない。

これときわめて対照的なのが会社勤めの人たちで、遠隔地へ転勤させられた場合、多くの人は数日のうちに住居を決めなくてはならない。また、引っ越しを余儀なくされる。だが、転々と住所を変えることが、資産形成のマイナス要因となるのは疑う余地がない。繰り返すが、アメリカの億万長者の半数以上は、一〇年以上引っ越しをしていない。五人に一人は、二五年以上前に買った家に住みつづけている。

たとえば、家を探しているとき、二つの選択肢にぶつかったと仮定しよう。一つの家は築二五年で、同じ所有者がずっと住みつづけていた。同じ地域のもう一つの家は、居住する所有者が八回も変わっている。この場合、大半の億万長者ならば、一つめの物件を選ぶはずである。八世帯の所有者たちは家の内外にさまざまな痕跡を残しているにちがいないから、賢明な買い手は、所有者の変わらなかった「走行距離の短い」ほうを選ぶのだ。

では、どうすれば、「走行距離の短い」家が見つかるだろうか？　業界トップの不動産業者に頼むというのも一つの方法である。だが、「理想的な」物件の場合、広告にも載せず、不動産業者も通さず、希望者が下見に訪れもしないうちに、所有者が代わる例は多い。

私の父が亡くなったときの話だが、母はいずれ自宅を売りに出さねばならなかった。その家はあらゆる点で「理想的な」物件といえた。優れた設計でしっかりと建てられ、しかも条件のいい地域にあり、四五年間所有者が変わったのはただの一度だけだった。母は引っ越し予定日の六、七カ月前になって初めて、家を売りに出すと近所の人たち数人に知らせた。すると、不動産業者が電話をかけてきて、七％の手数料で売り出し物件のリストに載せると申し出たが、母は断った。話が広まるたびに、母は近所の人たちに、売り急いではいないとはっきり伝えた。この家なら即座に売れるという自信が母には充分あり、それが家のイメージをいっそうよくした。結局、熱心な買い手が何人か現れ、その家は一〇〇〇ドルもかからない経費で売却された。

つまり、裕福な売り手の多くがするように、地域の口コミを利用すれば、不動産業者に手数料を払わなくても買い手を見つけることができるのである。
私の友人のビリー・ギルモアは、別の効果的な方法を考え出した。家を探していたとき、多数の分譲マンションを売り出していた地元の不動産業者に直接かけあったのである。その業者なら、現在住む家が売れたらマンション購入の契約を結びたいという顧客の名簿を持っているのではないか、と考えたのだ。そうした顧客を、業者はビリーに多数紹介してくれた。そのなかから、ビリーはまさにギルモア家の条件にぴったりの家を見つけることができた。この場合は、すべての関係者が得をしたことになる。

家探しの前哨戦

家を買うにあたっては、財産の少ない人ほど注意深く慎重になり、多額の資産を持つ人ほどあまり頓着しないだろうと考えるのは、筋が通っているように思える。たとえ住宅に関して判断を誤ったとしても、金持ちなら破産することはないからだ。ところが実際には、住宅の購入については億万長者のほうがはるかに用意周到なのだ。しかし、億万長者のなかでも、資産レベルと家の探し方のあいだに興味深い関係が見られる。

純資産が一〇〇万ドルから二〇〇万ドルのグループと、一〇〇〇万ドル以上のグループを比べてみた場合、抵当流れや離婚、遺産相続の際に処分される家といった「お買い得」物件を探す人の割合は、どちらが多いだろうか？　資産が一〇〇〇万ドル以上のグループでは、三人に一人以上（三六％）が、そうした掘り出し物の物件を買うと回答している。一方、純資産が一〇〇万ドルから二〇〇万ドルのグループでは、こうした方法で家を買うのは五人に一人以下（一八％）である。

驚かれるかもしれないが、家の購入を考えている資産家のなかには、遺産が処理される可能性を考えて新聞の死亡記事に毎日目を通している人もいる。だが、ある行動的な億万長者夫人の場合、家の持ち主が亡くなるまで待っていられなかった。そこで彼女は、自分が住みたいと思っている地域の家々の郵便ポストに、次のようなメモを入れておいた。

> **求む！**
> ご近所に家を買いたいと考えている者です。もし万一、来年中に家を売りたいとのお気持ちが少しでもおありでしたら、左記の電話番号まですぐご連絡ください。

何日も経たないうちに、彼女は興味を覚える返事をいくつも受け取った。

億万長者の住宅購入ガイドライン

家の買い方について、億万長者はどんなことを教えてくれるだろうか？　ここに記すガイドラインは、フォーカス・グループの意見や個別インタビューの他、七三三人の億万長者から得た回答に基づいてまとめたものである。回答者の大半は、資産を形成できた理由の少なくとも一部は、住む家を慎重に選んだからだと考えている。というのも、購入した住宅の評価額が大幅に値上がりしているからだ。

億万長者でなくとも、そのアドバイスを参考にすることができるはずである。調査対象の億万長者の大多数は、独力でゼロから資産を築き上げている。多くの場合、家を買うプロセスは、彼らの投資計画の一部を占めている。投資について研究し、計画を練ることは、約九割の億万長者にとっては日常的な仕事なのである。

1　いかなる物件のいかなる交渉においても、必要とあればいつでも席を立つことをためらってはならない。

家を買おうとしたときに、交渉を白紙に戻すのにためらいを感じた経験は少なくとも一回はある、と答えた億万長者を一〇〇人とすると、場合によっては席を立つつもりで交渉を始めるという回答者は四五六人にのぼる。つまり、八二%の億万長者は、売り手にノーと言うことも想定しているのだ（表8－6参照）。このパーセンテージと純資産額とのあいだにも、やはり関連性が見られる。「途中で席を立つ」心構えを重要だとするグループでは、一〇〇〇万ドル以上の資産を持つ人たちが大きな割合を占めている。

以前、独力で一〇〇〇万ドルレベルの資産を築いたある人物が、的確なアドバイスをして

表8-6

億万長者が家を購入する過程で実行したこと（母数=733）

	割合
計画や準備をしていたとき	
どんな交渉でも途中で席を立つことを気にしない	82%
どんな物件でも最初の言い値を払うことはない	86
その地域の最近の不動産価格を調べる	79
短期間で家を買おうとしたことはない	54
最高の物件を見つけるために何週間も、ときには何カ月間も費やした	65
探していたとき	
レベルの高い公立学校のある地域を見つける	79%
無理のない価格の物件を探す	58
低コストで維持できる、エネルギー効率のよい家を探す	25
固定資産税の高くない地域を探し出す	26
抵当流れや離婚、相続の際に処分される「お買い得」物件を探す	25
交渉していたとき	
大幅な値引きを申し出て、価格に対する売り手の柔軟性を探る	46%
売り手が価格を下げられるように、不動産業者に手数料の減額を求める	32
請負業者に建築を委託する	27
建築業者や売り手に対して、原価またはそれに近い価格を要求する	18

くれた。途中で席を立つのが厄介なような交渉は絶対に始めるな、というのだ。彼に言わせれば、感情に流されて物を買うのはあまりよいことではない。買おうとするものに我を忘れるほど惚れ込んではならないし、それには家も含まれる、というのである。

2　どんな物件であれ、最初の言い値を払うようなことはしない。

あなたは言い値で家を購入したことがあるだろうか？　イエスと答えた人は、たぶん億万長者ではない。億万長者のほとんど（八六％）は値引きを要求している。とはいえ、億万長者たちは不動産価格の事前調査にかなりの時間を費やすから、適正価格が提示された場合には言い値で購入している。

家を買う場合、たいていの億万長者は競争心理を利用する。自分たちの要望を満たす物件を二つ以上選んでから、値段の交渉を始めるのだ。重要なのは、家の価格や市場についてよく知ることと、「言い値をそのまま払ったりはしない」と心を決めてから交渉することだという。この方法にはある程度の時間がかかるし、選んだ地域の最近の不動産価格の調査も必要になる。

億万長者は一〇人のうち五人近く（四六％）が、売り主に大幅な値引きを申し出て、安くならないか確かめてみたことがあると答えている。売り主を「試した」ミリオネアの多くは、さらにもう一押しとばかり、仲介の不動産業者に手数料の値下げも求めている。そうすることで、さらに価格が下がることも期待できるからだ。

しかも意外なことに、資産額が多くなればなるほど、「価格や手数料の交渉を積極的にする」割合が高くなる。一〇〇〇万ドル以上の資産を持つ人たちは四二％以上が、積極的に価格や手数料の交渉をするのに対して、純資産額が一〇〇万ドルから二〇〇万ドルのグループでは、そうするのはわずか二九％なのだ。

3 時間をかけずに家を買おうとしてはならない。

急いては事を仕損じるか？ ほとんどの場合、答えはイエスである。何人もの億万長者が、かつて家を買う際に最良とはいえない判断を下したことがある、と認めている。そして、判断を誤ったのは、急いでいたときが多いのだ。

もしも短期間で家を買わざるをえない状況に陥ったら、できるだけ定評のある優秀な不動産業者を見つけることが大切だ。業績がよく、高収益をあげている不動産業者は、歩く情報の宝庫、しゃべるデータベースと言える。現在売り出し中の不動産のなかで一年後、五年後、一〇年後に値上がりするのはどれか、予測することもできるだろう。その業者から家を買った人を教えてもらい、その業者の予測がどの程度的中したか聞いてみるのも手である。

ここで、一〇と六五という二つの数字を憶えておいてほしい。私は長年、富裕層と彼らから仕事の依頼を受ける専門職について調査を重ねてきた。その結果、専門職に携わる人たちのうちの約一〇％で、富裕層が求める仕事の六五％を独占していることを発見した。つまり、経済的成功を収めている人たちは、実績のあるトップ一〇％の公認会計士や弁護士、医師、不動産業者などを集中的に利用しているということである。億万長者には優れた能力を見つけ出す嗅覚があり、さまざまな専門職業人を適確に評価するセンスが備わっているのだ。

では、そうした優秀な不動産業者を見つけるにはどうすればよいか？　あなたの勤務先の経営者がそうした業者と取引していたり、情報を持っている可能性もある。新聞の日曜版やインターネットで不動産会社を調べてみるのもいい。そしてその会社に電話をかけて、トップクラスの営業マンを教えてもらい、連絡をとってみるのだ。

経済的成功を収めている人たちが用いるもう一つの方法は、弁護士の手を借りるというものである。億万長者は、何人もの弁護士を抱える、よく名の通った中規模以上の法律事務所を利用している。あなたも、そうした法律事務所のクライアントになればいいのだ。

言うまでもないことだが、こうした法律事務所のクライアントになるのに、億万長者である必要はない。とりあえず、自分や配偶者の遺言書を作成してもらえばいい。いったんクライアントになれば、優れた専門家による基本的なサービスはもちろんのこと、弁護士の情報網も利用可能になる。一流の法律事務所にはたいてい不動産問題を専門に扱う弁護士がいるから、実績のある不動産業者を教えてもらえるはずである。また、不動産売買の最終的な手続きの手助けや、購入契約による損得についてのアドバイスもしてくれるはずだ。だが、それだけではない。一流の法律事務所と懇意になっておけば、他にもさまざまな利点が期待できる。

4 抵当流れや離婚、遺産相続の際に処分される不動産に当たってみる。

銀行から家を買ったことはあるだろうか？　私はある。といっても、掘り出し物を見つけるためと言いたいところだが、あいにくそうではない。ただ、庭の芝生に「売家」の札を見て購入した後、真新しいその住宅が抵当流れだと知っただけの話である。だが、私が調査した億万長者のなかには、私などよりずっと用意周到な人たちがいる。

億万長者の四人に一人が、抵当流れや離婚、相続の際に処分される「お買い得」物件を探した経験があると答えている。

株価が暴落した一九八七年以降の三年間に家を買ったミリオネアたちは、その三七％以上が、「抵当流れ物件などを探す」派である。そうした人たちの多くは、市場の次の下落を待ちつづけている。

なかには、そのようなチャンスを、一流法律事務所の協力でつかんだ億万長者もいる。ぜひあなたの弁護士に積極的にこう尋ねてチャンスを探してみることである——

- 同じ法律事務所に、抵当流れや離婚、遺産の売却を専門にしている弁護士はいないか？
- もしいるのなら、売却される手頃な「お買い得」物件について、クライアントである自分に連絡してもらうことはできないか？

私の調査によれば、弁護士は他の職業に比べて、抵当流れや差し押さえ物件などの掘り出し物を探す人の割合が多いようである。差し押さえ物件といってもべつにキズ物というわけではないし、低価格のものばかりでもない。大邸宅を建築あるいは購入した人たちだって、破産することはあるのだから。

5　注文住宅は敬遠する。

注文住宅を建てたことのある億万長者は少数派（二七％）で、大半は中古住宅を購入する。とはいえ、ミリオネアの約五人に一人が、いわゆる建売住宅を生涯に少なくとも一軒は購入している。億万長者たちが注文住宅を嫌う理由はさまざまだが、詳しくはこの章の後半で説明したい。

あなたがどうしても自分の思いどおりの家を新築したいと強く願っていて、そうした注文住宅の建築についてアドバイスを求めたとしよう。私ならまず、家を建てることは、自分がほとんど何も知らない分野で新規事業を起こすようなものだ、と答える。しかも多くの場合、一緒にその「事業」をするのはまったく未知の相手なのだ。まったく馴染みのない建築請負業者があなたのパートナーとなるわけで、しかもそのパートナーは「有限責任パートナー」なのである。つまり、この事業に出資するのはあなただけなのだから、リスクの大部分はあなたが背負うことになるのである。

したがって、まず第一に、あなたがいつも頼んでいる、あるいは仕事を依頼したことがある公認会計士や弁護士の協力を取りつけることが必要だ。彼らは職業柄、建築請負業者についてかなり詳しい情報を持っている。良心的な業者や悪質な業者ばかりでなく、トップレベルの業者も知っているはずである。

建築請負業者との契約も、私だったら弁護士に任せる。こちらは建築に関して素人なのだから、業者と対等に渡り合うのは無理だからだ。たぶん、公認会計士にも同席してもらうことになるだろう。彼には、契約の金銭的な詳細について調整を依頼する。

なぜ第三者にも参加してもらうかというと、長期的には費用の節約になるからだ。たとえば、公認会計士や弁護士から一時間あたり数百ドルを請求され、最終的に五〇〇〇とか一万ドルを払う必要があったとしよう。それでも、専門職のベテランが妥当な契約を取りつけてくれれば、その金額の五倍、一〇倍、あるいは二〇倍もの出費を免れることになるのだ。

これには別の効果もある。建築業者や資材供給業者は、建築主が事情に明るい専門家を代理人に立てていると知ると、より熱心に仕事をすることが多い。業者たちはこうした建築主にぶつかると、たいていこう評する――

あの人は商売人だ！

商売に携わる人たちは、商売を知っている「商売人」に対したときには敬意を払うものである。

このように、注文住宅のような高額の買い物をする場合には、一つの商売を始めるつもりになって取り組むことが大切である。

6　常に無理のない価格で住居を取得することを考える。

これは、今までに家を買った経験のある読者のみなさんに対する質問だが、その価格は無理のない範囲のものだっただろうか？　もし答がイエスなら、そのみなさんはすでに資産家であるか、将来資産家になる可能性が高い。しかしながら、億万長者たちも相当数の人が、一生のあいだに何回か、手頃とはいえない価格の家を購入しているのである。実際、一〇人に四人ほど（四二％）が、そうした経験があると回答している。

では、そういう人たちは住宅ローンの返済に追われるような状況に陥りながら、どうして資産を形成できたのだろうか？　この場合、鍵となるのは購入価格だけではない。その家の購入後の評価額が重要なポイントとなる。また、住宅購入後に、その人の収入がどれだけ増加したかも考慮に入れなければならない。

少し無理をして家を買おうかと考えたときには、いくつかのことをよく頭の中で検討してみるべきだ。ローンはちゃんと返済していけるだろうか？　収入はこの先、上がるだろうか下がるだろうか？　その家は近い将来、大幅に値上がりするだろうか？　こうした問題に正直に答えて判断を下せば、金銭面で大失敗することはまずないだろう。

だが、自分自身に対して正直になれずに、一〇%の頭金で一二〇万ドルの家を買っても何も問題はないと判断したらどうなるか？　毎月のローンと生活費を払ったら、まず金などは残らない。それでも、こうした「無謀な豪邸購入者」たちは、これは一時的な状況にすぎないと思い込み、次のように言うのだ——

•収入は毎年増えつづけるはずだ。
•家の評価額はきっと今後数年間で大ブレークするね。
•投資には年季が入ってるから、自分の金を全部注ぎ込むようなリスクは冒さないよ——頭金の一〇%だけで。つまり、他人の金で勝負するわけさ。
•この家なら五年で価格が二倍に跳ね上がる——私には勘でわかるんだ。つまり、一二〇万ドル投資するだけで、近いうちに二四〇万ドルの家の所有者になれるということ。そこで売れば、ローンを全部払っても、一〇〇万ドル以上の利益が懐に転がり込むという算段だ。

こうした理屈を並べる相手には、破産を専門に扱う弁護士を紹介してあげることにしよう。対照的に、大半の億万長者は、四〇代半ばから五〇代初めで現在の家を買ったときには、すでに資産を築き上げている。

無理のない価格とはどういうものか尋ねられると、私はわかりやすいようにこう答えている。まず、購入後一年以内に年間所得がもしも半分に減ったら、と考えてみる。その半減した収入で住宅ローンや諸費用を払えるだろうか？　さらに万が一、投資している資産も半分に目減りしたとしたら？　最低でも五年間借金せずにローンを返済しつづけられるだろうか？　もし、これらの問いに対する答えがノーなら、その家は「無理のない価格」とは言えない。

住宅購入の達人、グリーン氏のやり方

グリーン氏が同じ所得層の人たちと比べて、抜きん出て純資産額が高いのはなぜだろうか？　投資がうまくいったから、と氏は答えるだろう。グリーン氏は投資対象を株式市場に限定せず、不動産市場で好機を見つけ出した。グリーン氏は自分の住む地域の不動産市場のトレンドについてかなりの知識を持っており、私への手紙で次のように述べている――

『となりの億万長者』は意義深い書籍です。妻と私の愛読書であり、友人や家族のあいだでも話題になりました。今でも、億万長者の平均像を自分たちと比較しております。

私たちが異なるのは、不動産を投資のビッグ・チャンスととらえている点です。もちろん、家は一家団欒の場ではありますが、私たちは家と結婚したわけではありません。ですから、現在の家は今後二年以内に売却する予定で、二一〇万ドル、即ち税込みで一二五％

の利益を見込んでいます。今より小さな家を新しく建て、比較的少額（一一％）のローンを完済して、税金を支払っても、一〇〇万ドル以上の黒字となるでしょう。九〇年代のコネティカット州グレニッチへぜひお越しください！

手紙にもあるとおり、グリーン氏は今の家を六年前に、土地代も含めて一七〇万ドルで建てた。現在の評価額は、グリーン氏の推定では、「三八〇万ドルが実勢価格」だが、私の調査によれば、この数字はかなり控えめな予想であり、四〇〇万ドル以上で売れる可能性が高い。グリーン夫妻は典型的な蓄財優等生だ。

グリーン氏に倣って不動産を購入すれば、バランスシートは黒字になることだろう。グリーン夫妻は、家を買っては売るということを一〇年間に四回繰り返し、その都度何かを学びとってきた。現在では、夫妻が購入するのは、将来かなりの売却益が見込めて、しかも比較的楽に売却できそうな物件である。夫妻は買う際に調査や交渉を重ねるほど、その物件を手放すときに多くの利益を得られることを心得ている。

このグリーン夫妻の購入方法を、典型的な蓄財劣等生、ブルー夫妻のそれと比べてみよう。ブルー夫妻は年間所得の約二倍の純資産を持つが、それだけで生活するとしたら何年も続かない。稼いでは使い、使っては稼ぐという浪費の悪循環にはまり込んでいるブルー夫妻は、巨額のローンを組んで、二五〇万ドルの豪邸を購入した。

グリーン氏とブルー氏は、家を買うにあたってどのような行動をとったか、どちらもアンケートに答えてくれた（表8－7）。両夫妻とも親から独立後、中古住宅を購入してきたが、つい最近、どちらも注文住宅を建てることに決めた。家を買うにしろ建てるにしろ、両者の対照的な方法やプロセスは非常に参考になるだろう。家を手に入れるまでに、グリーン氏は可能なかぎり最高の取引をしようと、表の一四の項目のうち一三を実行した点に注目してほしい。一方、ブルー氏は、リストのうち四項目を実行したにすぎない。

ブルー氏は、とても手頃とはいえない価格を提示されたにもかかわらず、売り手が値を下げる心づもりがあるかどうか確認していない。大半の蓄財劣等生同様、ブルー氏も気が短いのだ。「とにかく買ってしまってあとで払う」主義なのである。給料明細書を見て、もう財産を築いたつもりでいる彼は、銀行が認めたのだから巨額のローンもきっと払えるにちがいないと考えている。さらに、二五〇万ドルの持ち家が、短期的に見ても相当に値上がりするものと思い込んでいる。蓄財劣等生タイプの金持ちの大多数の人がそうであるように、自分の持ち家が「最高の買い物」と信じて疑わない。

ブルー氏はさっそく、建築請負業者との打ち合わせに入る。経験を積んだ業者から見れば、ブルー氏は即座に家を建てないと気がすまない、「サカリのついた犬」である。当然、相場や原価には無頓着だが、その反面、家の大きさや外観、様式、ジャグジー、その他高額な付帯設備には執着する。

もしブルー氏がグリーン氏だったら、ブルー氏が現在住む家に、業者の言い値どおりに二五〇万ドルは決して出さないはずである。グリーン氏は目が肥えているし、粘り強い精神力

表8-7

グリーン氏とブルー氏が家を購入する過程で実行したこと

	蓄財優等生 グリーン氏	蓄財劣等生 ブルー氏
計画していたとき		
どんな物件でも最初の言い値を払うことはない	Yes	Yes
どんな交渉でも途中で席を立つことを気にしない	Yes	Yes
その地域の最近の不動産価格を調べる	Yes	Yes
最高の物件を見つけるために何週間も、ときには何カ月間も費やした	Yes	No
短期間で家を買おうとしたことはない	Yes	No
探していたとき		
レベルの高い公立学校のある地域を見つける	Yes	No
無理のない価格の物件を探す	Yes	No
低コストで維持できる、エネルギー効率のよい家を探す	Yes	No
抵当流れや離婚、相続の際に処分される「お買い得」物件を探す	Yes	No
固定資産税の高くない地域を探し出す	No	No
交渉していたとき		
大幅な値引きを申し出て、価格に対する売り手の柔軟性を探る	Yes	No
売り手が価格を下げられるように、不動産屋に手数料の減額を求める	Yes	No
請負業者に建築を委託する	Yes	Yes
建築業者や売り手に対して、原価またはそれに近い価格を要求する	Yes	No

を持ち合わせている。建築業者はこうした建築主の特徴も感じとる。グリーン氏は原価に近い価格での建築を強く求め、業者側を説得した。事前に調査し、見積もりも何回か出させ、建築業者が最近建てた家について、単刀直入に原価のデータを尋ねてもいる。一方のブルー氏のほうは急いでいるために、自分の家の原価さえ把握していなかった。

別の問題もある。ブルー氏は自宅で自分自身を表現したいと考えた。自身の内面を反映するようなまったくユニークな家造りをしたいという衝動にかられたのである。むろん、氏の自己表現の欲求は満たされるが、これはひどく高くつくことになる。というのは、ブルー氏の理想の家はあまりにユニークなため、最近の同じような住宅から原価をはじき出せる建築業者などいないからだ。そうした場合、業者が根拠ある数字を提出してくることは考えられない。はっきりした数字がなければ、原価やそれに近い額を基準に交渉することも不可能である。なかには、コストプラス方式という条件でのみ工事を請け負う建築業者もいる。これは原価、即ち、この場合事前にはまったくわからない金額に、業者の施工料として、たとえばその二〇%を追加するというものだ。だが、建築主独自の発想を建築学的に表現する家の建築を押しつけられ、業者にとっては毎日が新しい経験の連続だとしたら、どうなるだろうか？　しかも、業者のメーターは毎日回っているのである。習熟曲線に沿って業者が技術を習得するあいだ、建築主は大金を支払うことになるのだ。

あなたの家がよくあるタイプの家に比べて、最終的に建築費用がかなり余計にかかったとしよう。だが、売却する必要が生じた場合、購入希望者はその点には関心を持たない。買い手は、設計や建築を通じて売り手が自己実現を果たしたことには興味を抱かない。建築業者がゼロから習熟していったことなど、知ったことではないのである。

一方、グリーン氏のほうはどうかというと、かなり有利に業者と話を進めていた。なぜなら一つには、建築業者や、自分の住む地域の不動産について、相当に詳しかったからだ。グリーン氏は、不動産業者が手数料を値下げすれば、価格をさらに安くできると主張した。交渉に長け、このドラマの登場人物のあいだに働く競争心の効果も心得ていて、ブルー氏よりもはるかに粘り強い。「サカリのついた犬」ではないのである。

グリーン氏は自分が家を買う動機や条件を、業者にはっきりと説明していた。住宅購入は住むためだけでなく投資も兼ねていること。自分は決して急いでいないこと。「請負業者さん、工事代金で折り合えるなら、スケジュールはそちらに合わせますよ。仕事があまり忙しくない時期だったら、どんな仕事でも、まったくないよりはましなんじゃないですか?」とまで言ったのである。

公立学校VS固定資産税

グリーン氏が住宅購入で成功を収めてきた理由は、他にもいくつかある。氏は初期費用だけでなく、ライフサイクル・コストに注意を払う。初期費用とは、土地や住宅の代金や建築費用であり、ライフサイクル・コストとは、住宅のその後の維持・管理費などを含めた全費用のことである。

ブルー氏はどうだろうか？　どちらかといえばライフサイクル・コストよりも初期費用のほうに注目するが、グリーン氏と比べると、結局どちらもあまり気にかけていない。このように、蓄財劣等生タイプの金持ちは家の購入を決めるときに、しばしば現実から目をそらし、バラ色の夢を描くばかりで――費用などはどうにかなると楽観的な見方をしてしまいがちなのだ。

しかし、ライフサイクル・コストにはさまざまなものがあり、それを考えるかどうかが、蓄財優等生と蓄財劣等生の最も端的なちがいなのである。たとえば、レベルの高い公立学校のある地域とそうでない地域の住宅の諸費用のちがいを見てみよう。グリーン氏は決まって、レベルの高い公立学校のある地域の家を購入するが、ブルー氏はそれにもあまりこだわらない。初めて住宅を買ったとき、ブルー氏はそこの教育環境について事前に調べなかった。その後、地域でいちばんの公立学校でも平均以下のレベルだと気づき、急遽子供を私立学校へ通わせることにした。公立学校の教育では一流大学への進学は無理だろう、と考えたのだ。私立学校の授業料、年間三万三〇〇〇ドルを、その住宅購入の関連コストとして、ライフサイクル・コストに加算したらどうなるだろうか？

億万長者はみんな自分の子供を公立学校ではなく私立へ通わせたがる、という通説はまちがいである。実際には大半が、公立学校のレベルは「住む地域」を決める際の重要な要素だと答えている。一〇人のうち八人近く（七九％）は、家を買うにあたって重視する判断基準の一つとして次のように回答した――

近くにレベルの高い公立学校のある地域を選ぶ。

レベルが高い公立学校がある地域では、家の評価額も高くなる。とはいえ、子供を私立学校に通わせざるをえない地域に住みたいと思うだろうか？　億万長者には平均三人の子供がいる。三人の子供を私立学校へ通わせるとしたら、かなりの金が必要となる。それよりは高額の初期費用を払っても、近所にレベルの高い公立学校のある地域に住むはずである。

以上を補足する事実として、調査対象の億万長者のうち、次の項目にイエスと答えたのはわずか二六％である。

固定資産税の高くない地域を探し出した。

グリーン氏のような億万長者は、高い固定資産税を払うか、あるいは公立学校のレベルには目をつぶるか、どちらかであるということを理解している。これまで、グリーン氏はただの一度も、税金が安いという理由で他の地域への引っ越しを考えたことはない。というのも、税率の低さは同時に公立学校のレベルの低さを意味することを知っているからである。

それにしても、ふつうならば、大多数のアメリカ人は五寝室の家に一七〇万ドルは絶対に払わない。たとえそれだけの資金を持っていたとしても、大半の人は別の地域に家を建てるにちがいない。グリーン夫妻にしても、単に住むのが目的だとしたら、どこかの他の町で同じような家をはるかに安く買えたのである。だが、夫妻にとって家を買うのは投資であり、結局のところ、グレニッチに居を構えたのはまったく賢明な選択だった。最高の住宅地で最高の住宅を建てたからこそ、氏の一七〇万ドルの投資物件は、六年もたたないうちに評価額が二倍以上になったのだ。

グリーン氏のような人たちと比べて、アメリカ中にいる「ブルー氏」たちはどうして、住宅について適切で賢明な判断を下せないのだろうか？　ブルー氏はまず視野が狭い。そのうえ、本業の株式仲買業に時間のほとんどを費やしている。その結果、有形・無形の利益を生む他のチャンスを見逃してしまうのだ。

ブルー氏だけではない。高所得・低資産の人たちは共通して、仕事中毒《ワーカホリック》の傾向が認められる。仕事でエネルギーを消耗してしまうのだ。こうして高所得の人たちは、「よく働き、よく遊ぶ」式のライフスタイルを実践していると思われがちだが、実際にはグリーン氏のような蓄財優等生に比べて、社交、娯楽、宗教あるいは地域活動といった機会を持つことは、きわめて少ない。そのためさらに働き、それ以外の時間はますます減る。

ブルー氏のような人たちは、大きく稼いで大きく使い、家計支出を抑えるための守りの行動はとらない。その種の行動に骨を折る価値はないと思っているのだ。グリーン氏のような方法で家を買うこともない。だが、今回行った億万長者の全国的な調査からは、家は自分の城以上の意味を持つことがよくわかる。億万長者たちにとって、家は有利な投資物件であり、これからもそうなりうるものなのだ。

みんなが家を売るときに金持ちは買う

一九八〇年代初めは、金利が最高水準にあった。MMFでさえ二〇%近い利回りだった。銀行への預金が確実に利益を生んでくれたから、人々は株式に投資しなくなった。では、住宅市場はどうだったか？　住宅ローンの利率が二〇%まで上昇した地域もあり、誰も住宅を買おうという気にはならなかった。不動産価格は頭打ちとなり、売り手がどうにかして処分しようとしても、多くは売れずに何カ月、ときには何年も売れ残った。

そんな時期に、私は家を買おうかどうか迷っていた。自宅から私の職場までは三〇マイルほどで、途中に橋があり、そこで平日なら必ず大渋滞に巻き込まれるからだった。動かない車のなかで私は、川の向こう側に住んでいたら一日一時間節約できるのに、と思った。だが、いつも頭のなかに反対の声があがった――この超高金利時代に家の買い替えなんて、考えるだけでも非常識だ。この二つの意見の対立は何カ月も続いた。

ところが、私の頭のなかの葛藤は、億万長者たち一〇人にグループ・インタビューをしたあと、急に終わりを告げることになった。自己紹介で私は、ジョージア州アトランタに住んでいると話した。ついで、何百万ドルもの資産を持つ一〇人が自己紹介をした――いずれも住居も職場もニューヨーク市近郊にあり、自営業を営み、一代で富を築いた人たちばかりだった。

ところが、意外なことに、グループの一人が、アトランタはチャンスの多い地域だとコメントした。すると、他の人たちも異口同音に、「なんたってアトランタだ、アトランタだよ」と言いだした。途中の休憩時間やインタビュー終了時には、さらに何人かが私に話しかけてきた。今のうちにアトランタの不動産を買う気はないのか、と私に尋ねるのだ。あのあたりの物件は非常に将来性がある、と推賞する人もいた。

私にはまったくピンとこなかった。第一に、その日のグループには不動産業者は一人もおらず、それぞれの履歴書には、印刷業や事務用品卸売、経営カウンセラー、製造業といった職業が記載されていた。それに、彼らの不動産投資への熱狂ぶりがなんとも意外だった。当時の金利を考えれば無謀に思えたからだ。このミリオネアたちはなぜこの時期に、不動産市場に興味を抱くのか？　しかもなぜアトランタに？

私は不動産価格が沈滞していることと高金利を理由に挙げて、物件を買う気はないと答えた。だが、グループの一人の言葉が、私に決定的な影響を与えることになった。

ブラウン　スタンリー博士、買うなら今ですよ！

著者　でも、この超高金利時代に？　いったい誰が買うんです？

ブラウン　頭のいい人たちがね——必ずしもローンを組む必要のない人たちですよ。ほんとに買おうと考えたことはないんですか?

著者　いえ、何度もあります。じつをいうと、家を建てようかと思っているんです。しかし、やはりこの高金利を考えますとね。

ブラウン　一等地に土地を買うだけの資金はお持ちですか?

著者　ええ

ブラウン　だったら買うべきですよ。今すぐ買いなさい。人と同じことをしていてはだめですよ。今ならたくさんの土地が売りに出されているから。新聞の広告欄を見てごらんなさい――銀行に電話してみるのもいい、抵当流れの物件がないか。

その日から私は土地を探しはじめた。ブラウン氏の言ったとおり、広告欄には相当な数の売地が掲載されていた。不況にあえぐ不動産業者が投げ売りした物件や、高所得・低資産の人たちが好況の頃に「理想の家」を建てようとして買ったが、借金がかさんで手放さざるをえなくなった土地などである。私はまもなく一つの土地を購入した。それはかつて農園だった最高の立地条件の物件で、広さは一エーカーあり、価格は二万九五〇〇ドルだった。ほんの二年前には、そうした土地は二倍はしたのだ。ちなみに、その後不動産価格が上向いたときには、同等の物件が一〇万ドルで売却されている。

私が土地を買った頃、億万長者もまた土地をバーゲン価格で買っていた。景気が悪化しているときに土地を買い、市場が逆転して不動産価格がピークに達すると売りに出すのだ。このタイプの人たちの多くは、バーゲン価格で買った土地に家を建てている。そしてそれを売り、代わりに、建築業者が所有していた住宅を購入する場合もある。あるいは、ずっとチャンスをうかがっていた住宅街で「いちばんの掘り出し物」を見つけ出す。また、市場が底値をつけるまでずっと待ってから、業者に家の建築を依頼することもある。そういうときなら、業者は原価ギリギリの建築費でも大喜びで仕事を引き受けるからだ。

というわけで、ニューヨーク市に拠点をおく億万長者たちは、とりわけアトランタの不動産に関心を抱いていたのである。何人かは、エモリー大学やジョージア工科大学に通う子供や孫がいると語っていた。その子供たちを訪ねた際に、アトランタの不動産市場を調べる機会もあったのだ。このタイプの富裕層の特徴の一つは高い生産性である。要するに「一石で二鳥を得る」人たちなのだ。

資産の一部としての不動産

蓄財優等生タイプの億万長者には、もう一つの特徴がある。それは、全部の卵、すなわち資金を、壊れやすい一つの籠に入れることはしないということだ。資産家は「自己資金をすべて自分の事業に注ぎ込む」と思われているが、これはまったくの俗説である。そんなことは決してない。大半の億万長者は、株式市場を全面的に当てにすることはないし、不動産や先物といった特定の市場に依存することもない。大多数の人は投資資金を適度に分散させ、投資目的の不動産を数種類所有する。株式への投資を非常に好む億万長者でさえ、資産の一部は不動産にしてある場合が多い。

不動産投資に回す資産の割合が高いほど、その人の純資産が大きいという傾向が見られる。

私は富裕層の研究を始めてまもなく、この点に気づいた。ある大手の投資機関から仕事を依頼されたときのことだ。私はあるフォーカス・グループの億万長者たちに、投資方法について尋ねてみた。大半の人が「株式や債券に投資している」と答えたが、よくよく聞いてみると、それよりもはるかに多くのものに投資していることがわかった。商用不動産をいくつか所有する事業家もいた。他の人たちもそれぞれオフィス用総合ビルや工場、医療用研究施設、賃貸不動産、リゾート地の賃貸不動産、ショッピングセンターなどを所有していた。一戸建て住宅に投資していた人も何人かいた。

その一人、アルヴィンは、まさに「猟犬の鼻」を持っているといえる。高校中退者だが配送業ビジネスで成功したアルヴィンは、ニューヨーク市郊外の高級住宅街に住んでいた。あるとき彼は、自分の住む高級住宅地が投資チャンスの宝庫であることに気づいた。最初に目をつけたのは、一年ほど空き家になっていた、近所の離婚した夫婦の家だった。アルヴィンはその家をバーゲン価格で購入し、全体的に修繕を施し、その後数年間は親戚に貸しておいた。そのうちに不動産市場の状況が好転した。そこでアルヴィンは、評価額の二〇%増しでその家を売りに出した。結果、その物件は言い値に近い価格で売れた。購入価格の一・五倍以上の価格で売れたので、同じ時期に株式に投資した場合よりも多額の利益が上がった。

億万長者のあいだでは、アルヴィンと同じような投資をする人たちが増えつつある。高級住宅街にある持ち家を買い手市場で購入し、妥当な売り値を決め、その価格で売れる日を待つ。そして、売り手市場で売却し、その利益でまた別の物件を購入する。多くの場合、住んでいる地域やその近くで「お買い得」物件を手に入れる。なかには、そうした掘り出し物の高級住宅を自宅にする人もいるが、多くはそれを純粋な投資手段として利用している。

本当の金持ちは家を建てたがらない

この章を書きはじめた日に、友人のジョンが私の家を訪れ、家を買うのと建てるのとではどちらがいいか、とアドバイスを求めた。君はラッキーだ、と私は答えた。その問題に関連した数字をまだはっきりと憶えていたからだ。「建てるか買うか?」という問題に対して、億万長者たちはどう回答しているだろうか?

- 家を建てたことがある億万長者は、ほぼ四人に一人(二七%)である。この数字には、自宅やセカンドハウス、避暑・避寒用の別荘などすべての住宅が含まれる。
- 家を建てたことがある億万長者の割合は純資産額とともに増えていくが、それでも資産一〇〇〇万ドル級のスーパーリッチのうち、家を建てた経験があるのはわずか三五%である。

私の予想どおり、意外な事実にジョンは少しショックを受けたようだった。金を節約できるだろうからという理由で、家は建てようと考えていたらしいのだ。また、大半の億万長者は家を買ったりせずに建てるものと思い込んでいたようだった。私から調査結果を聞いたあと、ジョンは新たな見解を口にし――

なるほど、わかったよ。億万長者は住居に金を節約しなくてもいいからそうなんだ。でも、僕は［金持ちとは］ちがう。節約しなきゃならないから建てるんだ。

「金を節約するために」という俗説

多くの億万長者が、家を一度も建てたことがないのはなぜだろうか？　ミリオネアたちにしても、家を建てることの利点はよく理解している。だが同時に、それに費やされる時間やエネルギーなど貴重な資源に見合うだけのものは得られないと考えているのだ。

これは世間一般の見解とは異なる。金持ちはオーダーメイドの品しか求めないとよく言われる。億万長者たちは特別にあつらえたものしか所有したがらないと思われている。それもみな、肥大した自尊心のなせる業だと。たしかに、特別注文の品で自身を表現する億万長者もなかにはいる。そうした人たちにとっては、注文住宅はまちがいなく最高の表現手段だ。

その家は単なる住居ではない――自分という人間、自分について他人に伝えたいことを最大限に表現できるものなのだ。このタイプの人たちは、どんなにいい物件でも既存の住宅では満足しないだろう。だが、このグループに属するのは億万長者のうちの少数派で、一割にも満たない。

金の節約になると考えて自宅は建てることにした、と答えた億万長者もごく少なく、一五％以下である。この少数グループは、建てる場合と買う場合の費用の差に対して、実際に非常に敏感で、なかには、費やされる自分の時間はあまり重要視していないように思われる人もいる。本業よりも家の建築に多くの時間を割いたほうが、金銭的にプラスだと確信しているのだ。このグループには、家を買う場合には「お買い得」物件を見つけようとする、価格のちがいに最もこだわる億万長者たちが含まれる。家を建てたほうが多額の節約につながると判断したから、そうしたのである。このタイプは四〇万ドルで売り出し中の家を見て、内心こう呟く。「私なら土地代も含めて、三〇万ドルで建てることができる」

たとえばあなたが若い弁護士で、昇進の可能性が大いにあると仮定してみよう。現在の年収は七万八〇〇〇ドルだが、パートナーに昇格した場合には三〇万ドル以上に跳ね上がる。そうした状況で、あなたは家を建てるために貴重な時間を費やすべきだろうか？　六カ月から一〇カ月ものあいだ、建築業者や資材販売業者、あるいは下請業者から職場に何百回も電話がかかってくるのである。あなたはそれに堪える覚悟ができているだろうか？　何日かに一度は建築現場を訪れ、支障ないと確認することに価値があると考えるだろうか？

ここで、パートナーの空席をめぐって競い合う、二人の若い弁護士を思い浮かべてほしい。パートナーの座を手に入れるのは、建てる派の「ビルド」氏か、それとも買う派の「バイ」氏だろうか？　仮にビルド氏はバイ氏が買ったのと同じような家を建てて一〇万ドル節約したとしても、そのために非常に多くの時間とエネルギーを費やさなければならなかったはずである。弁護士としての業績にはマイナスだ。したがって、パートナーには昇格できない。

法曹界からの実践的アドバイス

家を建てるか買うかについては、職業によって考え方に大きなちがいが見られる。いくつかの職業カテゴリーの億万長者には、「建てる派」のほうが「買う派」よりもかなり多い。ちなみに、高収入の弁護士たちは概して、家を建てることに拒否反応を示す。

- 弁護士一〇人のうち九人近く（八八％）は、別荘なども含めて家を建てたことが一度もない。
- 億万長者全体では、家を建てたのは二七％で、会社役員（三二％）と、自営業者（三一％）では、「建てる派」の割合はやや多くなる傾向にある。
- 資産額と「建てる派」の割合にも関連性が見られる。純資産が一〇〇万ドルから二〇〇万ドルのグループでは、約四人に一人（二四％）が家を建てたと答えた。それに対して、純資産額が一〇〇〇万ドル以上の億万長者たちは、約三五％が家を建てている。

金持ち弁護士たちがあまり注文住宅を建てようとしない理由としては、とくに二つのことが考えられる。彼らの所得レベルは非常に高く、弁護士のゆうに八〇％は年収が二〇万ドルを超え、約二人に一人は四〇万ドル以上を稼ぐ。それだけの収入を得るためには、どれほどの時間と労力を費やさねばならないか、ちょっと考えてみれば想像がつこう。とりわけ弁護士の仕事は在庫がきかず、時間と労力を絶え間なく提供せざるをえない。アンケートに応じた弁護士の多くは、自分や同僚は家の建築のために割く時間はないと答えている。弁護士たちは自分の時間の価値を正しく把握しており、家を建てるとなると、その時間をどれだけ食われるかも知っているのだ。

もう一つの理由は、建築業者を雇うことで生じる法律上のリスクや、それに伴う経済的リスクも、弁護士は仕事柄、熟知しているからである。たとえ州でいちばん腕がよくてまっとうな業者に仕事を依頼できたとしても、まだ問題はある。家屋の骨組みが完成した直後に、あるいはかなりの前金を支払った直後に、その業者が事故で仕事ができなくなったり、不幸にして亡くなったらどうするのか？　業者に渡した前金はどうなるのか？

家を建てるとなると、これ以外にもさまざまな問題に直面する可能性がある。だから、まずは弁護士に相談するべきなのだ。そして、もしできれば、建築業者を探すのを手伝ってもらう。あなたの弁護士が大手の法律事務所のパートナーなら、あなたは他の人たちより有利といえる。五〇人から一〇〇人もの弁護士が同じ事務所にいれば、家を建てた経験者が最低でも五人や一〇人は見つかるはずだからだ。そのなかには、雇った建築業者に充分満足した人も何人かいるかもしれない。あるいは、同僚の弁護士のクライアントが、「ハイグレード」な建築業者を雇っていたという場合もあるだろう。

建築に関する法律上の問題はすべて、弁護士に説明してもらおう。弁護士の意見を聞くまでは、契約書に署名しようなどと絶対に思わないことである。さらに弁護士に契約書を作成してもらい、詳細を業者と練り直してもらえれば、なおベターだろう。

自己表現の一環として理想の家を建てたいと思うあまり、自制心を失ったりしないようにすることが大事だ。どうしても細部まで注文設計で独自のものにしたいのなら、工事の遅れや期待はずれの出来、予算オーバーは覚悟しておいたほうがいい。時間と費用の面からいえば、住宅のすべてを注文設計するのは避けたほうが賢明である。

購入価格より重要なこととは

ある朝私のオフィスに電話がかかってきた――一人の父親からで、いささか変わった質問をしたその人物を仮にアダム氏と呼ぼう。約二〇〇〇万ドルの純資産を持つアダム氏は、私の返答に困惑気味だった。彼は私が「それは素晴らしいことですよ！」と言うとばかり思っていたのだ。

三〇歳になる息子に、四二万五〇〇〇ドルの家を買ってやるべきでしょうか？

私は、まずお聞きしなくてはならないことが少しある、と答えた。そのあとでいくつかのデータを伝えるつもりだった。そのデータを基に、アダム氏は自分で判断を下せるはずだからだ。

著者　息子さんに、それだけの家がまかなえるとお考えですか？

アダム　私の言い方がはっきりしていなかったようですな。私が息子のネイトに代わって、全額払ってやるんです……無条件で。

著者　それはわかっています。私が言っているのは、購入価格のことではありません。四二万五〇〇〇ドルの住宅に必要な維持費や、そのような邸宅に見合った、それなりのライフスタイルのことです。

四二万五〇〇〇ドルはカントリークラブの入会金のようなもので、月々の会費は別の問題なのだ、と私は説明した。私の言っている意味が、アダム氏にはまだのみ込めないようだった。氏は息子の金銭的な負担はほとんどないと思い込んでいた。というのも、住宅ローンを返済する必要はないのだし、ただ四二万五〇〇〇ドルの家の持ち主になるだけなのだから、これ以上に簡単な話はないのではないか——そう思っていた。

アダム氏はすでに心を決めている感じで、どうしても息子にその家を買ってやりたいようだった。そもそも、四二万五〇〇〇ドルという金額は、アダム氏の純資産の約二％にすぎないのだ。だが、氏の考え方には問題点があった。金を払うのが彼だとしても、その家で暮らしていくのは息子一家なのだ。

著者　息子さんの年収はどれくらいですか？
アダム　三万ドルほどです。
著者　ご職業は？
アダム　保険と投資関係の仕事を始めたところです。
著者　奥さんは？　働いてらっしゃるのですか？
アダム　パートの美容師ですが、仕事を辞めて専業主婦になりたいと言っています。
著者　つまり、二人合わせて年収は四万ドルちょっとですね？　アメリカの全世帯の平均とほぼ同額です。

ネイトと彼の妻は、夫婦の所得という点ではちょうど平均レベルである。だが、評価額四二万五〇〇〇ドル前後の住宅が立ち並ぶ地域では、めったにお目にかかれない所得層だ。アダム氏が息子に家を買ってやろうとしている地域のことを、私は詳しく知っていた。その地域の典型的世帯の年間所得は、ネイトたちの三倍以上の額なのだ。

著者　息子さんたちが、あの高級住宅地での生活に溶け込めると思われますか？　はっきり申し上げますが、あそこに住む世帯の多くは、年収が六桁です。世帯主の大半は会社役員や成功した企業のオーナー経営者、弁護士や公認会計士なんです。

アダム　どうも、嫁の発案らしいんですな。彼女があそこを気に入ってるんですよ。新開発の分譲地で、テニスやゴルフのクラブがありますからね。専業主婦になってテニスをしたいんですよ。

高級住宅地に住めない人たち

ここまでの会話では、私の言いたいことは伝わっていなかった。家をぽんと買ってやるだけで、息子の住宅に対する金銭的負担はゼロになるだろう、とアダム氏はまだ思っているのだ。私はそろそろ現実的で強力なデータを示すときだと思った。家を買ってもらうことによって、アダム氏の息子夫婦は、相当な額の経済的援助をこの先ずっと必要とする可能性が高いのである。高級住宅地では生活にかなりの金がかかるということを、アダム氏は認識していない。そういう場所に住むには、その住宅のローンを払えるだけの、ハイレベルな経済的自立が不可欠なのだ。

著者　四二万五〇〇〇ドルの住宅に、どのくらいの固定資産税がかかるか、ご存じですか？

アダム さあ、どのくらいか……。

著者 えーと、七六〇〇ドルから八〇〇〇ドルのあいだというところです。ただ、あの地域の税率は上がりつづけていますがね。息子さんの世帯は、所得税や社会保障などの支払いを引くと、総収入は四万ドルでも、手取りは三万五〇〇〇ドル以下でしょう。ということは、三万五〇〇〇ドルから最低でも七六〇〇ドル、つまり実収入の約二二％が固定資産税に消えるわけです。

そして、私はさらにいくつかの数字をアダム氏に示した。まず、四二万五〇〇〇ドルというのは、アメリカの一戸建て住宅の評価額としては平均価格の三倍以上であり、そうした家を買う人々の収入も、全米平均の三倍以上であるという事実を明かした。

ところでいったい、アメリカの金持ちは、どのくらいの価格の家に住んでいるのだろうか？　表8－8を見てほしい。国税庁のデータをもとに、アメリカの億万長者の住む住宅の平均評価額を推定すると、二七万七六四〇ドルとなる。純資産額が二五〇万ドルから五〇〇ドルの億万長者では、家の評価額は平均で三五万四〇四三ドルである。ネイトは、大半の億万長者が居住する家よりも高価な住宅に住みたいと言っていたわけである。

このデータは、ミリオネアたちの資産防衛手段として大いに役立つと思われる。息子やその妻から高級住宅を買ってくれと強くせがまれたら、億万長者の親たちはどうしたらいい

表 8-8

全米の億万長者の家：平均評価額と純資産額の比較 *1

純資産額	純資産額の平均値	家の平均評価額
1,000,000〜2,500,000ドル	1,470,553ドル	220,796ドル
2,500,000〜5,000,000ドル	3,392,416	354,043
5,000,000〜10,000,000ドル	6,809,409	545,499
10,000,000〜20,000,000ドル	14,045,501	779,444
20,000,000ドル以上	58,229,024	1,073,980
1,000,000ドル以上すべての平均値	2,938,515	277,640

*1 MRIデータベース（1999年）および国税庁の推定値（1996年）による。

か？ 息子たちは、「誰でもこれくらいの値段の家に住んでるよ」と言うだろう。「お父さんの全財産からすれば、わずかなものだろ」とも言う。そう迫られた父親たちは、私がアダム氏に教えた、ある単純な事実を息子たちに示してやるべきである。それは、億万長者の大半は、四二万五〇〇〇ドルよりはるかにやすい家に住んでいるということだ。典型的な億万長者がそのような住宅で快適に暮らしているのである。ならば、億万長者の息子夫婦とはいえ、さして裕福ではないカップルが、それ以下の住宅で満足できないはずはないのだ。

年収がネイトと同レベルの世帯の家計費について、表8－9にデータをまとめてみた。同時に、アダム氏の援助を受けたネイトの隣人になるかもしれない、年収九万ドル以上の世帯のデータも表に加えた。この世帯の総支出は八万六四五ドルである点に注目してほしい。ネイトたち夫婦の所得の二倍以上である。

表8-9

平均年間家計費その他の比較
年収90,000ドル未満 対 90,000ドル以上[*1]

	90,000ドル未満 (ネイトの世帯)	90,000ドル以上 (高級住宅街の世帯)
世帯数	79,704,000	5,022,000
税込み所得	30,220ドル	136,898ドル
調査対象者の年齢	47.9	47.1
家族の人数	2.5	3.1
うち18歳以下	0.7	0.8
65歳以上	0.3	0.1
所得のある者	1.2	2.1
所有自動車数	1.8	2.7
持ち家率	61%	91%
ローンあり(対全体)	36%	75%
ローンあり(対自家所有者)	59%	82%
賃貸率	39%	9%
黒人	11%	4%
白人その他	89%	96%
大学卒	46%	82%
総支出額	30,167ドル	80,645ドル
食費	4,331	9,010
外食以外	2,721	4,451
外食	1,608	4,559
住居関係費	9,448	25,121
住居費	5,251	14,532
持ち家の場合	3,080	11,887
賃貸の場合	1,864	940
公共料金および光熱費	2,091	3,491
雑費	423	1,876
家庭用品	412	967
家具や設備	1,272	4,255

表8-9の続き

	90,000ドル未満（ネイトの世帯）	90,000ドル以上（高級住宅街の世帯）
服飾関係費	1,540	4,732
交通費	5,690	12,521
自家用車購入費	2,547	4,964
ガソリンその他	2,831	6,101
公共交通機関利用費	312	1,455
医療費	1,696	2,747
娯楽費	1,476	4,467
教育費	389	1,816
寄付金	863	4,019
保険および年金の掛け金	2,870	12,614

＊1 米国労働省労働統計局の『概要書98-10』に、1994-1995年分として掲載された（1998年11月）資料による。

住宅購入を援助する条件

スネをかじられる側は、条件を出すことが多い。

四〇代半ばのある夫婦は、五七万ドルの家を建てたいと考えていたものの、資金がやや不足していた。そこで、夫の裕福な両親に援助を求めた。その両親は人生のほとんどをオハイオ州で過ごしてきて、すでに引退しており、アトランタに住む息子一家の近くで暮らしたいという気持ちも持っていた。

さて、家を建てるので援助してほしいという息子からの電話に、あなただったらどのように答えるだろうか？　たしかに、あなたと妻は数百万ドルの資産を持っているが、今は引退した身である。高収入を得ていた時代はすでに過ぎ去っているのだ。大学まで卒業させた、成人した息子に、さらに数十万ドルも援助したりせずに、残された老後を楽しんでもいいはずなのである。

ノーと答えるとしたら、息子の気持ちを傷つけずにどう言えばいいか？　前回の住宅購入の際も援助したことを、あえて思い出させるべきか？　この親はさまざまな返答を考えた末、名案を思いついた。両親は息子に、金を出してやろう、ただし一つ条件がある、息子の家を建てる建築家に設計図を何カ所か変更させるのだ、と伝えた。

両親の提案は、地下全体を自分たち用の住居にするというものだった。二寝室に居間、キッチン、トイレ、バスルームを造り、絨毯を敷きつめ、家電類も完備する。そうすれば、いつか将来オハイオ州を離れると決めたときには、両親は息子一家と暮らすことができる。しかも賃貸料はただだ。両親のうちどちらかが亡くなったり体が不自由になったりした場合には、同居は早まるかもしれない。すばらしいアイデアだ。息子は数十万ドルを譲り受けるだけではなく、両親と一緒に暮らせることになるのだ。だが、信じられないことに、息子は両親のこの申し出を断ったのである。

9　億万長者のライフスタイル——現実と幻想

このコネティカット在住の億万長者と、これから登場してもらうラジオ局のパーソナリティ、ＲＲＰ氏の生き方を比べてみてもらいたい。ＲＲＰ氏は「究極の最終消費者」ともいえる人物で、私はある日突然、面識のない彼から電話を受けた。自分のラジオ番組に出演してほしいという依頼だった。彼の美声と巧みな口車に乗せられて、私は引き受けることにした。彼の番組は地方放送では二、三位を争うほどの聴取率をとっていた。

私は放送時間の一時間前に来てほしいと言われて首をひねったが、その理由はすぐにわかった。私が顔を出すと、彼は挨拶もそこそこに、自分が抱える問題を切り出したからだ。ＲＲＰ氏は目下、契約更改の真っ最中で、局の担当重役との交渉が折り合わずに困っていると語った。どうやら、彼は経費を削ろうとして、代理人を雇わずに自分で交渉をしているらしかった。一〇分も話を聞くうちに、彼が深刻な金銭問題を抱えているのも明らかになった。

その時点で、彼にはクレジットカードの借越額が三万ドル以上あり、その利息だけでも年間七〇〇〇ドルになる計算だった。

三万ドルの借越しというのは、彼にとって珍しい事態ではなかった。RRP氏はもう何年にもわたって、そうした状況に身を置いており、負債額はたいてい三万ドルを下らなかったのだ。しかし、こんな話はまだほんの序の口だった。RRP氏の年収は一〇万ドルで、全米個人所得の上位七%に入る高額である。では、彼の純資産はどれくらいあるだろうか？　三〇代後半という年齢からすると、最低でも数十万ドルはあっても不思議ではない。だが、じつをいうと、RRP氏の純資産はマイナスなのだ。いったい、どうしてそんなことになったのか？　扶養家族が多いのか？　親戚の老人の医療費を肩代わりしてやっているのか？　それとも夫婦の念願の豪邸を購入したばかりなのか？　あるいは、教育ローンを一度に返済したとでもいうのか？

答えはすべてノーだ。彼は独身だし、借家住まいで車もリースしている。もちろん、それだけで彼の収入のすべてが消えるわけではなく、他にいろいろとあるのだ。これはなにも彼一人に限られた問題ではない。RRP氏のようなライフスタイルの人はたくさんいる。こうした人たちに共通しているのは、みんな、金を湯水のように使わないと人生は楽しめないと思っている点だ。中でもRRP氏は極めつきの浪費家で、その浪費癖は彼の考え方や習慣に根ざしている。彼は、さまざまな物やサービスを買うことが幸せにつながると思い込んでいるのだ。

RRP氏に代表される浪費家たちは、人生を大いに楽しみたいと思っている。だが、それには一つ問題がある。そうしたライフスタイルを維持するには、収入を増やしつづけなければならないのだ。それでは、RRP氏は自分の経済問題を解決するため、ラジオ局の担当重役にどうかけあったのだろうか？　なんと、彼は前述のような実状を訴え、借金で首が回らず、このままではやっていけないと真正直に打ち明けたのだ。それだけではなく、自分はお金を使わないと幸せな気分になれず、だんだんその見通しが立たなくなって不安でたまらないとまで言い切ったのだった。

もしあなたがラジオ局の担当重役で、自身が雇っている人間から、自分には借金があるのでギャラを上げてほしいと言われたら、どう答えるだろうか？　もしこれが、生産性の上昇に見合った報酬にしてほしいという要望なら話はわかる。しかし、RRP氏はその点には一切触れなかった。

結局、RRP氏の問題は、自分がいかに危機的な状況にあるかを理解していないところにある。彼はいま、生活していくうえで絶対に必要な仕事を失うかどうかの瀬戸際に立っているのである。それを決めるのは、彼を雇っている局側であって、彼ではない。RRP氏がいくら高級な腕時計をいくつも持ち、最高級車を乗り回していようと、超一流のバーや高級レストランの常連だろうと、思いつくかぎりのレジャー用品を持っていようと、その上下関係に変わりはない。もしラジオ局からの収入がストップしたら、蓄えのない彼はせいぜい二カ月くらいしか生活できないのだ。

それなのにＲＲＰ氏は、交渉相手であるラジオ局の担当重役に自身の窮状を訴えるという愚挙に出てしまった。おそらく、誰もそんな人間には報酬の増額など認めないだろう。それどころか、局側は彼の後任探しを始めるかもしれない。たとえ人気パーソナリティであっても、物欲に支配されて見境もなく金を浪費する人間にいい仕事ができるはずがない。借金を抱えていれば集中力も散漫になり、仕事に支障をきたすのは目に見えている。

まったく、ＲＲＰ氏にとっては不幸な事態といわざるをえない。どうやら、彼は人生における大切な何かを忘れているようだ。人生を謳歌するのに必ずしも金は必要ではない。ＲＲＰ氏のライフスタイルは、ひたすら買いまくり、ひたすら浪費するというものだ。彼にとって、夏はジェットスキーなしでは語れず、ウイスキーは最高級のスコッチ・ウイスキーでないと満足できない。ＲＲＰ氏は買い物から飲み食い、着るもの、旅行、レジャー——何においても過剰なのだ。彼が金を使わないのは、仕事をしているときと寝ているときぐらいのものだ。ＲＲＰ氏の頭にあるのは自分のことだけで、ハッピーな気分を味わうためなら、いくら金を使ってもかまわないと思っているのだ。

こうしたＲＲＰ氏のライフスタイルは、億万長者たちのそれと大きく異なっている。彼は億万長者なら、もっと派手な生活を送っているのだろうと思っているようだが、見当ちがいもいいところである。アメリカの富裕層は節度のある消費生活を送り、健康的で堅実なライフスタイルを守っている。あなたのライフスタイルや生活習慣はどうだろうか？　ではここで、億万長者たちの生活ぶりをＲＲＰ氏のライフスタイルと照らし合わせながら検証してみたい。

億万長者の現実と幻想

まず最初に、典型的な億万長者をイメージしてほしい。本書でこれまで見てきたように、億万長者には成功を収めた自営業者や経営幹部、医者、弁護士などが多い。彼らは高級住宅地に建てられた、平均評価額が一四〇万ドルの邸宅に住んでいる。九〇%の人が大学を卒業した高学歴の持ち主で、世帯の年間総所得は平均六〇万ドル以上、純資産は七桁を下らない。

仕事を離れたら、そうした大金持ちはどんな生活を送っているのだろうか？　億万長者の多くは仕事中毒ではないし、ハリウッド映画が描くような派手な暮らしぶりをしている人はほとんどいない。忘れてはならないのは、億万長者とは、高い収入を稼ぎ出し、資産を貯えることに成功した人たちだという事実である。だから当然、この二つに関連した事柄に最も時間を割いている。たとえば、資産運用計画を練ったり投資アドバイザーに相談したりといったことにだ。しかし、それ以外においては、データが示しているとおり、一般の人と何ら変わりない生活を送っている。ほんの数点を除けばちがいはないと言っていいくらいである。だから、私は億万長者のライフスタイルについて聞かれると、いつもこう短く答える。

典型的な億万長者というのは、いたって質素なもんだよ！

表9－1には、アンケートに回答してくれた七三三人の億万長者が過去一カ月間の余暇に行った事柄のうち、上位二七項目をリストアップしてある。表の9－2では、それらの項目をいくつかのカテゴリーに分類してみた。

さて、ミリオネアたちが行った余暇活動の上位二つは何であったかというと――

1　子や孫との交流。
2　親しい友人との交流。

なんと、億万長者たちがその余暇に行ったことのなかで一位にランクされたのは、家族との交流だった。そして、二番目に多かったのは友人との交流である。

誰にも、子供時代に仲のよい友だちと一緒にやった泥んこ遊びやブランコなど、金のかからない遊びが何よりも楽しかった記憶があるのではないか。億万長者たちも、親しい友人とのつき合いにはそれほど金をかけない。数人の友人をブリッジやディナーに呼ぶのに、いったいどれほど金がかかるだろうか？　大してかかりはしない――何よりも大事なのは親しい友人との心の交流だからだ。

ところが、若い人たちの多くは、楽しみは金で買うものだと思っている。だから巷には、金で買える楽しみを謳い文句にした商品やサービスが氾濫しているのだ。しかし、果たして、

表 9-1

億万長者の1カ月のライフスタイル(母数=733)

過去1カ月の余暇活動

活動	割合	順位
子供や孫との交流	93%	1
親しい友人を家に招待	88	2
資産運用の計画	86	3
投資研究	78	4
写真撮影	67	5
子供や孫のスポーツ観戦	61	6
投資アドバイザーに相談	59	7
投資向き美術品の勉強	53	8
礼拝に参列	52	9
ジョギング	47	10*1
お祈り	47	10*1
マクドナルドやバーガーキングで食事	46	12
ゴルフ	45	13
講話を聴く	43	14
教会行事に参加	37	15
親戚のお年寄りの世話	35	16
ウォルマートやKマートで買い物	31	17*1
日曜大工	31	17*1
宝くじ	27	19
サックスフィフスアベニューで買い物	26	20
高級ワインの勉強/収集	25	21
テニス	23	22
インターネットで買い物	22	23*1
聖書を読む	22	23*1
ブルックスブラザーズで買い物	19	25
シアーズやJCペニーで買い物	17	26
四輪駆動の車でドライブ	5	27

*1 同位を表す。

表9-2

カテゴリー別：億万長者の1カ月のライフスタイル（母数=733）

過去1カ月の余暇活動

活動	割合	順位
宗教		
教会行事に参加	37%	15
礼拝に参列	52	9
お祈り	47	10*1
聖書を読む	22	23*1
講話を聴く	43	14
投資		
投資研究	78%	4
資産運用の計画	86	3
投資向き美術品の勉強	53	8
投資アドバイザーに相談	59	7
庶民的志向		
ウォルマートやKマートで買い物	31%	17*1
シアーズやJCペニーで買い物	17	26
日曜大工	31	17*1
マクドナルドやバーガーキングで食事	46	12
家族		
子供や孫との交流	93%	1
子供や孫のスポーツ観戦	61	6
親戚のお年寄りの世話	35	16
ハイクラス志向		
ブルックスブラザーズで買い物	19%	25
サックスフィフスアベニューで買い物	26	20
ゴルフ	45	13
気晴らし		
四輪駆動の車でドライブ	5%	27
高級ワインの勉強／収集	25	21

表9-2の続き

活動	割合	順位
趣味／つき合い		
写真撮影	67%	5
親しい友人を家に招待	88	2
スポーツ		
ジョギング	47%	10*1
テニス	23	22
個人的活動		
宝くじ	27%	19
インターネットで買い物	22	23*1

*1 他の活動と順位を分けていることを示す。

親友と遊ぶのに五万ドルもするボートがどうしても必要だろうか？　ジェットスキーなしでは一日も生きていけず、友だちもできないのだろうか？　ディズニーワールドに行って大金を使わなければ楽しい思い出は残せないのだろうか？　スキー場に別荘を持っていなければ旧友は離れていき、新しい友人もできないのだろうか？　真の友人とは、たとえ高価な消費財などは何も持っていなくても、一緒にいるのが楽しいからといって遊びにきてくれるような存在なのである。

億万長者たちは、たとえ一〇〇〇万ドル級のスーパーリッチであれ、高価な消費財に頼らずに人生を楽しんでいる。この事実を若い人たちは知っておくべきだろう。ミリオネアたちは家庭、友人、宗教、経済的自立、健康といった幸福の基本的条件を基盤として自己充足をはかり、あとは少々のゴルフを楽しむぐらいなのだ。

なかには、何百万ドルもの消費財に取り囲まれながら、親しい友人も愛する家族もいないというミリオネアもいる。だが、そんな惨めな生活をしている億万長者はほんの一握りに過ぎない。

ただ観るだけでなく

金持ちというと、毎日ゴルフやテニスばかりやっているように皮肉まじりに描かれることが多いようだ。事実、億万長者の多くはゴルフやテニスを趣味にしている。ちなみに、資産レベルとゴルフをする回数とのあいだには、かなりはっきりとした相関関係が見られる。

資産一〇〇〇万ドル級のスーパーリッチがゴルフをプレーする回数は、ミリオネアでない高所得層の約二倍である。

多くの億万長者にとってゴルフは重要な意味を持っているが、スポーツに関連する活動のなかには、もっと重要視されているものがある。調査対象となった一カ月間はゴルフ・シーズンだったにもかかわらず、ゴルフをしたと答えた億万長者は四五%で、すべての活動のなかでも一三位にとどまっている。これに対して、ミリオネアたちの六一%がチェックマークを入れているのが――

自分の子供や孫のプレーするスポーツを観戦する。

つまり、億万長者の多くが、ゴルフ（四五％）やテニス（二三％）をするより、子供たちのプレーするスポーツを観戦するほうを優先させているのだ。ただし、億万長者たちはただ単に愛情のみからそうするわけではない。調査対象となった億万長者のほぼ半数が、学生時代に何らかの団体競技を体験していて、その体験から大事なものを学んだと思っている。競争意識を育《はぐく》んだり、チームワークの重要性を身につけることができたと感じているのだ。また、学生時代にスポーツをやっていた人は、社会人になってからも、そうでない人より多く運動することもデータからわかっている。定期的な運動が、健康な身体と健全な精神づくりに役立つことは言うまでもないだろう。

こうした理由から、億万長者の大半は自分の子供たちにスポーツをやらせている。円満な人格形成の一環として、スポーツは必要と考えているからだ。だから、ミリオネアたちは貴重な時間を割いて、子供たちのプレーするスポーツを観戦する。これは、べつに億万長者がふつうの人よりステータスが高いからとか、より子供を愛しているからというわけではなく、時間をどう使い、何を優先させるかの考え方の問題なのである。

純資産レベルが高い人ほど、子供のプレーするスポーツを観戦する頻度が高くなる。

これはどういう理由からなのか？　それは、資産レベルが高い人ほど、自由に時間配分を決められる立場にあるからだ。放課後に行われるスポーツ行事を観に行く親は、ブルーカラー層より富裕層のほうが圧倒的に多い。億万長者の多くは、自身が経営する会社のオーナーか、弁護士などの専門職なので、自分でスケジュールを組むことができる。だが、工場の作業員やトラック運転手といったブルーカラー層は、仕事を優先させざるをえない。億万長者とふつうの人の大きなちがいは、その報酬の支払われ方にある。億万長者の場合は通常業績や成果に対して報酬が与えられるが、ふつうの人の場合は労働時間や仕上げた製品の数など、拘束された時間や労働量によって給与が支払われる。となると、経済的成功の鍵となるのは、自分で時間をやりくりできる職業に就けるかどうかということになるようである。

安上がりなライフスタイル

人は同時に二つの場所にいることはできない。だから、子供の野球を観ながら、ブルックスブラザーズのような名門店で買い物はできないし、カジノでスロットマシンを楽しむのも不可能である。この考え方が、億万長者たちの安上がりなライフスタイルの根底にある。

表9－3は、億万長者たちが余暇をどんな活動に使っているか、その割合を示したものだが、これを見ると、金のかかる活動より、かからない活動のほうが多いことがわかる。しかも、金のかからない活動は単に安上がりであるばかりではない——じつは仕事に役立つ場合が多いのだ。表9－3を見てみると、億万長者の半数近くがお祈りに時間を割いている。神様に相談するのに費用はほとんどかからない。それでいて信仰はその人の人生を支える役割

表9-3

「金のかからない活動」対「金のかかる活動」億万長者のライフスタイルの実態(母数=733)

金のかからない活動		金のかかる活動		絶対差	比率	優位な活動
子供や孫のスポーツ観戦	61%	ブルックスブラザーズで買い物	19%	42	3.2	金のかからない活動
資産運用計画	86	サックスフィフスアベニューで買い物	26	60	3.3	金のかからない活動
お祈り	47	ブルックスブラザーズで買い物	19	28	2.5	金のかからない活動
親しい友人を家に招待	88	インターネットで買い物	22	66	4.0	金のかからない活動
投資研究	78	高級ワインの勉強／収集	25	53	3.1	金のかからない活動
礼拝に参列	52	宝くじ	27	25	1.9	金のかからない活動
子供や孫との交流	93	ブルックスブラザーズで買い物	19	74	4.9	金のかからない活動
写真撮影	67	四輪駆動の車でドライブ	5	62	13.4	金のかからない活動

を果たし、また4章の「チャンスとリスク、勇気と恐怖」でも述べたように、正しい判断や不屈の精神を生む重要な要素になっているのだ。

安上がりなライフスタイルには、もっと別の側面もある。大半のミリオネアたちは、日曜大工などを自分でやるDIY（ドゥ・イット・ユアセルフ）派ではない。とくに、完成までに何時間もかかる大工仕事はやらない。時は金なり、と心得ているからだ。億万長者の主たる仕事場での時給は、平均して三二〇ドルである。仮に柵を取りつけるとしよう。板をのこぎりで切り、やすりで磨く下準備だけで軽く一時間はかかる。材料を買いに行く手間も忘れてはならない。取りつけにはもっと時間を要する。一〇ドルの板を壁に取りつけるのに四時間かけるということは、彼らにとっては一〇五〇ドルから一四〇〇ドルの損失に匹敵するのだ。

億万長者たちが日曜大工をやらないのは、金銭的な理由からばかりではない。金持ちは日曜大工をする代わりにゴルフをする。億万長者がゴルフに費やす時間と日曜大工に割く時間とのあいだには、明らかな反比例の関係があるのだ。むろん、ゴルフはゴルフ場の会員権購入費、グリーンフィー、道具代、ウェア代と非常に高くつくスポーツである。しかし、億万長者たちはゴルフにかかる費用を、必要経費だと見なしている――

ゴルフ自体が目的ではないんだ。ゴルフは新規の顧客の獲得に役立つし、既存の顧客を喜ばせることにもなる。

とはいえ、億万長者の余暇活動に占めるゴルフの順位は一三位で、三位の「資産運用計画」を練ることに比べるとかなり低い。これもまた安上がりな活動なのである。私は研究や執筆のために図書館をよく利用するが、そこで億万長者たちをしょっちゅう見かける。彼らは金融専門誌や投資家向け雑誌などを借りるために列をなして待つ。もちろん、図書館を利用するのに費用は一セントもかからない。

この一年間に何をしてきましたか？

今度は、一年間を通じた億万長者のライフスタイルや余暇活動を調べてみよう。表９－４には、三〇項目の活動が挙げられており、それぞれの活動について過去一年間に少なくとも一度は行った、と答えた億万長者の割合と、その順位が付されている。表９－５は、これら三〇の活動をカテゴリー別に分けたものである。

ここに示した億万長者のライフスタイルや余暇活動もまた、世間の人がイメージしているものとは大きくかけ離れている。じつのところ、億万長者よりも、高収入だが資産のない人のほうが贅沢な生活をしているのだ。高額所得者の多くが決して資産家になれないのは、そういう派手なライフスタイルから抜け出せないからである。

大半の人は「億万長者」という言葉を聞くと、贅沢でお金を湯水のごとく使うライフスタ

表9-4

億万長者の1年間のライフスタイルの実態（母数=733）

過去1年間の余暇活動

活動	割合	順位
税務の専門家にアドバイスを受ける	85%	1
美術館に行く	81	2
地域活動（市民活動）を行う	68	3
庭の手入れをする	67	4
慈善のために募金活動をする	64	5
メジャーリーグの試合を観戦する	62	6
同業者／専門職組合の活動をする	61	7
ブロードウェイの演劇を見る	60	8
資金集めのパーティーに出席する	57	9*1
海外旅行をする	57	9*1
アンティークの展示会（バーゲン）に行く	49	11
美術品のオリジナルを探す	42	12
宝くじを買う	33	13
納税申告書を作る	30	14*1
釣りをする	30	14*1
自分で配管工事をする	27	16
キャンプ／ハイキングをする	25	17*1
カジノでギャンブルをする	25	17*1
ロッキー山脈でスキーをする	22	19
パリで休暇を過ごす	20	20*1
ヨットでセーリングする	20	20*1
自宅の芝刈りをする	19	22
ロック・コンサートに行く	17	23*1
パームスプリングスで休暇を過ごす	17	23*1
自宅の外壁を塗る	13	25
テニスのグランドスラム大会を観戦する	11	26*1
狩猟／射撃をする	11	26*1
カヌーで急流下りをする	9	28
アルプスでスキーをする	4	29
豪華客船で世界一周旅行をする	3	30

*1 同位を表す。

表 9-5

カテゴリー別:億万長者の1年間のライフスタイル(母数=733)

過去1年間の余暇活動

活動	割合	順位
市民としての義務		
慈善のために募金活動をする	64%	5
地域活動(市民活動)を行う	68	3
資金集めのパーティーに出席する	57	9*1
美術、娯楽、旅行関連		
美術品のオリジナルを探す	42%	12
アンティークの展示会(バーゲン)に行く	49	11
美術館に行く	81	2
ブロードウェイの演劇を見る	60	8
海外旅行をする	57	9*1
パリで休暇を過ごす	20	20*1
DIY活動		
庭の手入れをする	67%	4
自宅の芝刈りをする	19	22
自分で配管工事をする	27	16
自宅の外壁を塗る	13	25
納税申告書を作る	30	14*1
スポーツ		
ロッキー山脈でスキーをする	22%	19
アルプスでスキーをする	4	29
テニスのグランドスラム大会を観戦する	11	26*1
メジャーリーグの試合を観戦する	62	6
アウトドア		
キャンプ/ハイキングをする	25%	17*1
カヌーで急流下りをする	9	28
ロック・コンサートに行く	17	23*1

表9-5(つづき)

活動	割合	順位
趣味		
釣りをする	30%	14*1
ヨットでセーリングする	20	20*1
狩猟／射撃をする	11	26*1
射利活動		
カジノでギャンブルをする	25%	17*1
宝くじを買う	33	13
同業者／専門職組合の活動をする	61	7
ハイクラス旅行		
パームスプリングスで休暇を過ごす	17%	23*1
豪華客船で世界一周旅行をする	3	30
税金対策について		
税務の専門家にアドバイスを受ける	85%	1

*1 他の活動と順位を分けていることを示す。

イルを思い浮かべる。一般の人に、億万長者はどんなことに興味があり、どんな生活をしているると思うかと尋ねたところ、以下のような項目が上位に挙げられた。

- ロッキー山脈でスキーをする。
- アルプスでスキーをする。
- ヨットでセーリングする。
- カジノでギャンブルをする。
- 豪華客船で世界一周旅行をする。
- パームスプリングスで休暇を過ごす。
- テニスのグランドスラム大会を観戦する。
- パリで休暇を過ごす。

だが実際には、これらの項目はいずれも、億万長者の回答では上位には入っていない。実際の回答で上位だったのは何だろうか？

億万長者の余暇活動ナンバーワンは、「税務の専門家にアドバイスを受ける」である！

なぜ、税務の専門家にアドバイスを受ける億万長者がこれほど多いのだろうか？　どうやらこれは、今回調査した億万長者たちが昨年、平均で三〇万ドル以上の所得税を払ったという事実と関係があるだろう。一〇〇万ドル以上の税金を払った人も、およそ五人に一人いた。アメリカでは金持ちほど割高な税金を取られる。年間所得が一〇〇万ドル以上の世帯数は全米で約〇・一%なのに、彼らが納めている所得税額は全体の一四・七%も占めているのだ。大半の億万長者が節税したくなるのも当然である。ほんの一割節税するだけでも、子供の大学の授業料を払えるくらいの金額になるからだ。

税に関して、もう一つ注目すべきことがある。取材調査した億万長者のうち、自分で納税申告書を作成しているのはわずか三〇%で、そのうち三分の一は公認会計士か税務専門の弁護士だった。ここに、ある興味深い傾向が見られる。表9－5の〈DIY活動〉のカテゴリーに属する四つの項目と資産とのあいだには、はっきりと反比例の関係があるのだ。

1　自宅の芝刈りをする。
2　自分で配管工事をする。
3　納税申告書を作る。
4　自宅の外壁を塗る。

資産の少ない人ほど、上記の活動を自分でする傾向がある。逆に裕福な人ほど、税金対策を専門家に依頼することが多い。

オフィスを出たら

もしあなたが億万長者になろうと思ったら、自分に最適の職業を選び、熱心に仕事をするだけでは不十分だ。もっと資産を増やすためには、仕事以外の活動もする必要がある。まずは、税務の専門家や、税金対策に強い投資コンサルタントと信頼関係を築く。次に、地域活動に積極的に参加する。地域活動で最もお勧めなのは、これである――

慈善のために募金活動をする。

億万長者の約三分の二（六四％）は、調査期間中に募金活動に従事していた。募金活動と純資産のあいだには強い結びつきが見られる。

募金活動なんてすでに大金持ちになっている人、しかも年配の人がやることだと言う人もいるだろう。あるいは、巨額の遺産を相続した人の専売特許だと言う人もいるかもしれない。だが、実際に募金活動に従事しているのは、年配の億万長者やすでに資産を貯えた富裕層に限られているわけではない。年齢や遺産額はほとんど関係ないのだ。現在の億万長者の大半は、お金に不自由しなくなる前からずっと善意の募金活動をしている。しかも、それは純粋に高邁《こうまい》な意思から発しているのである。

善行はまちがいなく、この世に生きているうちに報われる。経済的に成功を収めた人たちは、積極的にボランティア活動をする。そして、さまざまな募金活動を通じて他の成功者と知り合いになり、仕事面でも私的な面でもコネクションをつくっていくのだ。

私は長年、富裕層を調査するうちに、ある単純な法則に気づいた。


金持ちの仲間入りをしたかったら、金持ちと一緒に、積極的に慈善活動をすること。

美術品、娯楽、旅行

募金活動の他に、資産レベルと関連する余暇活動があるだろうか？　一般的に言って、人は資産が増えるほど美術品や娯楽、旅行に関心を持つ傾向がある。調査対象の一年間では、億万長者の五七％が外国で休暇を過ごしているが、一〇〇〇万ドル級のスーパーリッチの場合はさらに比率が高まり、およそ七割の人が外国旅行に出かけている。

この数値は、億万長者は資産を増やすためにしか金を使わないという説と相反するものだろうか？　ふつうの人の場合、休暇旅行は遊ぶためので、仕事や投資が目的ではない。ところが多くの億万長者は、バカンス、とくに外国でのバカンスを、純資産を増やすチャンスとして使っている。

ある開業医のケースを見てみよう。昨年、ドクター・エドワーズには一〇〇万ドル近い所得があった。医学界における変化や進歩を常に吸収して時代に遅れないようにしている彼は、医師として卓越した人物で、専門分野に関する記事を書いて発表したり、国内の学会のみならず国際学会でも研究発表を依頼されることが多い。

ドクター・エドワーズはまた、会議の他にもさまざまな場所で講演する。デスクの上にはいつも、講演依頼の手紙が何通も置かれている。一〇〇〇〇ドルの謝礼と宿泊料を用意する団体もある。これまで講演依頼を受けてあちこちに飛んだので、航空会社のマイレージも、家族そろって世界のどこにでも無料で行けるほどたまっている。

二月のシカゴにするか、五月のパリにするか、どちらでも自由に選べるとあっては、ドクター・エドワーズがたびたび海外旅行に出かけるのも不思議ではない。まさに一石二鳥なのだ。学会での発表という仕事を兼ねて、彼は奥さんと一緒に海外旅行に行く。そして億万長者の約半数と同じように、ヨーロッパで美術品を投資目的で購入したり、アンティークのオークションに足を運んだりもするのだ。

ドクター・エドワーズのケースは、超リッチな億万長者たちの海外旅行の典型である。ただ遊ぶために海外旅行をする億万長者はごくわずかしかいない。大多数の億万長者は、仕事と投資と遊びを——どれに重点を置くかは場合によるが——兼ねるのがふつうだ。しかも、仕事を兼ねているのだから、彼らの海外旅行にはしばしば「補助金」がつくのである。

億万長者を探すには

あなたがマーケット・リサーチ会社の経験が浅い若手社員で、億万長者にインタビューしてくるよう上司から命じられたとしよう。世界のどこにでも行けるほど潤沢な経費をもらっ

表9-6

税金の相談・募金活動 対「上流の」余暇活動：億万長者の1年間の余暇活動の実態（母数=185）

「上流の」余暇活動	割合	税理士に相談する率（上流の余暇活動との比率）	募金をする率（上流の余暇活動との比率）
パリで休暇を過ごす	20%	85 (4.3)	64 (3.2)
ロッキー山脈でスキーをする	22	85 (3.9)	64 (2.9)
アルプスでスキーをする	4	85(21.3)	64(16.0)
テニスのグランドスラム大会を観戦する	11	85 (7.7)	64 (5.8)
ヨットでセーリングする	20	85 (4.3)	64 (3.2)
パームスプリングスで休暇を過ごす	17	85 (5.0)	64 (3.8)
豪華客船で世界一周旅行をする	3	85(28.3)	64(21.3)

て出かけてみると、狙いをつけた国にはたいてい大金持ちの旅行者が見受けられた。それを上司に報告したのだが、上司はあまりいい顔をしなかった。

あなたの報告書によると、パリで休暇を過ごしている億万長者が大勢いたことになる。だが、上司は表9－6を示し、昨年パリで休暇を過ごした資産家はたったの二〇％だと指摘し、いつも億万長者の相談に乗っている税理士のところへは行かなかったのかね、と尋ねる。あなたの頭に税理士のことがちっとも思い浮かばなかったのは、世間の大多数の人と同じように、休暇中の金持ちはどこかへ遊びに行って散財するものと思い込んでいたからだ。大金持ちがまさか会計事務所に腰を据えて、税理士と税金対策の相談をしているとは夢にも思わなかった。だが、そういう億万長者は、パリで休暇を過ごす人の四倍以上もいるのだ。

そういうわけで、億万長者はアルプスでスキーを楽しんでいる、と書いてあるあなたの報告書を読んで、上司は不機嫌になったのである。昨年アルプスでスキーをした資産家は、一〇〇人中わずか四人。豪華客船には金持ちが大勢乗っていたとしても、彼らは全体から見れば少数派である。一〇〇人中たった三人なのだ。あなたは上司に、どうもきみは別の仕事を見つけたほうがいいかもしれんな、と強く示唆される。つまり、あなたはすでに解雇されたも同然なのだ。上司は新たに、積極的に慈善募金活動をする若い女性を雇った。エレンが採用されることになった決め手は、億万長者のほとんどは善意で募金活動をしていて、自分も以前から一緒に活動している、と彼女が説明したからだった。表9-6の数字が示すように、億万長者にとって浪費は問題外で、募金活動は人気がある。募金活動をするミリオネアの場合は、以下の行動をとる人の割合を大きく上回っているのである。

- パリで休暇を過ごす。
- アルプスでスキーをする。
- テニスのグランドスラム大会を観戦する。
- ヨットでセーリングする。
- 豪華客船で世界一周旅行をする。

早起きは金持ちになりやすい？

本当に「早起きは三文の得」なのだろうか？　ときには得することもあるかもしれないが、確実ではない。他人よりも早く起きることが億万長者への近道ならば、スクールバスの運転手や牛乳配達をしている人は、みんな金持ちになっているはずだ。だが実際には、世の中はミリオネアではない人のほうが圧倒的に多い。

私も昔は両親の教えを信じて、他人より早く起きれば収入が増えて、やがては金持ちになれるものと思っていた。私は少年時代、週末にゴルフ場でキャディのアルバイトをしていた。その最初の年、ちょっとした問題が起こった。古株のキャディ数人がゴルフ場のお偉方に向かって、仕事の配分が不公平だと訴えたのだ。彼らは、チップをはずんでくれる客がみんな、キャディ長の身内だけに持っていかれてしまうと不満の声をあげたのである。

この問題を解決するため、お偉方は機械的に仕事を振り分ける「先着順」方式を採用した。毎朝、職場に一番乗りしたキャディが、最初のパーティーにつくのである。しごく簡単、かつ民主主義的な方法だ――だが、まったく非生産的である。

この方式は長続きしなかった。最初に抗議の声をあげたのは、比較的ゴルフのうまい、勝負好きの客たちだった。それまではいつも、いちばん腕のいいベテランのキャディがついてくれたのだから、今後もそうしてくれないと困る、と言いだしたのだ。そういう客は毎回同じキャディを指名することが多かった。そして、ゴルフバッグを担いだキャディの仕事ぶりによってチップをはずんだ。むろん、キャディの仕事はただ単にゴルフバッグを担ぐことだけではない。優秀なキャディというのは、インストラクターとコンサルタントとコーチと励まし役を一つにしたようなものなのだ。だからこそ、役に立たないキャディをあてがわれると、腕に覚えのある客たちは腹を立てたのである。「先着順」方式に大反対したのは、そういう客たちだった。

この一件は、アメリカにおける資産形成の側面を示すものである。キャディであろうと弁護士であろうと、より生産的な人がより多くの金を稼ぐのだ。弁護士がただ単に法廷手続きにいちばん早く現れたからといって、勝訴するとはかぎらないのである。

いずれにせよ、「先着順」方式は大失敗だった。この方法が取り入れられた最初の土曜日、私は午前七時にキャディ・ハウスに到着した。ハウスのなかはすでに人で埋まっていた。それで、翌週の土曜日は午前四時に起きて自転車に飛び乗り、四時三〇分にゴルフ場に着いた。それでもいちばん乗りではなかった。すでにキャディ・ハウスの前には仲間が五、六人立っていた。いちばん乗りしたのは、男子トイレで夜を明かした連中だった。なんと、前夜の一一時からそこに陣取っていたのである。

こんな競争には勝てっこない。いったいこれが、時間とエネルギーの有効な使い方と言えるだろうか？　蓄財についても同じことが言える。一代で億万長者になった人たちはみな、自分の能力を最大限に発揮することができて、業績に対して報酬が与えられるような職業を選んでいる。勤務時間に対して報酬が与えられる職業ではない。財を成すには、ただ単に始業時間や起床時間を早めればいいというものではない——大事なのは、いかに能力をフルに発揮できるかということなのだ。

この話が、財産を築くこととどんな関係があるのだろうか？　つまり、業績に応じて報酬が支払われる環境に身を置くことさえできれば、最大限に能力を発揮しようという意欲が湧き、ひいては経済的成功につながるということである。

他人より早起きするのはさして難しいことではない。大変な知性を要するわけでもない。それよりも、もっとちがう面でいちばんになるよう心がけるべきである。たとえば、あなたが画期的な製品を発明したとしよう。これで、自分より早起きしている連中の鼻を明かすことになる。そういう人たちは独創的な製品を作るより、職場に早く着くほうが重要だと思っているからだ。

創意工夫のないありきたりの製品やサービスを提供して満足している人たちは、夜明け前から起きたらいい。おそらく過酷な競争社会で生き残っていくためには、一日一二時間働かざるをえないだろうからだ。

億万長者や高額所得者に関するかぎり——

起床時刻の早さと資産とのあいだには、統計的に重要なつながりは見られない。

億万長者は、仕事がある日には午前六時四〇分頃に起きる人が最も多い。平均起床時刻は六時二五分。五時四〇分より早く起床するのは五人に一人くらいのものである。

私自身は、以前はもっと早く起きていた。講義のない日は、一日八時間か一〇時間ほど本や論文の原稿を執筆していた。だがそのうちに、一日三、四時間しか書かないほうが、結果的に早く書き上がることがわかった。結局、ベストセラーを生み出すのは、一日一〇時間の努力ではなく、書かれたものの質の高さなのである。

毎日午前三時に起きてバリバリ働く実業家が、世間には大勢いるのだろうか？　実際のところは誰にもわからない。さまざまな業種の億万長者について統計をとると、仕事がある日の起床時刻がほぼ同じであることがわかる。会社役員の平均起床時刻はもう少し早いが、さしたるちがいはない。

ビル先生に寄せる詩

私が大学院生時代に指導を受けた教授の一人に、ビル・ダーデン博士という、有名なライフスタイル研究の権威がいた。ビル先生と私の所属する研究室はちょうど向かい合っており、毎日午前一〇時か一一時に出勤してくる先生の姿が私の部屋からよく見えた。ビル先生は研究室にいるときは、常にドアを開けておいた——助言を求めて訪れる大学院生を温かく迎え、かなりの時間を割いて学生たちの相談に乗ってくれる人だった。では、先生はいったいいつ調査や執筆を行っていたのだろうか？　ある真夜中、私はその答えを知った。

ある日の午前二時頃、いくつかのプログラムを実行するためにコンピュータ・センターへ行ったときのことだ。そのプログラムを処理するには長時間コンピュータを使わなければならず、それで深夜の時間帯に回されたのだった。コンピュータ・センターには人影はまばらだったが、そのなかにビル先生の姿があった。先生がコンピュータを使った仕事をするのは、たいてい深夜零時過ぎということだった。先生は私に、ふつうの日のスケジュールを教えてくれた。だいたい午前一時頃からコンピュータに向かい、それが終わると午前三時に就寝する。そして、午前九時に起きて一〇時から一一時のあいだに研究室に到着するのだった。一流大学の教授たちは、概ね長時間の激務をこなしているが、毎朝八時に自分の研究室へ来る教授はあまりいないだろう。大学教授はじぶんで勤務時間を決めることができる。

同じことが、多くの億万長者にも当てはまる。彼らは自分で労働時間を調整し、スケジュールを立てる。午前八時から午後五時までという一般的な勤務時間が自分の生活スタイルに合っていなければ、勤務時間のほうを変更するのだ。ただし、あなたが人に雇われる身であって、雇い主が就業時間を午前八時から午後五時までと決めたのなら、当然これはやってはならない。

ビル・ダーデン教授が著名な学者になったのは、さまざまな学術誌で研究成果を発表していたからである。そうした研究を評価する人たちにとっては、ビル先生が何時に仕事をしているかは、どうでもよいことである。大切なのは完成された成果だった。誰もが八時から五時のあいだに心身の力を最大限に発揮できるわけではないのである。

ビル先生の場合、仕事がはかどり、素晴らしいアイデアが浮かぶのは、いつも午前二時半頃だったのだ。午前二時半というと、ふつうの人はまだ眠っている時間だが——ところで、あなたが自分の力を最も発揮できるのは何時頃だろうか？　その時間は勤務時間と一致するだろうか？　一致しない場合は、勤務時間を変えることを考えるべきである。それを可能にするためにも、ぜひ自分でスケジュールを立てられる環境に自身を置くべきなのだ！

10 ミリオネア・マインドを身につけよう

本書の大半は、人とはちがう独自の道を歩むことこそが成功につながる、というテーマの下に構成されている。私は「ビューティフル・ピープル」には興味がない。ビューティフル・ピープルとは、かつて私のアンケートの回答者の一人が、いかにも成功が約束されているように見える人たちに対して用いた言葉だ。この階層の特徴を挙げるならば、こんなイメージになる。高い知能指数を誇り、小学校からずっとオールAで通し、エリート校をトップで卒業している。ルックスもいい——スラリとした体型にブルーの瞳。大学時代にはスポーツ部の花形選手として鳴らし、全米代表に選ばれている。何世紀も前まで遡れる家系と信託財産を有し、汗一滴流さずに毎年巨額の所得を得ている。ゴルフの腕はプロ並みで、数々の慈善団体の理事会に名を連ね、健康な歯と肉体を持ち、スーパーモデルのような相手と結婚しては離婚劇を繰り返している……。

なぜ私は、ビューティフル・ピープルに興味がないのか？　それは、これまで一度としてビューティフルな億万長者に出会ったことがないからだ。にもかかわらず、億万長者でない多くの人々は、億万長者とはビューティフル・ピープルのような人たちだと信じている。むろん、私は今後もまだ調査を続けるが、しかしやはり興味を惹かれるのは、片腕が不自由ながらもドイツ空軍の撃墜王となったパウレ・ロスマンのような人物だ。本書の1章で紹介した、ロスマンが障害を乗り越えた話を思い出してほしい。彼は腕の負傷というハンディを克服した。通常ならば戦闘機パイロットにとって致命的なハンディを負ったことを、逆にバネにして成功したのだ。エースの座は頭を使った結果なのである。彼はいわばパイロットの世界の「ビューティフル・ピープル」、つまり完璧な肉体を持った敵を打ち負かす方法を編み出したのだ。

入り乱れる空中戦では、肉体的な優劣が勝敗に影響しやすい。だから、ロスマンはそうした戦闘を避け、ターゲットや時間、場所、高度、攻撃の角度といった要素を厳選して戦いに臨み、勝利を重ねた。ロスマンは機先を制したのだ。彼に撃墜されたエリート・パイロットたちは、まさか片腕の不自由な相手に撃ち落とされたとは思いもしなかっただろう。

あなたなら、どういう人物を手本に選ぶだろうか？　私なら、ビューティフル・ピープルは選ばない。むしろ、一つか二つはハンディを背負いながらも成功を手にした人たちから学びたい。成功するために、知恵を絞った人たちだ。経済的に成功した人間にビューティフル・ピープルはまずいない。面白いのは、私に回答を寄せてくれた億万長者たちの多くが、多少なりともビューティフル・ピープルのように生まれついていたなら経済的に成功できなかっただろうと答えていることだ。それはなぜなのか？　もしも境遇に恵まれていれば、そもそも自分にあった仕事を慎重に選ぼうなどとは思わなかっただろうからだ。

最後にもう一つ、億万長者の話を読んでほしい。そして、ここに登場するソナー夫妻は果たしてビューティフル・ピープルなのか、それとも多かれ少なかれロスマンのような面を持った人たちなのか——あなた自身で判定してほしい。

サザン・ブルーマー製造会社を経営するソナー夫妻のケース

テネシー州ブリストルでサザン・ブルーマー製造会社を経営するドナルド・ソナー氏は、これまでの人生で一度として就職したことはない、少なくとも他人の下で働いた経験はない、と語る。現在六四歳の彼は、二四歳で億万長者になって以来、幾度か浮沈を繰り返した。

ソナー氏はなぜ自営の道を選んだのか？　また、何をきっかけに、半端ものの布切れを材料に、四人用の下着や銃器の手入れ用の裁断布を作ることを思いついたのだろうか？　「私は農村育ちなもので、子供の頃からうんと働いたもんさ」と、ソナー氏は回想する。

昔は郵便物を家まで配達してくれなかったんで、よく村の雑貨屋まで手紙を取りにいったもんだ。で、私がその店にいるあいだに、手袋とか靴下なんかを扱う商人がしょっちゅうやってきて、店主が金を払うと、それをポケットのなかの札束に加えるんだ。田舎者の私なんぞ、見たこともないような金だ。だもんでその連中が、それはもう、どえらい金持ちに見えたもんだよ。

それで、一五歳になったとき、中古の小型トラックを持ってたんで、ノースカロライナに靴下を仕入れに行った。雌の子牛を二頭売った金で、安く仕入れたのさ。ところが、家に帰ってよく見たら、それがキズ物だったんだ。雑貨屋は引き取ってくれない。そこで、製材所で働く連中が住んでいるところに売りに行った。どうにか全部売れて、そこそこ儲かりはしたがね。次には、もっと大量に仕入れた。それまでには、どんな物を仕入れたらいいか、目星がついていたんでね。

以来、ソナー氏は多少の難がある二等品を売りさばくことで、財産を築き上げた。

私は高級品は扱わない。仕入れるのは、繊維工場が検品段階で撥ねた二等品ばかりで——使う分には不自由しないが、そのままではゴミ箱行きの品物だ。で、そういう物を売って儲けるビジネスを作り上げた。

こういう商売を成り立たせるには、何がいちばん大事だと思うね？　それは、品物が動こうが動くまいが、常に布を仕入れる元手を用意しておくってことだ。つまり、中古の自動車部品を売るのと同じで、まずはがんばって売れるだけ売る。どうしても売れ残ったら、最後の手段として、工業原料や材料になる屑にして、いろんな産業に引き取ってもらうのさ。

もう少し具体的に説明しよう。ソナー夫妻は軍用銃の手入れ用布の市場を、ほぼ独占している。だが、その材料は、衣類の裁断工場とか縫製場の床から拾い集められたものなのだ。ソナー氏はアメリカ軍相手の商売について、さらにこう語っている——

最初はみんなに馬鹿にされた。「すぐ潰れるさ」とか言われたよ。しかし、天は金の雨を降らせてくれた——それこそ材料は、捨てるほどあったんだからね。それが育って、押しも押されもせぬ本格的なビジネスになったってわけだ。

その後、ソナー氏は誰も思いつかなかった新たな市場を見つけて、サザン・ブルーマー社を設立した。その市場とは、二等品の衣料の需要がある刑務所と精神病院だった。ソナー氏は、いったん全財産を失ったのちに、受刑者向けの下着を製造するようになった。つまり、あまり品質を問題にしない衣料品の市場に参入したのである。それならば、事業規模が小さくても対応できるからだ。

通りのちょっと先に精神病院があってね、それを眺めていたときにひらめいたんだ——女物が売れるんじゃないかって。というのも、その病院にはすごく大きな洗濯場があって、

そこから年中スチームが上がっていたもんでね。それだけ洗うものがあるって証拠だ。よし、ひとつ端切れを大量に仕入れて、手頃な品を安くいっぱい供給してやろうって思った。それに衣料品となれば、裁断布とちがって縫製もかなりしなきゃならんから、手間賃も稼げるわけだ。

もし何かを売ろうと思ったら、それに対する需要がある市場を見つけることが大事なのさ。

昨今のアパレル業界では、大手企業が小さな会社を次々に駆逐している。これについてソナー氏は、規模が小さければ小さいほどオリジナリティを追求して、少ない資金で実現できるアイデアで対抗するべきだと語っている。

ソナー氏の妻、ウィニフレッド夫人は、夫とともに事業の経営に当たっている。夫人は貴重なパートナーであり、彼女がマーケティングを受け持ってくれるおかげで、彼は生産部門に時間を割けるのだという。「ゴージャスな女房だ。それも、外見だけでなく中身までゴージャスなんだ」と、彼はウィニフレッド夫人を自慢する。「商売を成功させるためなら、どんな苦労もいとわない」

商売をしていると、いろんなものを犠牲にしなきゃならない。最初の女房は山育ちの素朴な娘だった。私は若くして、女物の衣料を売って大儲けした。金ができると、あいつはそれに目がくらみ、おかしくなった。金が人間を腐らすこともある。
ウィニフレッドとはどんなときでもウマが合う。最高のチームだね。どっちがボスかはちょっとわからんが、われわれのあいだには何か特別なものがあるんだ。

それでは、事業や人生にとって大切なことは何なのだろうか——仕事や富への愛着か、それとも教育か？　ソナー氏はこう言う——

仕事に愛着を持つことは大事だね——ウサギを追う猟犬みたいにひたすら獲物を追いかけて、他のことは何もかも忘れてしまうくらいに。そうして少しでも成功すれば、何かを成し遂げたっていう喜びも味わえるってものさ。
私は大した教育を受けていない。高校も一年通っただけだ。でも、人はだんだんとアイデアがひらめくようになるもんだし、それを伸ばすのにはあまり金がかからない。世の中で決め手となるのは、多くの場合、教育よりも、成功したいという意欲なんだ。

いかにコストを抑えて儲けを生み出すかということを、ソナー氏は苦労の末に身につけた。それはそのまま、これから事業を起こそうという若い人たちへのアドバイスになるだろう、と氏は言う。

よくローンの返済のことを口にする人がいるが、そういう人は私とはまったく異質の人間のように思えるね。私は今は、ローンを組んで返済しなきゃならないようなものは一切持たないようにしている。なにしろ借金で一度、大変な目に遭ってるからね。今の私は一セントだって借りる気はないね。

自力でやってきた者には、だいたいにおいて、見栄を張ろうとする人間は少ないね。私は車なんか、買おうと思えば何だって買えるが、でも八八年型のミニバンに乗っている。調子は悪くない。一九九〇年に中古を五〇〇〇ドルで買ったんだ。八二年型のボルボもある。新品と変わらんよ。ちょっとした拾い物だったな。買値はたしか三〇〇〇ドルほどだ。

成功したければ道は二つに一つ――有望な分野で修士号を取るか、それともがむしゃらに働いて、頭を使って小さな事業を起こすかだ。

過剰な借金は、ソナー氏が、事業家のしてはならないこととしていちばんに挙げるものの一つである。

事業を始めるために多額の借金をすることほど馬鹿げたことはないね。金がなければないで、それでやっていく方法を身につけるべきなんだ。金があれば、まちがいもやらかすということさ。金があればあるほど、やらかすまちがいも大きくなる。

利息は一日二四時間、土曜も日曜も関係なくついて回る。まあ、銀行があんまり借りろ、借りろってうるさく言わなければ、そんなに借りはしないんだろうけど――たとえそんなに借りなくても、銀行は充分食っていけるくらい潤ってるんだ。

ソナー氏は、過剰な在庫もまた、新規の事業がつまずくきっかけになると指摘する。

たくさんの小さな会社が在庫の山に押しつぶされる。その点、物を製造する商売はわかりやすい。売れなければすぐに目について、いやでも処分せざるをえない。

たしかに在庫がなくて注文を逃がすときもある――仕方ないだろう。在庫を減らせれば、それだけ商売を伸ばせるんだ。親のあとを継いだ二代目、三代目の経営者が事業を伸ばせないのは、じつはその辺のところがわかってないからなのさ。自力で事業を築いた者は、たえず危険な兆候はないかと警戒を怠らない。だが、後継者には、そういう経験がないからね。

億万長者の八カ条

このソナー夫妻のケースは、まさに生きたサクセス・ストーリーそのものだ。人一倍の努力、仕事への情熱、勇気、ありきたりの製品を提供しない独創性、そして適切な配偶者選びといったことの大切さを具体的に示すものである。アメリカの経済システムは、こうした、ミリオネア・マインドを持って懸命にがんばる人には、必ず成功という褒美を与えてくれる。

大切なのは、経済的成功のための方程式を構成する、次の八カ条を常に忘れないようにすることである——

1　経済的成功の鍵となる数々の要素のなかで、アメリカ経済が現在も、そして未来も最も高く評価するのは何であるかを知る。それは、人一倍の努力、誠実であること、そして仕事への情熱である。

2　学業成績が凡庸だったからといって、成功への意欲を失ってはならない。

3　多少の経済的リスクは背負う勇気を持ち、たとえ失敗しても、それを克服する方法を学ぶ。

4　単にユニークで高収益だからというだけでなく、心から愛着をおぼえる職業を選ぶ。

5　生涯の伴侶の選択は慎重にする。金持ちになった人たちは、成功の助けとなるような特質を備えた相手と結婚している。

6　家計支出をコントロールする。億万長者の多くは、買い替えよりも修理や再仕上げを選ぶ傾向が強い。

7　家を選ぶときは充分に調査・研究し、積極的に値引き交渉をする。

8　バランスのとれたライフスタイルを心がける。多くの億万長者のライフスタイルが「安上がり」なのは、主に家族や友人との交流を楽しみ、それにはあまり費用はかからないからである。

本書の調査方法

〈対象地域の選定〉

まず、全米で二二万六三九九にのぼる国勢調査ブロックのすべてを対象にして、億万長者世帯の比率の推定を行った。億万長者であるかどうかは、純資産額を基準に判定した。地域ごとの億万長者世帯の比率は、ジョン・ロビンが開発したジオ・コーディング方式を使って推計した。

この方式では、まず、申告された不労所得（配当、利息、賃貸収入など）を現実的な数値に直し、それを一般的な実質収益率で逆算して、その不労所得を生み出すために必要な資産額を求める。そしてその数値から、計量経済モデルを用いて全体の純資産額を推定し、さらに国勢調査による、不労所得から計算した資産額を示すローレンツ曲線との適合度によって、全資産を含む純資産額を推計した。計量経済モデルのもとになったデータは、FRBの消費者金融に関する報告書と、そこに掲載されている財産調査結果から得た。また実質収益率は、国税庁の収入統計シリーズなどの資料をもとに推定した。

これにより、二二万六三九九地域のすべてが、億万長者の住む推定比率の高い順にリストアップされた。この段階で、億万長者である可能性の高い相手にアンケートを送るために地域を絞り込むことが可能になった。

アンケートの送り先は、まずこのリストで推定比率が三〇%を超える地域を比率の数字によって層化し、各層からアトランダムに抽出した。この層化抽出サンプルは、比率の高い地域（五〇%、六〇%、九〇%等々）を多くして、アンケートが億万長者の手に届く確率ができるだけ高くなるように工夫された。その結果、億万長者世帯がかなりの確率で集中しているものと推定される二四八七地域が調査対象地域に選定された。

次いで、これら二四八七地域に居住し、かつ国勢調査に集計された世帯のうち、約九五%の世帯主の氏名と住所を民間の名簿会社から入手した。ただし、アドレスが三行以上であったり、一つの電話番号に二名以上が登録されていた場合には、事業所である可能性が高いので対象からはずした。最終的には、アンケートの送り先として五〇〇〇世帯余りがアトランダムに抽出された。

この全国規模の地理人口統計学的調査は、一九九八年五月二〇日から八月二四日までのあいだに実施された。五〇六三世帯の世帯主宛てに依頼状と九ページのアンケート用紙、返信用封筒、そして謝礼の一ドル札を入れた封筒が送られた。そして、期日までに一〇〇一通の回答が寄せられ、分析の対象となった。全体の回答率は一九・八%——そして回答を寄せてくれた一〇〇一世帯のうち、七三・二%にあたる七三三世帯が純資産額一〇〇万ドル以上の世帯だった。

〈無作為サンプル調査〉

この調査に併せて、その直前に補助的な無作為サンプル調査も実施した。いかに優れたジオ・コーディング方式であっても、地域を選別する以上、資産家世帯の比率が比較的低い地区に住む億万長者は洩れてしまう。無作為サンプル調査は、その点を補ってくれた。また、アンケート用紙の内容や調査方法を検討する参考にもなった。回答を寄せてくれた六三八人は、いずれも多額のローンを組む資格のある、優良な収入とバランスシートの持ち主だった。

億万長者が経営または従事する職種・業種
（地域を絞った調査の結果）

期待資産額に対する倍数*1	職種・業種（回答者の申告による）
17*2	製鉄会社
14	商業銀行
13	建設業
12	原油生産業
9	コンピュータ・ソフトウェア
7	衣料品の小売店
7	屋外広告業
7	ファスナーの製造
6	木材販売
6	不動産投資会社
6	造園業
5	建設業
5	コンピュータ製造
5	不動産投資会社
5	美容院
5	ディスカウントストア
5	繊維会社
5	不動産投資会社
5	ハイテク製品の製造
5	サービス業
5	ベンチャー・キャピタル
4	工業デザイン
4	葬儀社
4	輸出サービス
4	マーケティング・サービス
4	投資銀行
4	医療業務
4	流通会社
4	経営コンサルティング
4	土壌調査、分析
4	経営コンサルティング
4	市場情報の配信サービス
4	会計
4	衣料品のデザインと製造
4	自動車ディーラー
4	音楽プロダクション
4	自動車部品のOEM製造
4	印刷とグラフィック・アート
3	食品加工会社
3	製造業
3	安全装置の製造

期待資産額に対する倍数*1	職種・業種（回答者の申告による）
3	不動産開発業
3	工業設計
3	自動車ディーラー
3	衣料品の製造会社
3	自動車ディーラー
3	木工品の製造
3	運送・物流
3	建設業
3	石油販売
3	ベンチャー・キャピタル
3	製造業
3	ヘッドハンティング
3	不動産開発業
3	航空宇宙／電子機器製造
3	住宅ローン事業
3	鞄の製造
3	プラスチック製造
3	油田調査、探査
3	物流、商事会社
3	航空関係機材の製造販売
3	建設業
3	建設業
3	投資運用業務
3	製造業
3	レストラン
3	トラック部品
3	美術・工芸品製作
3	アルミニウムおよびマグネシウム精錬業
3	不動産開発業
3	保険
3	電子／産業用機器
3	家具および電化製品販売
3	自動車部品製造
2	ハイテク製品のマーケティングと宣伝
2	金融会社
2	保険代理店
2	包装材料製造
2	事業向け不動産業
2	不動産仲介業

期待資産額に対する倍数*1	職種・業種（回答者の申告による）
2	レストラン
2	不動産開発および建設業
2	製造業
2	エネルギー産業
2	金融サービス会社
2	市場調査
2	医療用品販売
2	年金、保険
2	経営コンサルティング
2	印刷所
2	自動車ディーラー
2	自動車ディーラー
2	住宅ローン事業
2	自動車ディーラー
2	繊維会社
2	事業向け不動産業、建設業
2	消費者向け日用品
2	製造業
2	製造業
2	ノベルティの製造販売
2	商品取引
2	電気設計
2	旅行業
2	不動産投資会社
2	印刷所
2	ファクシミリによる情報サービス
2	小売店
2	医療コンサルタント
2	債権回収、金融業
2	装置産業（石油、医薬品、化学および電力会社）向けの装置と設備
2	建設業
2	不動産仲介業
2	衣料品の製造会社
2	広告代理店
2	繊維会社
2	家具製造
2	化学製品メーカー
2	印刷所
2	不動産開発、建設業
2	溶接
2	広報

期待資産額に対する倍数*1	職種・業種（回答者の申告による）
1	開発、建設業
1	経営コンサルティング
1	建設業
1	国際商品取引
1	不動産の運用、投資
1	金属加工業
1	自動車ディーラー
1	繊維関係
1	コンピュータ設計
1	輸出入業者
1	映画館
1	売掛債権買取
1	石油、ガスの探査業務
1	事業向け不動産業
1	製造業
1	製造業
1	航空会社
1	事業向け不動産業
1	製造業
1	靴店
1	建設業
1	印刷、出版
1	開発、建設業
1	フランチャイズのファーストフード店
1	製造業
1	流体コントロール製品の製造業
1	サービス産業
1	生命保険
1	開発、建設業
1	ワイン販売
1	家具の小売
1	コンピュータおよびソフトウェア
1	古銭売買
1	不動産仲介業
1	建設業
1	海運業
1	保険
1	宝石販売
1	企画、コンサルティング、エンジニアリング
1	イブニングドレスの製造
1	不動産投資会社

付録 1

期待資産額に対する倍数*1	職種・業種（回答者の申告による）
1	自動車ディーラー
1	コンサルティングおよび設計
1	医療サービス
1	軍需品の輸出販売
1	放送関係
1	化粧品の研究開発
1	造園業
1	流通会社
1	照明器具の製造と販売
1	建設業
1	経営コンサルティング
1	外食産業
期待値未満	不動産投資会社
期待値未満	電子機器製造
期待値未満	医療サービス
期待値未満	出版社

期待資産額に対する倍数*1	職種・業種（回答者の申告による）
期待値未満	建設業
期待値未満	広告代理店
期待値未満	ソフト設計
期待値未満	繊維会社
期待値未満	小売店
期待値未満	ホテルと宿泊施設
期待値未満	電子機器製造
期待値未満	事業用不動産の開発、設計および建築業
期待値未満	外食産業向けの各種サービス
期待値未満	保険
期待値未満	投資用不動産業
期待値未満	油井採掘業
期待値未満	女性用スポーツウェア製造
期待値未満	水質浄化システム
期待値未満	化粧品流通

*1 期待資産額は年齢×0.112×年収で求める。
*2 たとえば、製鉄会社を所有し経営するこの回答者の資産額は、期待額の17倍である。

付録 2

億万長者が経営または従事する職種・業種
（ケース・バイ・ケース調査の結果）

期待資産額に対する倍数*1	職種・業種（回答者の申告による）
11*2	装置リース
11	衣料品の小売、不動産業
8	自動車
8	建設、電気工事業
8	リースおよび金融業
7	プラスチック加工用具の製造
6	商業銀行
6	家具および電化製品の小売店
6	印刷所
6	医療業務
6	浚渫《しゅんせつ》会社
6	不動産の開発および建設業
6	投資会社
5	不動産開発業
5	農業

期待資産額に対する倍数*1	職種・業種（回答者の申告による）
5	投資銀行
5	害虫駆除会社
5	きのこ栽培
5	レストラン、菓子店
5	介護ホーム
5	建設業
5	自動車ディーラー
5	流通会社
5	製造業
5	オフィス用備品
4	医療業務
4	設計および建設業
4	製造業
4	広告代理店
4	保険代理店
4	小荷物配達

期待資産額に対する倍数*1	職種・業種（回答者の申告による）
4	ホテルおよびアパートの開発事業
4	印刷所
4	投資顧問業
4	鉄工所
4	木材
4	銀行業
4	保険代理店
4	金融サービス会社
3	人材派遣業
3	経済調査
3	厨房用設備の製造業
3	ホテル
3	市場情報の配信サービス
3	不動産再開発事業
3	コンピュータ情報管理
3	広報
3	製造業
3	農業
3	メーカーのセールスマン
3	ベンチャー・キャピタル、民間投資
3	食料品会社
3	羊肉関係
3	運輸業
3	不動産投資会社
2	不動産投資会社
2	産業用ガスおよび化学品
2	空調工事会社
2	ワイン輸入
2	薬局
2	海運会社
2	建設業
2	化学製品メーカー
2	不動産業
2	建設業
2	健康、フィットネス産業
2	サービス業
2	投資用不動産
2	保険
2	保険代理店
2	不動産仲介業
2	自動車リース

期待資産額に対する倍数*1	職種・業種（回答者の申告による）
2	建材の小売
2	ハイテク産業
2	投資銀行
2	不動産開発、法律関係
2	化学会社
2	石油会社
2	製薬会社
2	遊技場
2	不動産投資会社
2	不動産販売会社
2	商業銀行
2	投資運用業務
2	グラフィック・アート
2	住宅ローン事業
2	タイヤ販売
2	ケータリング
2	不動産仲介業
2	投資銀行
2	投資銀行
2	宿泊施設
2	交通関係のエンジニア
2	広告代理店
2	保険代理店
2	自動車ディーラー
2	事業用備品
2	材木
1	専門金融
1	セラミックス製造
1	経営コンサルティング
1	不動産投資会社
1	農業
1	経営コンサルティング
1	耐久財の製造
1	不動産仲介業
1	外科医療機器販売
1	美術品ディーラー
1	金融、運輸および不動産業
1	不動産業
1	ドラッグストア
1	石油、ガスの探査と生産
1	請負事業
1	不動産業
1	債権回収、金融業

期待資産額に対する倍数*1	職種・業種（回答者の申告による）
1	情報技術
1	スポーツ用品
1	コンピュータ会社
1	スポーツ用品
1	テレビ関係
1	ロー・テクノロジー
1	電子産業
1	製造業、建設業
1	石油、ガス関係の事業
1	医療業務
1	電気工事
1	小売店
1	医療用品
1	広告代理店
1	経営コンサルティング
1	医療管理
1	ヘッドハンティング
1	医療機器製造
1	建材の小売
1	保険
1	放送関係
1	事業向け不動産業
1	ワイン、スピリッツの小売
1	石油、ガス関係の事業
1	ベンチャー・キャピタル
1	ハイテク産業
1	スポーツ用品店、法律関係
1	コンピュータ関係
1	不動産仲介業
1	ソフトウェア
1	不動産代理店フランチャイズ
1	ソフトウェア
1	包装材料と印刷
1	政策立案および広報
1	自動車
1	ビジネスおよび経営コンサルティング
1	消費財製造
1	ガラス
1	ヘッドハンティング
1	製造業

期待資産額に対する倍数*1	職種・業種（回答者の申告による）
1	航空宇宙関係の調査
1	医療／会員制民間健康維持組織
1	ハイテク産業
1	石油、ガス関係の事業
1	出版社
1	卸売会社
1	半導体関係
1	コンピュータ・コンサルティング
1	産業心理学
1	コンピュータ関係
1	海軍、海兵隊向けの造船所
1	プラスチック加工業
期待値未満	衣料品の製造
期待値未満	卸販売
期待値未満	製鉄会社
期待値未満	包装材料販売
期待値未満	娯楽産業
期待値未満	通信事業
期待値未満	コンサルティング
期待値未満	コンサルティング
期待値未満	自動車部品販売
期待値未満	金融会社
期待値未満	特殊化学製品の製造販売
期待値未満	メーキャップ用品
期待値未満	航空宇宙産業
期待値未満	広告会社
期待値未満	娯楽産業
期待値未満	娯楽産業
期待値未満	投資銀行
期待値未満	紙業
期待値未満	株式およびオプション売買
期待値未満	無線機器
期待値未満	マーケティング・コンサルティング
期待値未満	通信事業
期待値未満	テレビ番組制作
期待値未満	プラスチック産業
期待値未満	保険代理店
期待値未満	食料品店
期待値未満	証券会社

＊1 期待資産額は年齢×0.112×年収で求める。
＊2 たとえば、装置リース業を所有し経営するこの回答者の純資産額は、期待額の11倍である。

本書は２００１年に日本経済新聞社より刊行された『なぜ、この人たちは金持ちになったのか　億万長者が教える成功の秘訣』を大幅に加筆・改変したものです。

トマス・J・スタンリー
アメリカにおける富裕層マーケティングの第一人者。ジョージア州立大学の教授職を経て、ニューヨーク州立大学オルバニー校マーケティング学部の教授となり、1973年にアメリカ全土の億万長者を対象とした初の大規模調査を実施。富裕層向けビジネスを行なう企業や金融機関へのアドバイザーとして活躍。2015年逝去。主な著書にベストセラー『となりの億万長者』(早川書房)。

翻訳　広瀬順弘(ひろせ まさひろ)
1932年東京生まれ。青山学院大学英米文学科卒業。アメリカ大使館広報文化局勤務を経て翻訳家となる。フィクション、ノンフィクションを問わず幅広く活躍。2007年逝去。

序文寄稿　橘玲(たちばな あきら)
作家。2002年国際金融小説『マネーロンダリング』でデビュー。2006年『永遠の旅行者』が第19回山本周五郎賞候補となる。『お金持ちになれる黄金の羽根の拾い方』(幻冬舎)が30万部を超えるベストセラー、『言ってはいけない 残酷すぎる真実』(新潮新書)が50万部を超え新書大賞2017に。他に『残酷な世界で生き延びるたったひとつの方法』(幻冬舎)、『幸福の「資本」論』(ダイヤモンド社)など著書多数。近刊は『もっと言ってはいけない』(新潮新書)。

1億円貯める方法をお金持ち1371人に聞きました

2019年 4月 16日　第1刷発行
2024年 3月 21日　第5刷発行

著者　トマス・J・スタンリー
翻訳　広瀬順弘
序文寄稿　橘玲
デザイン　小口翔平(tobufune)
イラスト　髙柳浩太郎
本文デザイン　小木曽杏子
発行者　山本周嗣
発行所　株式会社文響社　〒105-0001　東京都港区虎ノ門2-2-5 共同通信会館9F
ホームページ　http://bunkyosha.com
お問い合わせ　info@bunkyosha.com
印刷・製本　中央精版印刷株式会社

ISBNコード:978-4-86651-112-2　Printed in Japan

この本に関するご意見・ご感想えをお寄せいただく場合は、郵送またはメール(info@bunkyosha.com)にてお送りください。